信息管理系统应用与开发

主　编：王　菡　李长齐
副主编：段寿建

吉林大学出版社

·长春·

图书在版编目（CIP）数据

信息管理系统应用与开发 / 王菡，李长齐主编 . —
长春 ：吉林大学出版社，2020.8
ISBN 978-7-5692-6967-3

Ⅰ．①信… Ⅱ．①王… ②李… Ⅲ．①管理信息系统
—高等学校—教材 Ⅳ．① C931.6

中国版本图书馆 CIP 数据核字 (2020) 第 168260 号

书　　名：信息管理系统应用与开发
　　　　　XINXI GUANLI XITONG YINGYONG YU KAIFA

作　　者：王　菡　李长齐　主编
策划编辑：邵宇彤
责任编辑：刘　佳
责任校对：李潇潇
装帧设计：优盛文化
出版发行：吉林大学出版社
社　　址：长春市人民大街4059号
邮政编码：130021
发行电话：0431-89580028/29/21
网　　址：http://www.jlup.com.cn
电子邮箱：jdcbs@jlu.edu.cn
印　　刷：定州启航印刷有限公司
成品尺寸：170mm×240mm　　16开
印　　张：24
字　　数：403千字
版　　次：2020年8月第1版
印　　次：2020年8月第1次
书　　号：ISBN 978-7-5692-6967-3
定　　价：75.00元

前　言

本教材主要通过当前比较流行的网络系统开发语言 PHP 入手，详细介绍了环境安装与配置、开发工具 EasyEclipse for PHP、PHP 语法、PHP 语句控制、PHP 数组和函数、MySQL 数据库及其操作，并通过两个完整的案例对前几章知识进行应用。本书特点：

（1）案例讲解贯穿始终，并且对每个关键语句进行了详细解释。

（2）学习本书需要具有少量的 HTML 和 CSS 基础。

（3）问题针对性强，本书是在本人多年相关专业课程授课过程中遇到的问题梳理的前提下进行编写的。

（4）两个完整的实证案例，带领初学者一步步实现自己的系统。

（5）本教材的所有源码都在随书光盘中。

本书主编为王菡、李长齐，副主编为段寿建其中王菡参与了所有章节的编写，李长齐参与完成第六章、第七章的案例编写，段寿建老师参与了第七章案例的编写。书中部分内容和知识点参考了大量网络资料，由于篇幅限制，恕不逐一列举，在此深表歉意。

php 语言发展迅速，本书在编写的过程中，虽然编者反复检查和测试，但难免有疏忽之处，敬请批评指正，提出宝贵建议。

编者

2020 年 5 月

目　录

第1章　环境与开发工具

1.1　开发环境

本课程所采用的开发环境可以为 WAMP(Windows+Apache+MySQL+PHP)、WIMP（Windows+IIS+MySQL+PHP）、LAMP（Linux+Apache+MySQL+PHP）三种组合。在以上组合中，LAMP 普遍被业界称为黄金组合，但是由于 linux 操作系统与 Windows 相比普及性较低并且不易用，所以本课程中所有程序在 Windows 平台中运行，即采用 WAMP 组合进行调试。

1.1.1　开发环境安装与配置

WAMP 开发环境可以通过单独配置的方式进行，同时也可以使用已经集成好的安装套件，目前比较流行的安装套件有 WampServer、PhPStudy 和 XAMPP，下面我们将对两种方式的环境配置进行详细讲解。

1. 在 Windows 下安装 Apache、MySQL 和 PHP

根据自己计算机操作系统的情况下载 Apache、MySQL 和 PHP，注意要根据操作系统的具体情况安装 32 位软件、64 位软件。下面以 Windows 7 专业版 64 位操作系统为平台，对每个软件的安装介绍。

（1）安装 Apache。

第一步：准备好 Apache 64 位、php 64 位、MySQL 64 位软件

第二步：将 Apache 压缩包解压以后将其复制到计算机 F 盘中，如图 1-1 所示，将文件夹的名称改为 httpd。

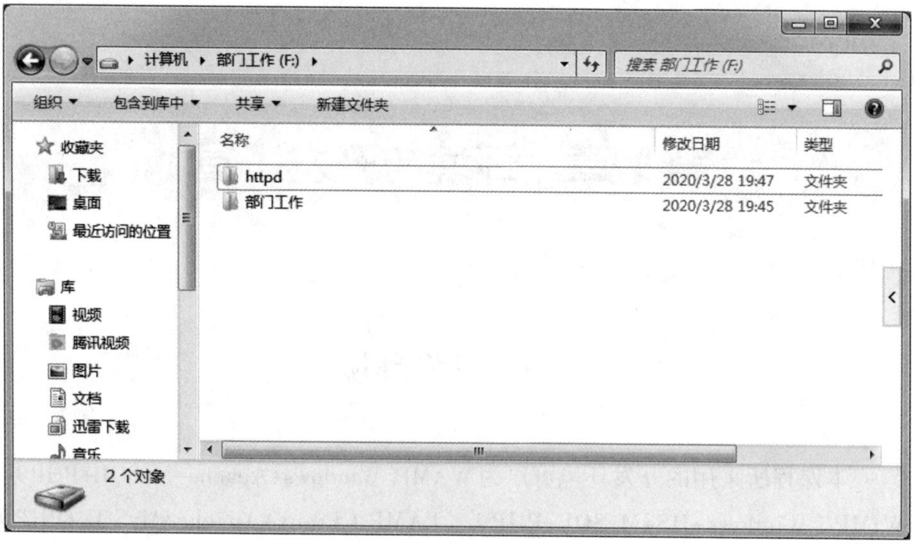

图 1–1　Apache 目录

用记事本打开 F:\httpd \conf 下的 Apache 的配置文件 httpd.conf 其内容如图 1–2 所示，因为内容比较多，我们只对部分配置进行讲解。注意配置文件中的 # 是配置文件的注释，某一行的 # 删除，然后重启 Apache 服务，该配置生效。

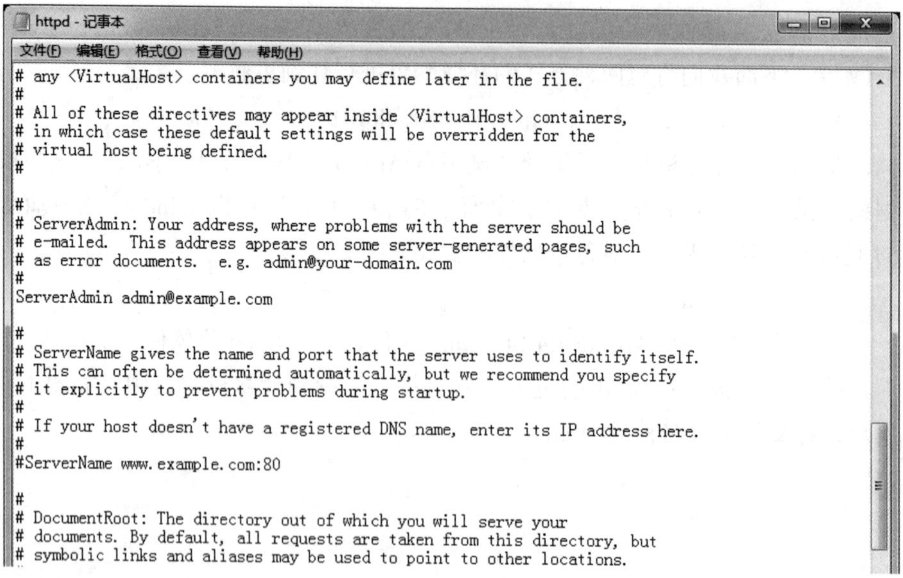


```
# any <VirtualHost> containers you may define later in the file.
#
# All of these directives may appear inside <VirtualHost> containers,
# in which case these default settings will be overridden for the
# virtual host being defined.
#

#
# ServerAdmin: Your address, where problems with the server should be
# e-mailed.  This address appears on some server-generated pages, such
# as error documents.  e.g. admin@your-domain.com
#
ServerAdmin admin@example.com

#
# ServerName gives the name and port that the server uses to identify itself.
# This can often be determined automatically, but we recommend you specify
# it explicitly to prevent problems during startup.
#
# If your host doesn't have a registered DNS name, enter its IP address here.
#
#ServerName www.example.com:80

#
# DocumentRoot: The directory out of which you will serve your
# documents. By default, all requests are taken from this directory, but
# symbolic links and aliases may be used to point to other locations.
```

图 1–2　Apache 配置文件

第三步：修改根目录地址，在 httpd.conf 查找 ServerRoot "/httpd-2.2-x64"，注意这个地址是个相对地址，将地址中的 httpd-2.2-x64 改为自己 Apache 目录的名称 httpd，注意不要删除前面的 "/"，修改后的效果如图 1-3 所示。

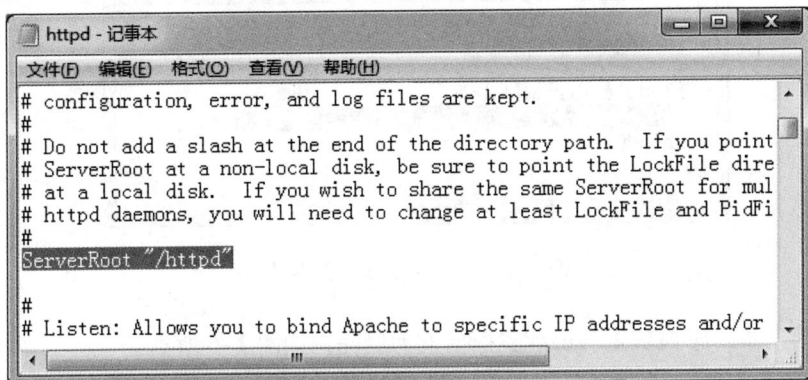

图 1-3　修改 Apache 根目录

第四步：修改端口，在页面中找到侦听端口 listen 80，改成自己需要的端口号，如果该端口号没有被占用可以不用修改。如图 1-4 所示。

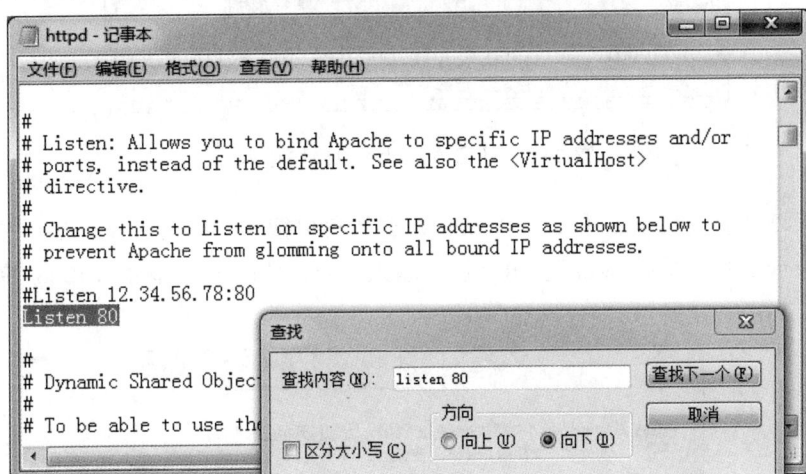

图 1-4　修改 Apache 端口

第五步：根据目录名称修改网站服务根目录的路径，将 DocumentRoot "/httpd-2.2-x64/htdocs" 改为 DocumentRoot "/httpd /htdocs"。顺便修改其相关路径，通过查找替换功能将路径逐一替换，注意不要点击全部替换。

第六步：添加多个默认页，找到 DirectoryIndex index.html 在其后添加

index.php，具体效果如图 1-5 所示。

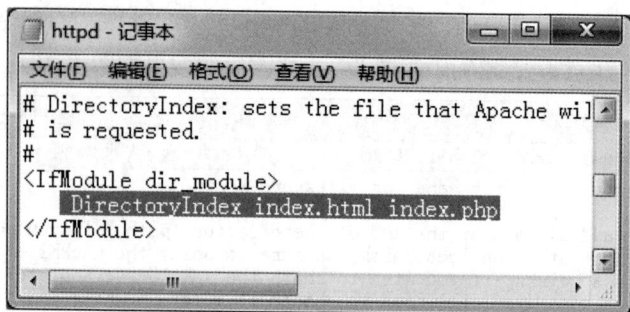

图 1-5　添加 Apache 默认页

第七步：将模块重写的配置前面的 # 删除，如图 1-6 所示。

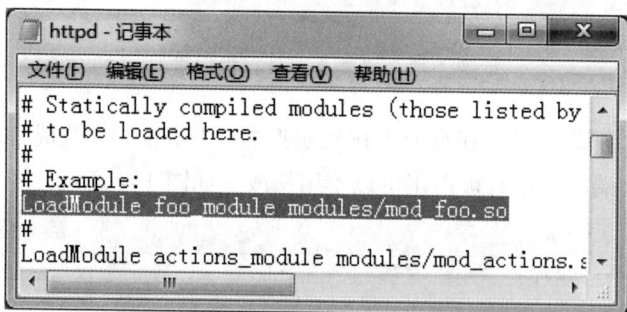

图 1-6　开启 Apache 中模块重写

第八步：安装 Apache，在 Windows 开始菜单搜索框中输入 cmd 然后按回车键，或者用快捷键 Win 键 +R，然后输入 cmd，按确定键即可弹出 dos 命令界面。如图 1-7 所示。

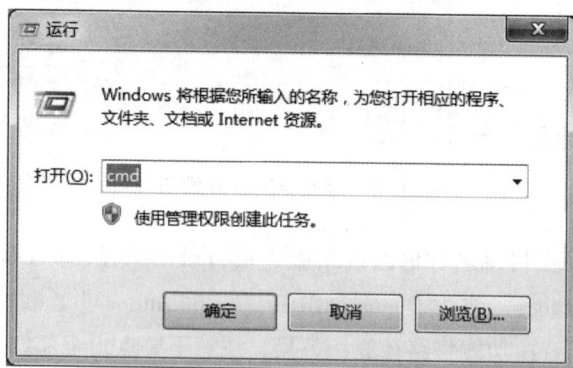

图 1-7　输入打开 cmd.exe 命令

4

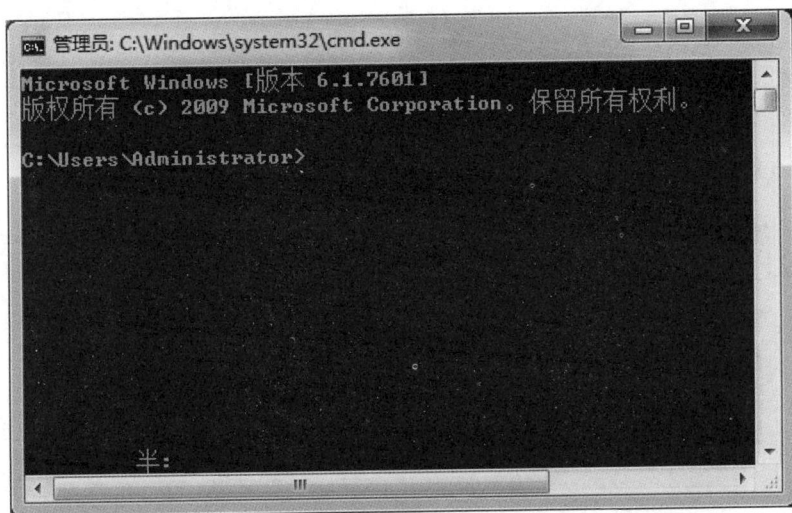

图 1-8　cmd.exe 窗口

因为文件在 F 盘，所以在界面中输入 F：，然后按回车键，进入 F 盘。如图 1-9 所示。

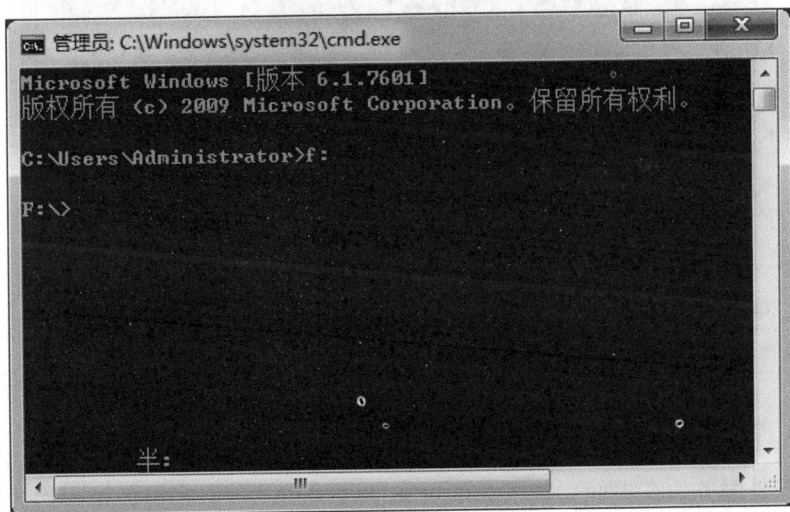

图 1-9　进入 F 盘命令

进入安装文件目录，在界面中输入 cd　\httpd\bin 然后回车。如图 1-10 和图 1-11 所示。

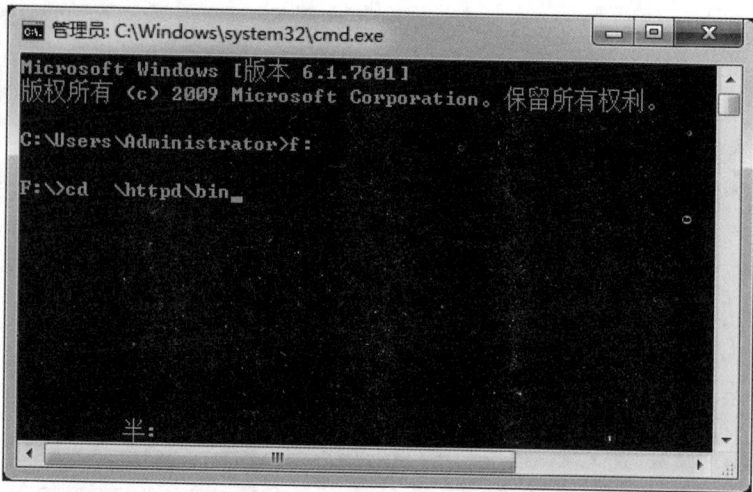

图 1-10 进入 bin 目录命令

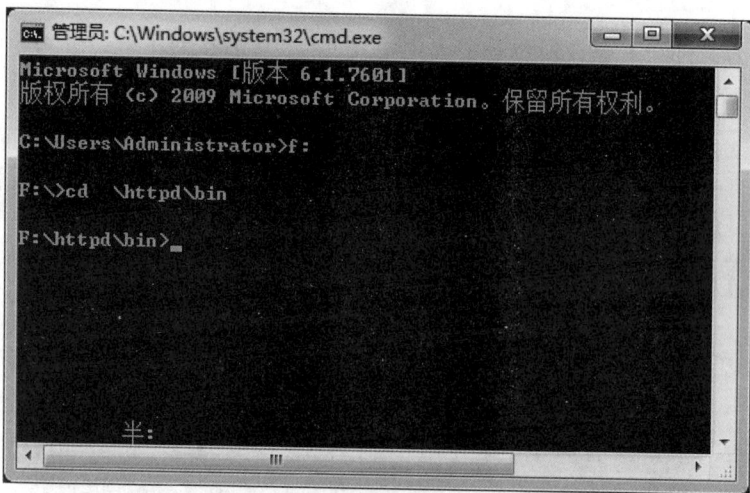

图 1-11 进入 bin 目录效果

　　安装服务，在界面中输入 httpd.exe –k install，按回车键即可。然后打开 F:\httpd\bin\ApacheMonitor.exe 对 Apache 服务进行管理。如图 1-12 所示。

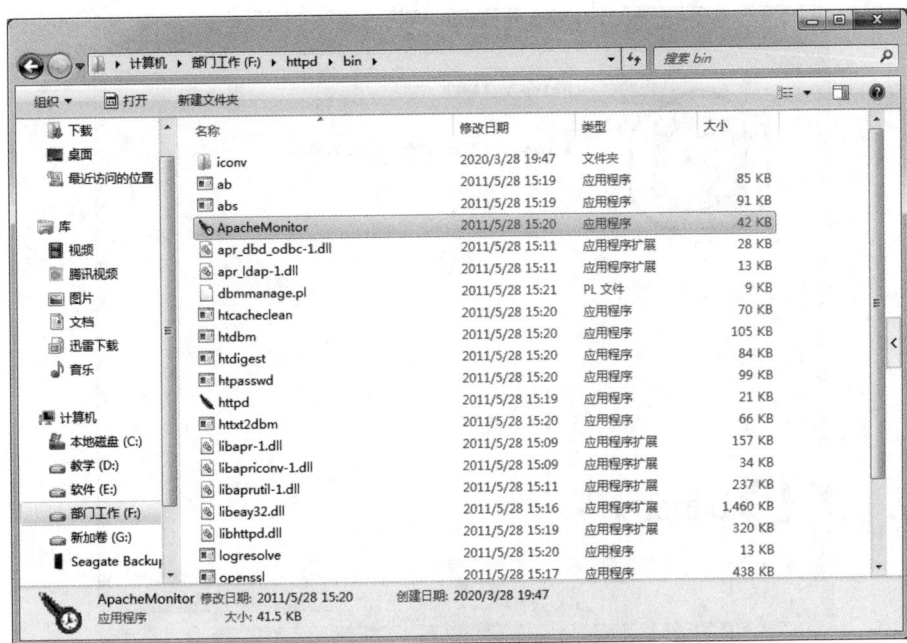

图 1-12　打开 Apache 侦听

（2）单独安装 PHP 和 MySQL 方法类似，在本教程中不再赘述。

2. 用集成套件安装 Apache、MySQL 和 PHP

（1）　用 XAMPP 安装 Apache、PHP 和 MySQL。XAMPP 是 Apache、MySQL、PHP、PERL 几个软件的集成包，其功能强大、易装易用，并且支持 Windows、Linux、Mac OS X 等主流操作系统，在语言上支持简体中文、繁体中文、英文等多种语言。

第一步：下载 xampp_v7.3.3.rar，其版本很多，可以根据自己需要的版本进行下载。

第二步：解压 xampp_v7.3.3.rar，点击 xampp-windows-x64-7.3.3-0-VC15-installer.exe 进行安装。如图 1-13 所示。

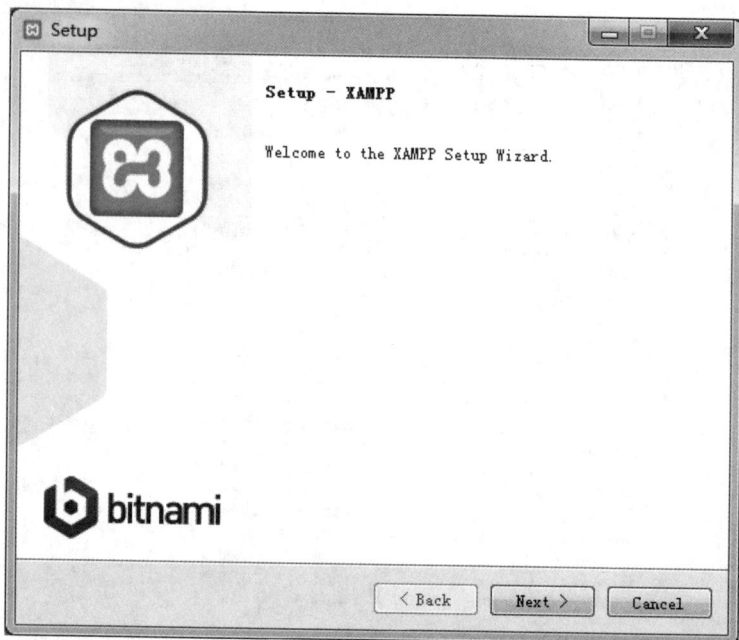

图 1-13　XAMPP 安装界面

点击下一步。如图 1-14 所示。

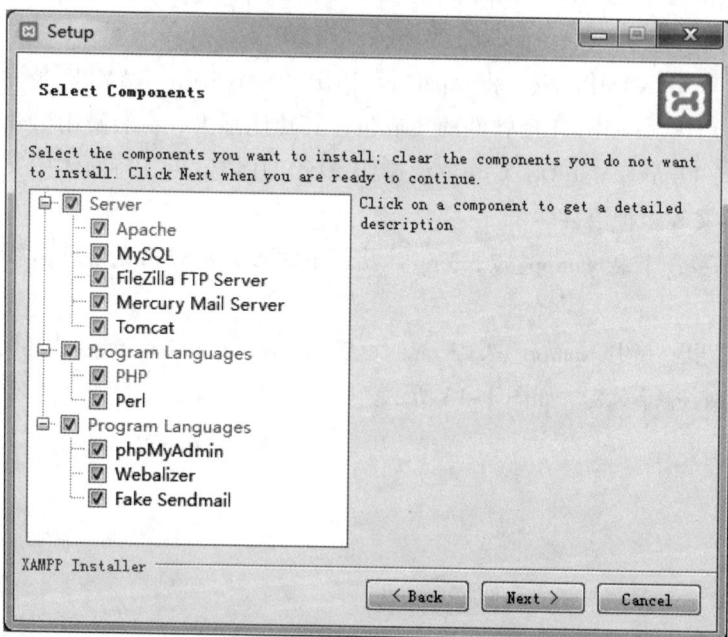

图 1-14　选择要安装的服务和软件

这一步可以选择要安装的服务和软件，像 Perl 和 Tomcat 我们用不着可以将前面的对号取消，点击下一步。如图 1-15 所示。

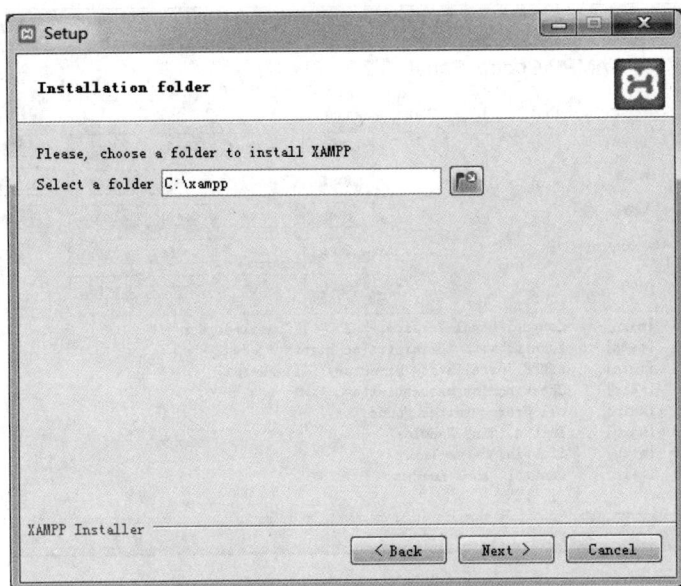

图 1-15　XAMPP 安装默认目录

选择安装目录 F:\xampp。如图 1-16 所示。

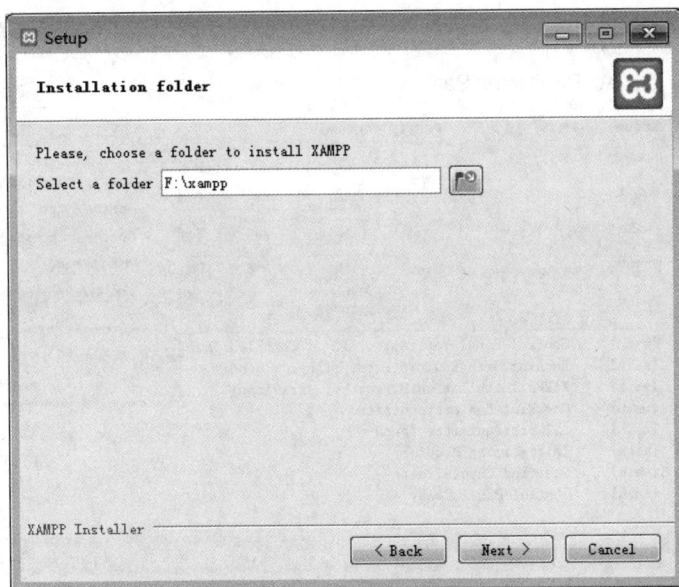

图 1-16　修改 XAMPP 安装目录

然后按照提示即可完成安装。

安装完成以后运行界面。如图 1-17 所示。

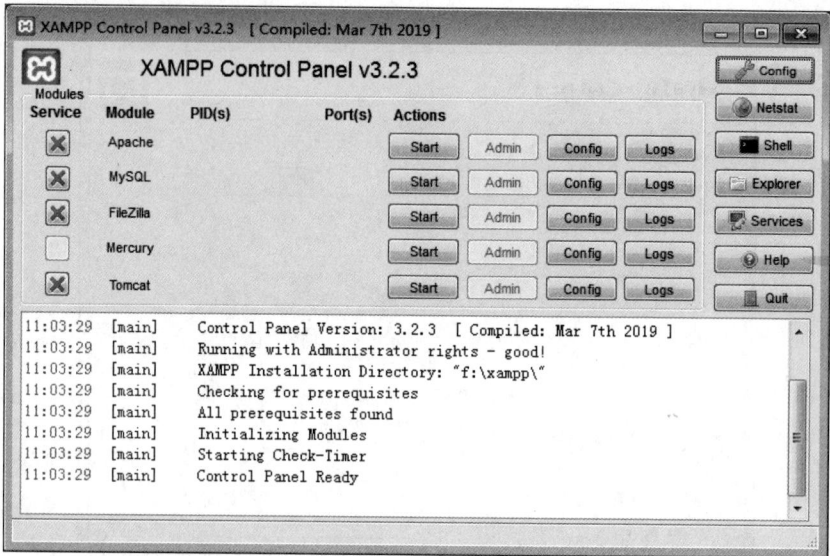

图 1-17　XAMPP 安装完成后运行界面

点击界面中的 Config 可以对 Apache、PHP 和 MySQL 进行配置，如图 1-18 所示。

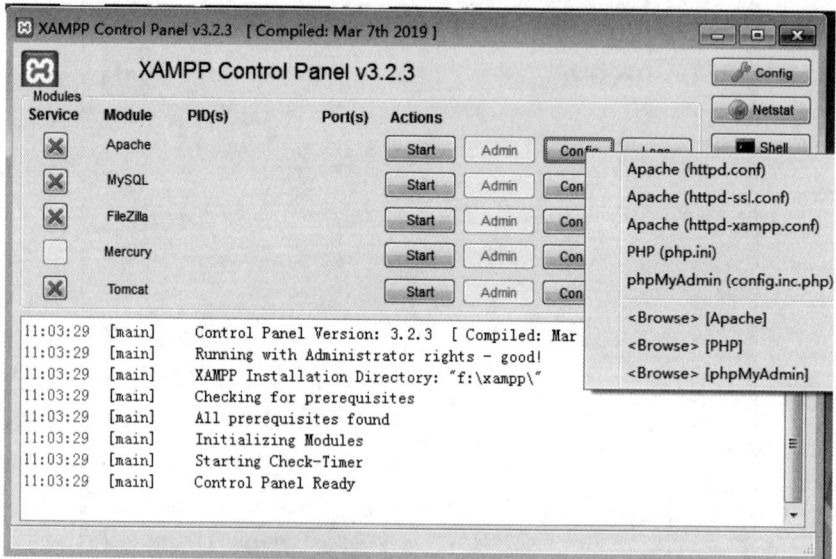

图 1-18　调用 Apache 配置文件

启动服务，点击界面中的 Apache 和 MySQL 后面的 Start。如图 1-19 所示。

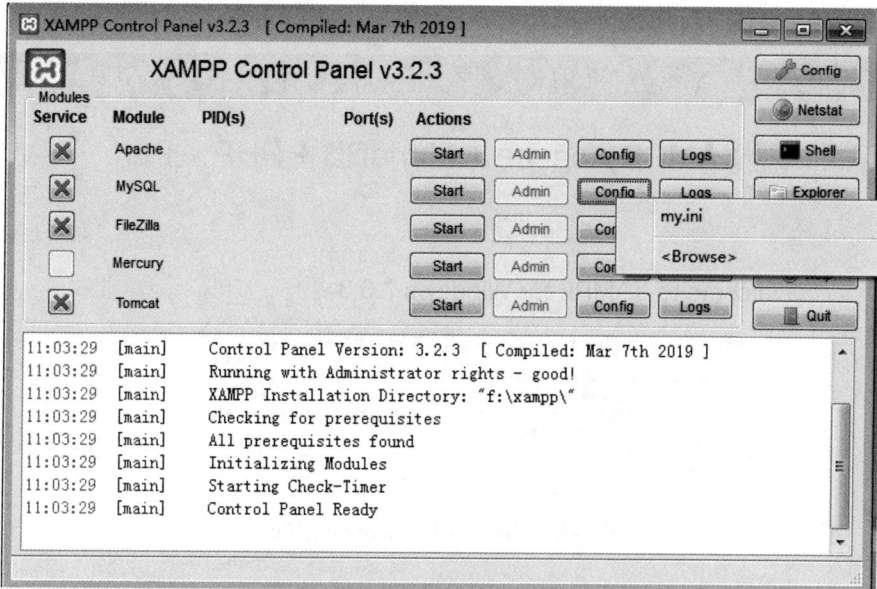

图 1-19　调用数据库配置文件

绿色表示启动成功，注意 Ports 后面的端口号，Apache 的端口号是 80，MySQL 的端口号是 3306。

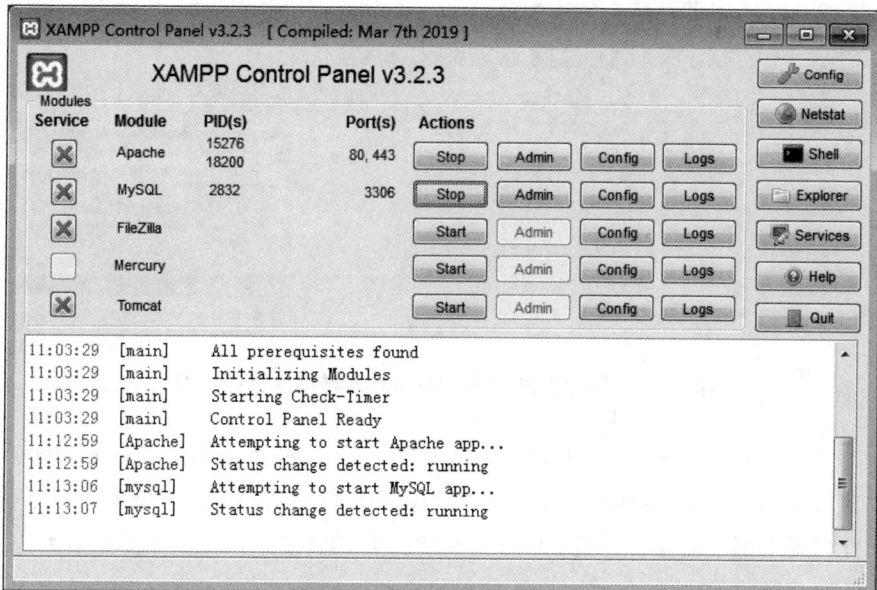

图 1-20　环境运行成功界面

11

打开浏览器在地址栏中输入：http://127.0.0.1 或者 http://localhost 进入如图 1-21 所示界面。

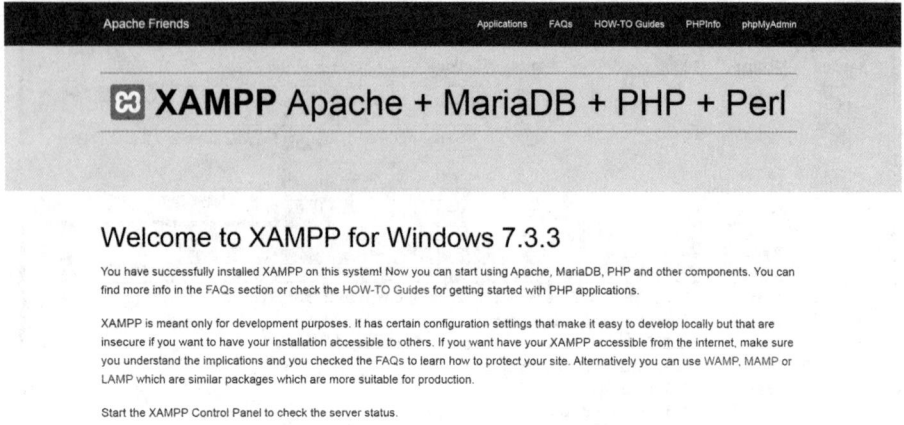

图 1-21　浏览器进入 Apache 界面

能进入此欢迎界面说明 Apache 服务运行正常，点击右上角的 phpMyAdmin，对数据库进行管理，数据库安装成功。如图 1-22 所示。

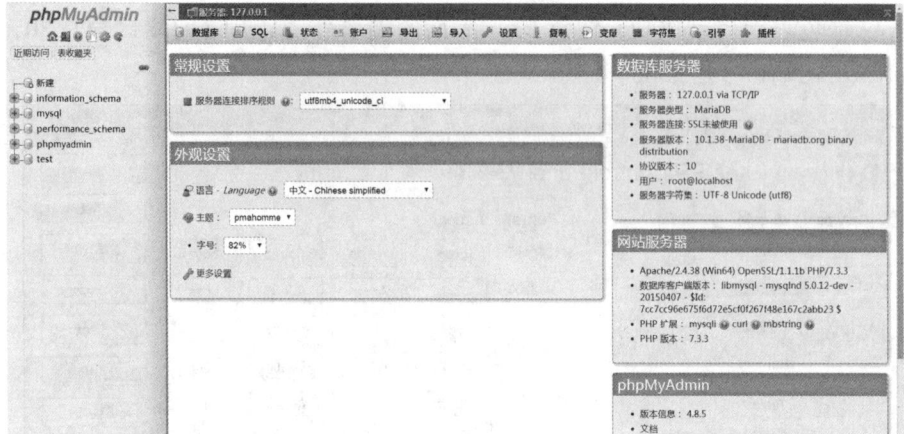

图 1-22　浏览器进入 phpMyadmin 数据库管理界面

（2）用 phpStudy 安装 apache、php 和 MySQL。PhPStudy 是 Apache+PHP+MySQL+phpMyAdmin+ZendOptimizer 多个软件环境的集成包，它最大的特点是配置和使用都很简单，并且 8.0 的版本集成了 FTP 服务，管理界面简洁大方，深受初学者的喜欢。

第一步：下载需要版本的 PhPStudy 并解压。

第二步：点击文件中的 PhPStudy_x64_8.1.0.1.exe 进行安装。如图 1-23 所示。

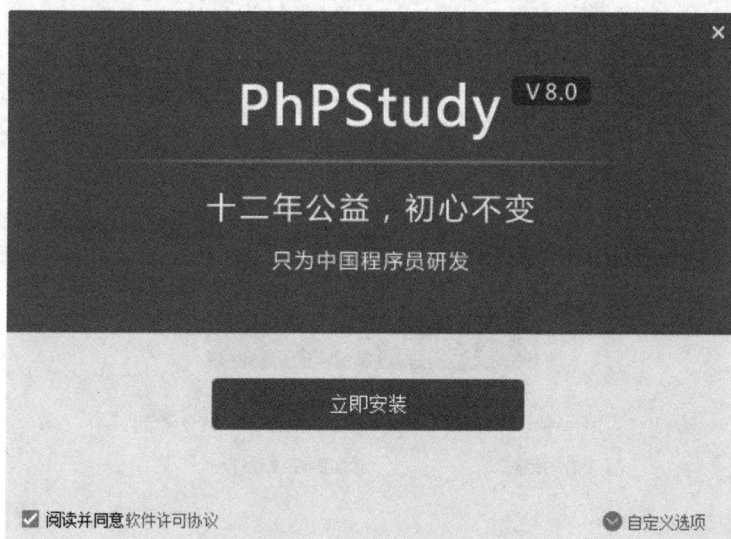

图 1-23　PhPStudy 安装界面

点击界面中的自定义选项，选择安装目录，默认 D 盘，我们将目录改为 F 盘的 phpstudy。如图 1-24 和图 1-25 所示。

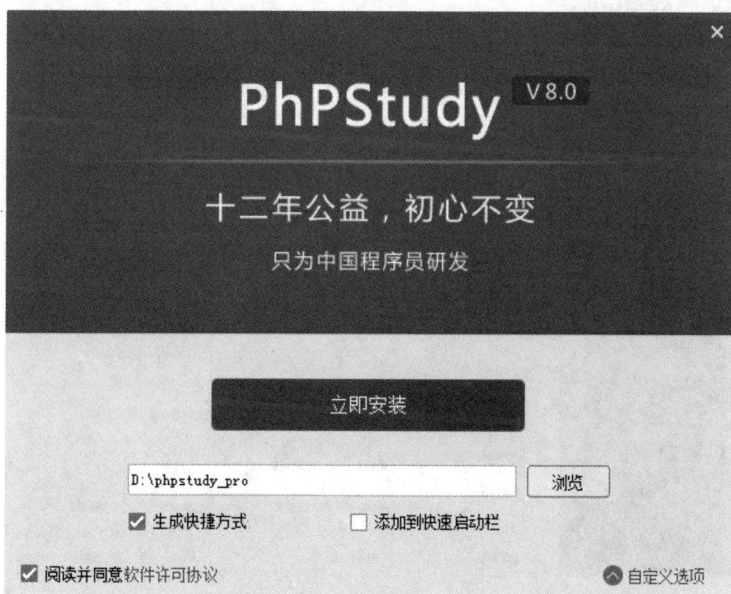

图 1-24　PhPStudy 安装默认目录

13

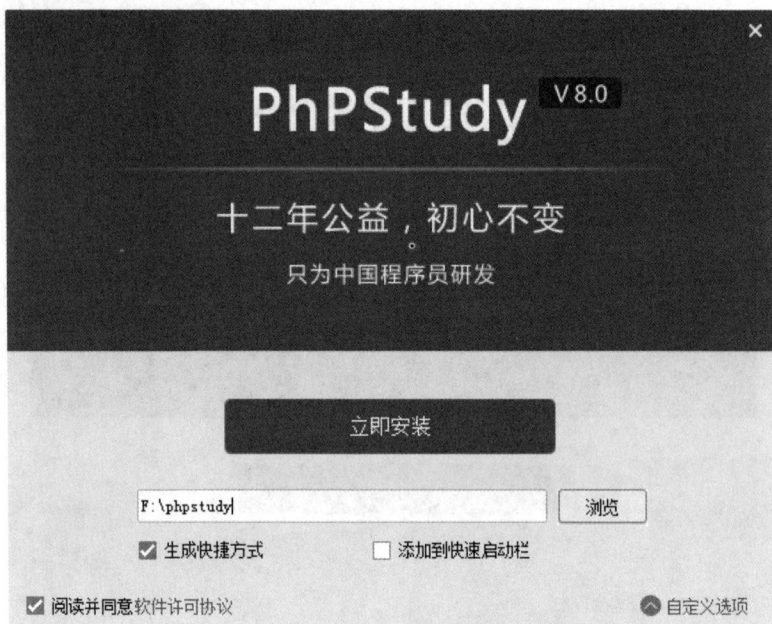

图 1-25　修改 PhPStudy 安装目录

点击立即安装，即可完成安装，安装完成以后如图 1-26 所示。

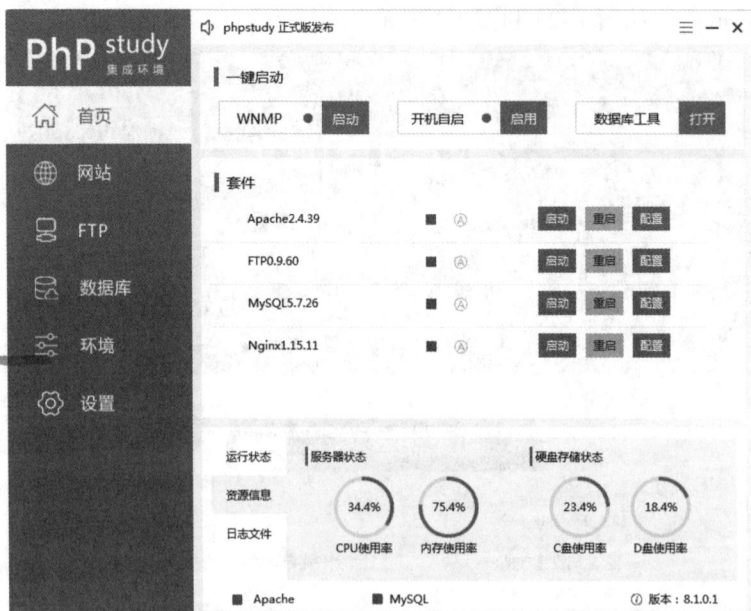

图 1-26　PhPStudy 安装完成后运行界面

点击界面中的配置，可以对相应的服务做配置。

Apache 的基本配置，如图 1-27 所示。

图 1-27　Apache 基本配置

Apache 的性能配置，如图 1-28 所示。

图 1-28　Apache 性能配置

MySQL 的基本配置，如图 1-29 所示。

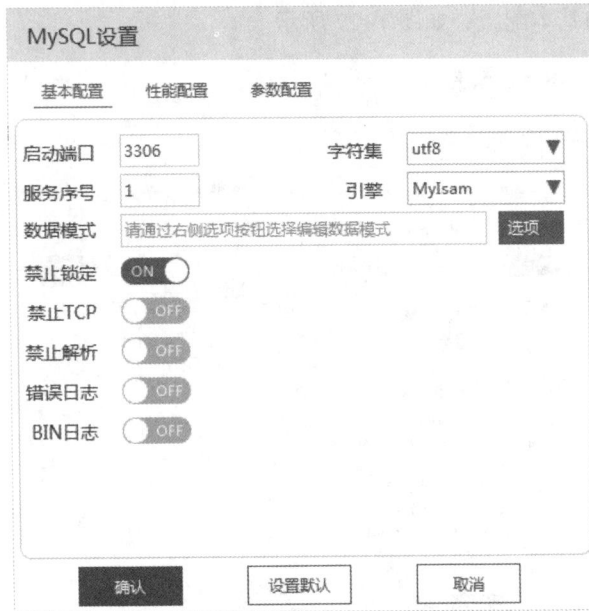

图 1-29　MySQL 基本配置

MySQL 的性能配置，如图 1-30 所示。

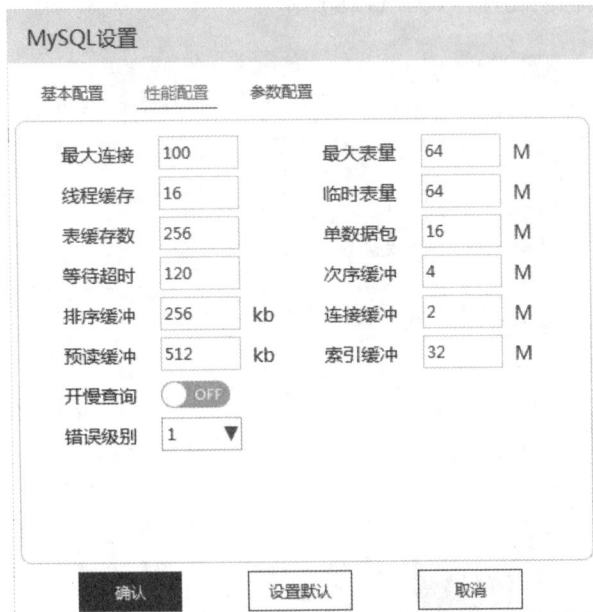

图 1-30　MySQ 性能配置

MySQL 的参数配置，如图 1-31 所示。

图 1-31　MySQ 参数配置

点击"启动"，开启相应的服务，如图 1-32 所示。

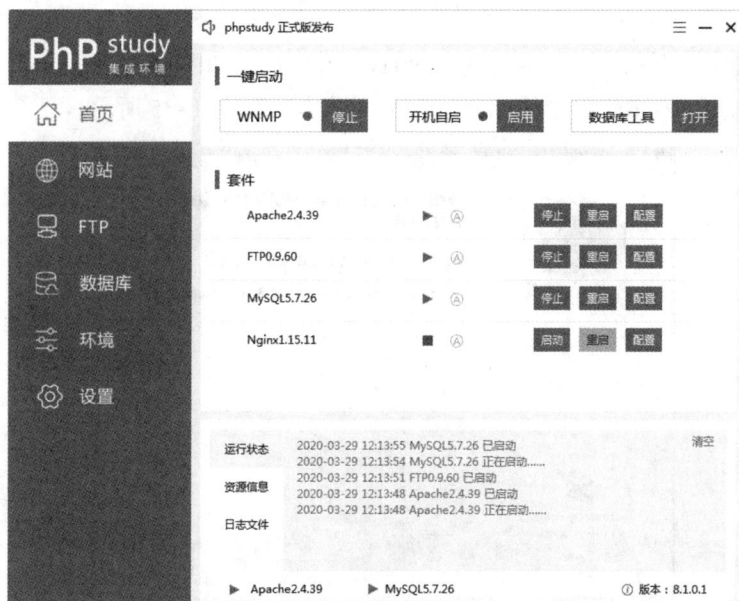

图 1-32　启动 PhPStudy 服务并运行

服务启动成功，打开浏览器在地址栏中输入：http://127.0.0.1 或者 http://localhost，进入如图 1–38 所示界面。环境安装成功。

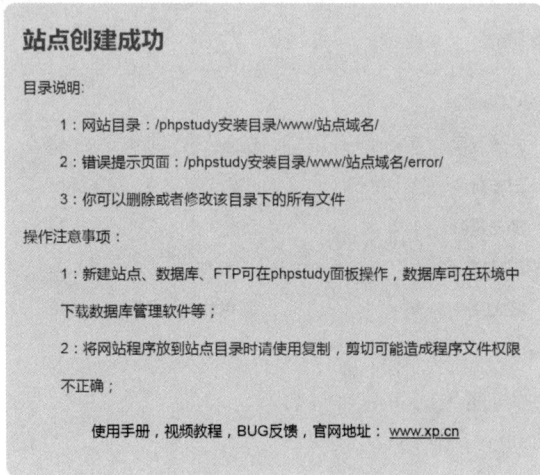

站点创建成功

目录说明：

　　1：网站目录 :/phpstudy安装目录/www/站点域名/

　　2：错误提示页面 :/phpstudy安装目录/www/站点域名/error/

　　3：你可以删除或者修改该目录下的所有文件

操作注意事项：

　　1：新建站点、数据库、FTP可在phpstudy面板操作，数据库可在环境中

　　下载数据库管理软件等；

　　2：将网站程序放到站点目录时请使用复制，剪切可能造成程序文件权限

　　不正确；

　　　　使用手册，视频教程，BUG反馈，官网地址： www.xp.cn

图 1–33　浏览器进入 Apache 界面

3. 用 WampServer 安装 Apache、PHP 和 MySQL。WampServer 是本课程调试所使用的软件，由 Apache+MySQL+PHP 几个软件组成的集成环境，简单易用，并且支持 Windows 操作系统，支持简体中文、繁体中文、英文等多种语言。

第一步：下载需要版本的 WampServer 并解压。如图 1–34 所示。

第二步：点击文件中的 wamp.exe 进行安装。如图 1–35 所示。

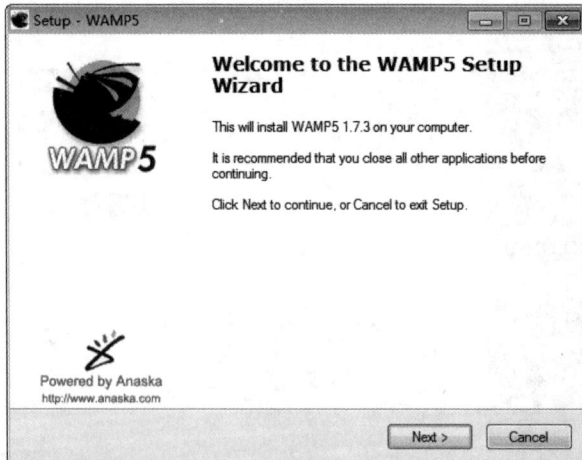

图 1–34　WampServer 安装界面 1

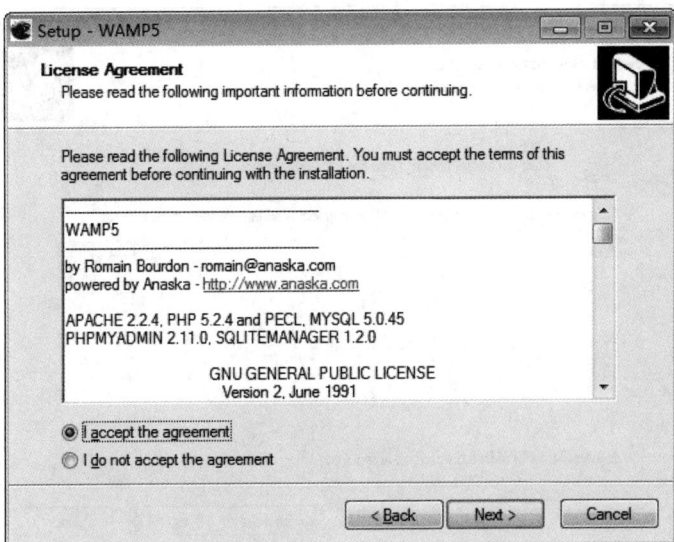

图 1-35　WampServer 安装界面 2

选择安装目录如图 1-36 和图 1-37 所示。

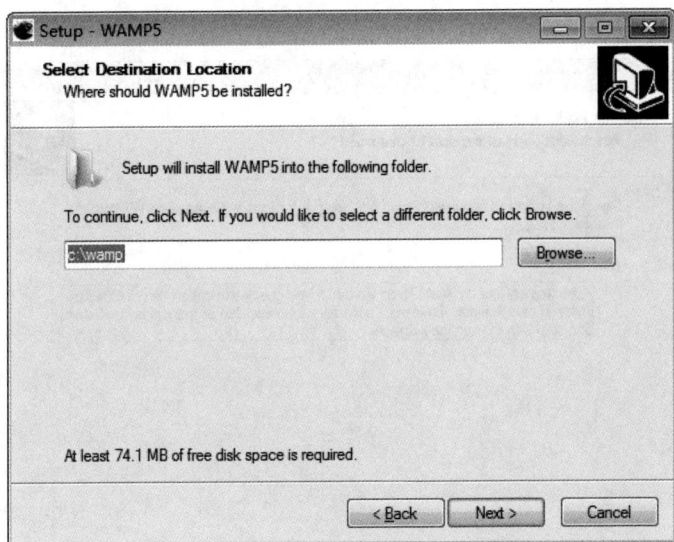

图 1-36　WampServer 默认安装目录

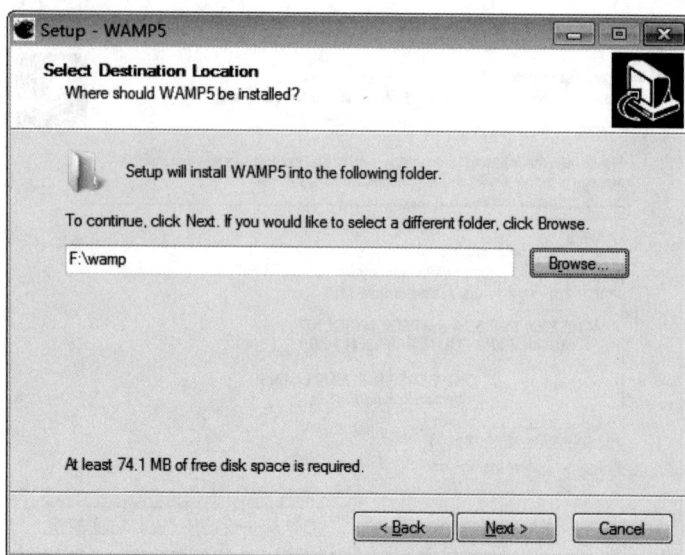

图 1-37　WampServer 修改安装目录

　　这一项如果勾选，开机会自动启动所有服务，勾选并点击下一步。如图 1-38 所示。

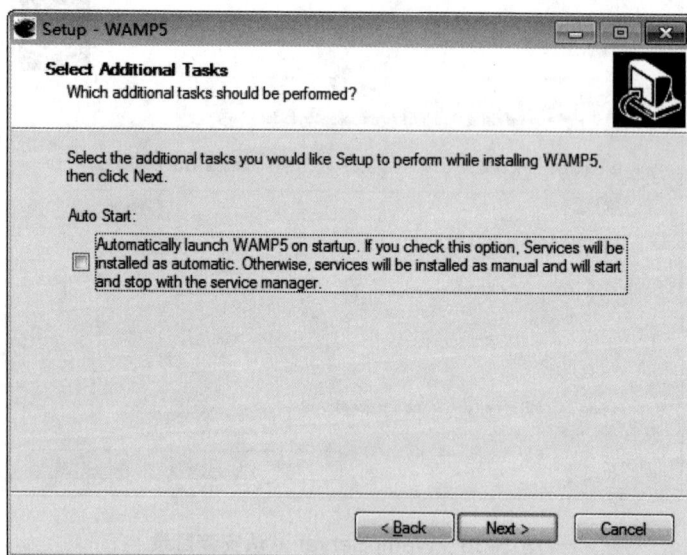

图 1-38　设置开机自启动服务

　　点击 Install 开始安装服务，点击下一步直到完成即可。如图 1-39 所示。

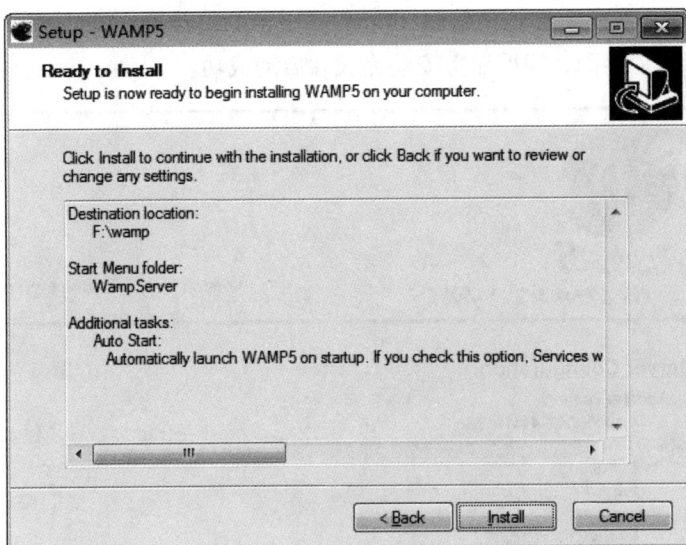

图 1-39　安装服务

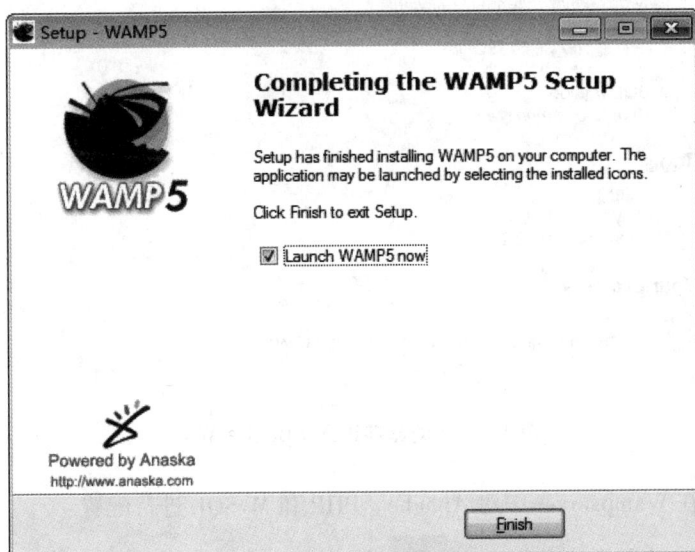

图 1-40　安装成功

点击 Finish，完成并打开 WampServer，如图 1-40 所示。打开以后在任务

栏左下角会出现 [图标]图标，呈现白色说明所有服务启动完成，呈现黄色说明

有部分服务没有启动，呈现红色说明所有服务都没有启动。

打开浏览器在地址栏中输入：http://127.0.0.1 或者 http://localhost，进入如图 1-41 所示。界面，说明服务安装完成并启动成功。

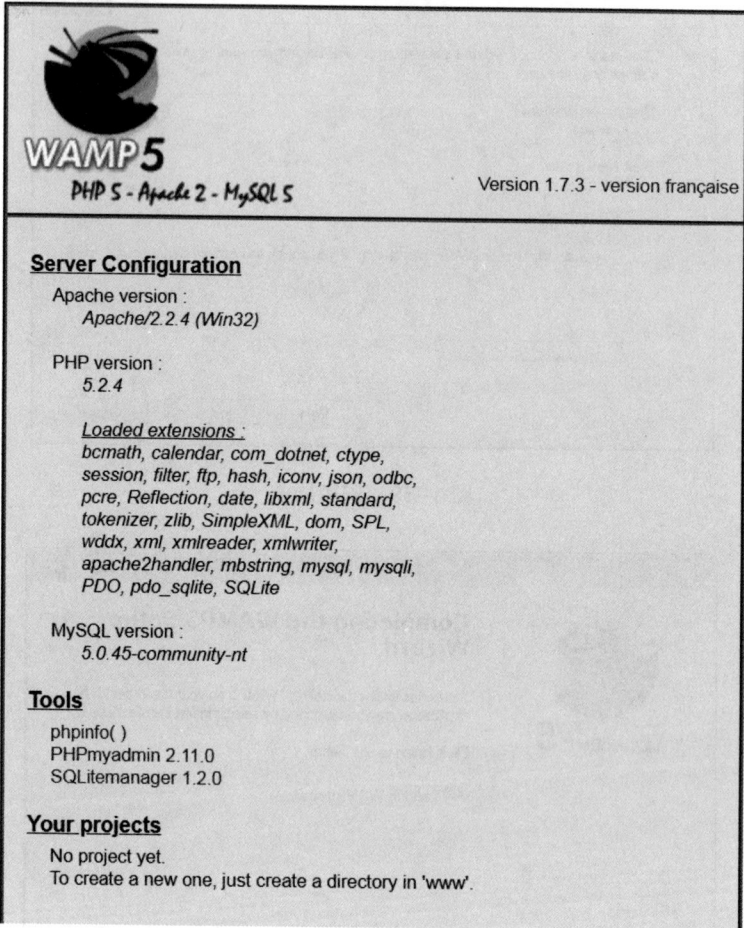

图 1-41　浏览器进入 Apache 界面

（1）在 Wampserver 中对 Apache、PHP 和 MySQL 进行配置。

①配置 Apache，左键单击 ▩ ，打开 Apache 的配置文件 httpd.conf，对相应的配置进行修改。如图 1-42 所示。

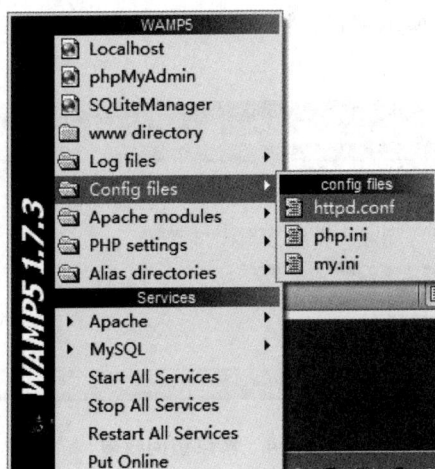

图 1-42　打开 Apache 配置文件

修改端口号，Apache 默认端口号为 80，如果 80 端口被占用，我们可以对端口号进行修改。修改的方法如图 1-43 所示。，只需将 80 改为自己需要的端口号即可。

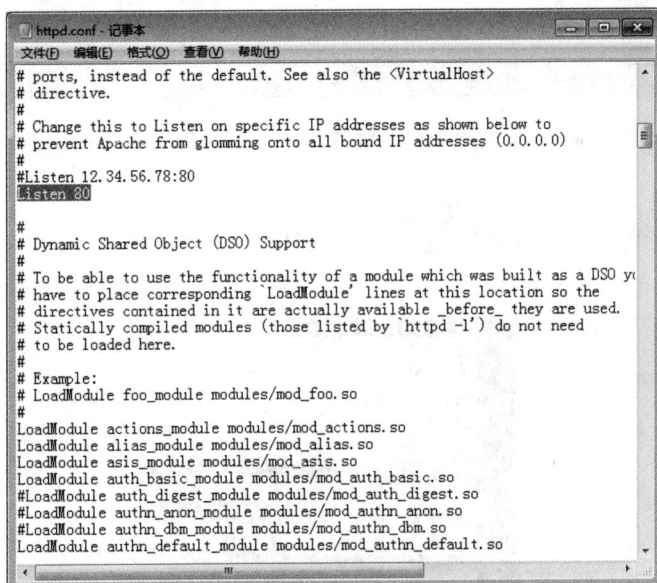

图 1-43　修改端口

修改访问权限，服务目录 www 默认只有通过 http://127.0.0.1 或者 http://localhost 来访问，如果要跨机器或者使用本机的 IP 地址来访问的话，需要做如图 1-44 和图 1-45 所示配置，将 Allow from 127.0.0.1 修改为 Allow from all，然后重启服务即可。

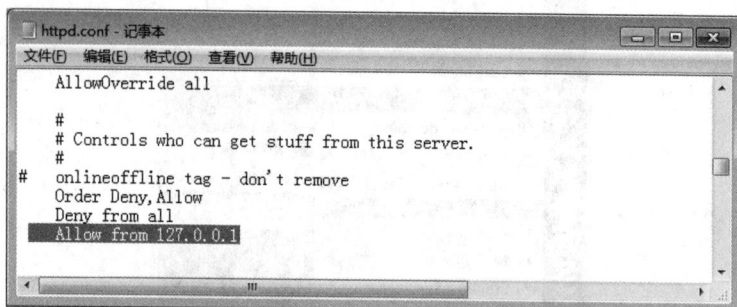

图 1-44　修改访问权限

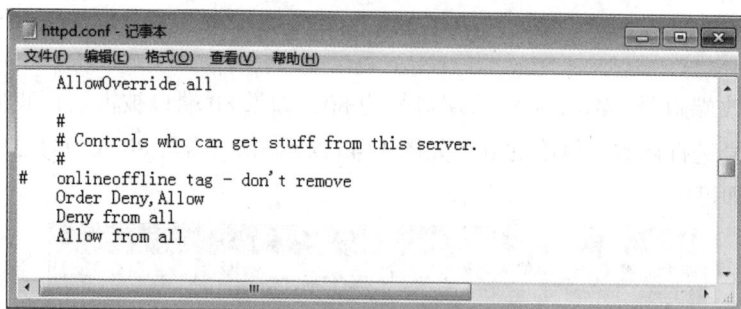

图 1-45　修改访问权限后效果

②配置 PHP，左键单击 ，打开 PHP 的配置文件 php.ini，对相应的配置进行修改。如图 1-46 所示。

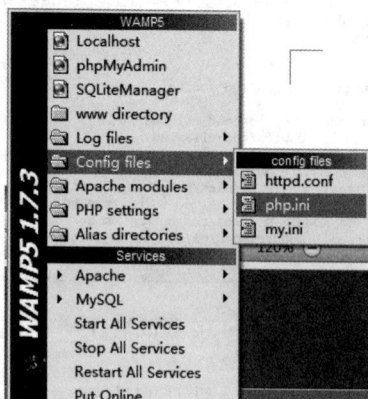

图 1-46　打开 PHP 配置文件

让 PHP 支持 asp 标签，将 asp_tags = Off 改为 asp_tags = On。如图 1-47
和图 1-48 所示。

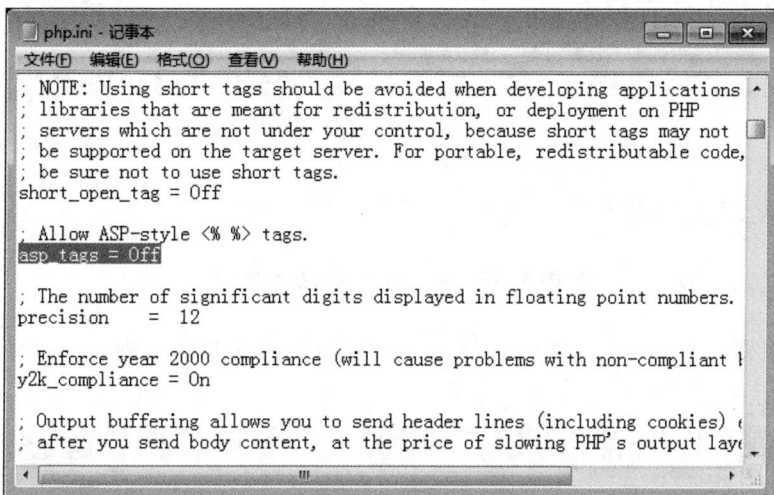

图 1-47　打开 asp 标签

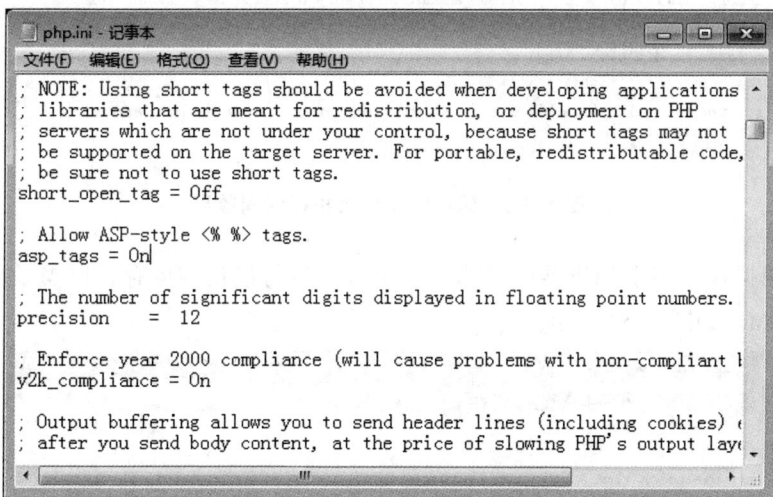

图 1-48　打开 asp 标签效果

根据需要修改每个脚本最大执行时间，以秒为单位，默认 30 秒。如图
1-49 所示。

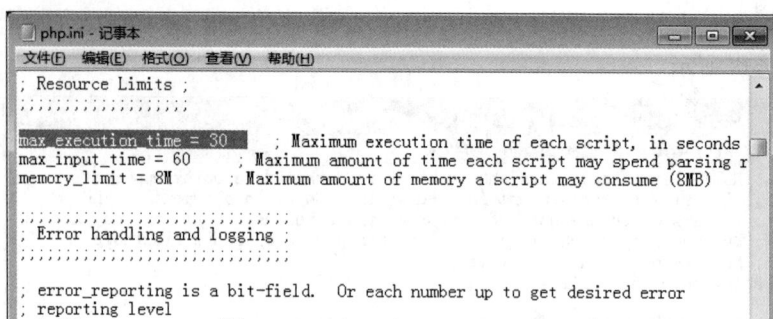

图 1-49　修改脚本最大执行时间

根据需要修改每个脚本最大输入时间，以秒为单位，默认 60 秒。如图 1-50 所示。

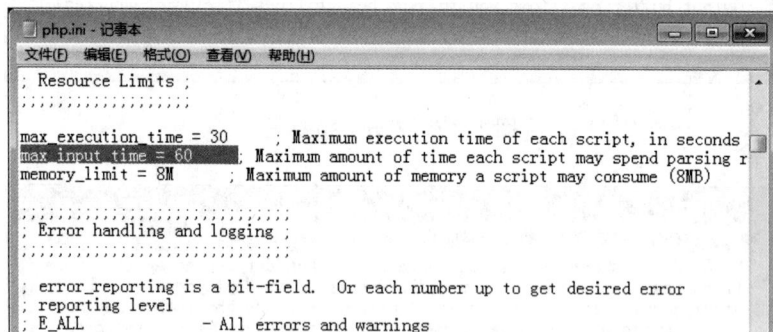

图 1-50　修改脚本最大执行时间效果

根据业务需求和机器配置修改每个脚本执行消耗的内存，以 M 为单位，默认 8M。如图 1-51 所示。

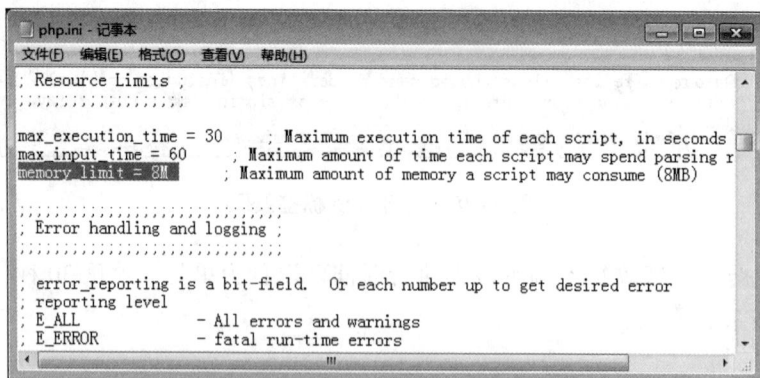

图 1-51　修改脚本执行消耗内存

修改 PHP 通过 post 方式接受最大文件大小，默认 8M。如图 1-52 所示。

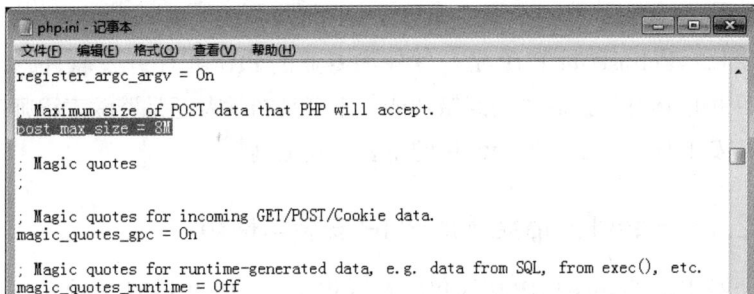

图 1-52　修改通过 post 方式最大上传文件大小

修改 PHP 最大上传文件大小，默认 2M。如图 1-53 所示。

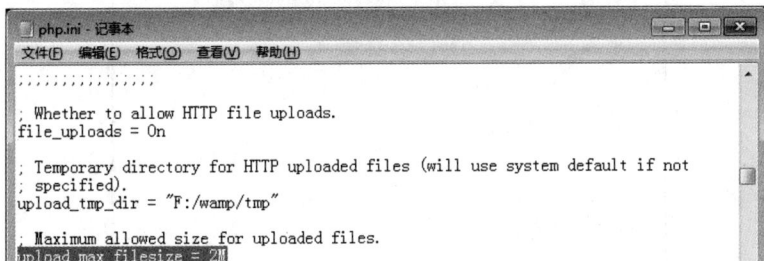

图 1-53　修改最大上传文件大小

常用的配置我们就介绍这么多，在后续的课程中将会对具体使用的配置进行介绍。

1.2　开发工具

PHP 是一个弱类语言，它的开发工具有很多。

（1）Sublime Text，是一款目前比较流行的代码编辑器，大小适中，运行流畅，有代码提示功能。其用户界面友好、功能强大，同时支持 Windows、Linux、Mac OS X 等主流操作系统。

（2）Notepad++ 是一个小巧免费的代码编辑器。内置支持多达 27 种语法高亮度显示，还支持自定义语言。

（3）记事本是操作系统自带的编辑工具，此工具没有纠错和提示功能，不建议使用。

27

（4）Dreamweaver 是一个所见即所得的编辑器，它支持 ASP、Java，同时也支持 PHP 的编程，是一个多功能集成编译环境。

（5）EasyEclipse for PHP 是一款较为专业的 PHP 程序开发软件，它是基于多项目并且具有很强的语法纠错功能，不管是初学者还是资深工程师都乐于使用的开发工具，也是本课程使用的主要开发工具。

1.2.1 EasyEclipse for PHP 安装与使用

1. 下载 EasyEclipsePHP 压缩包，解压并安装（如图 1–54 所示。）

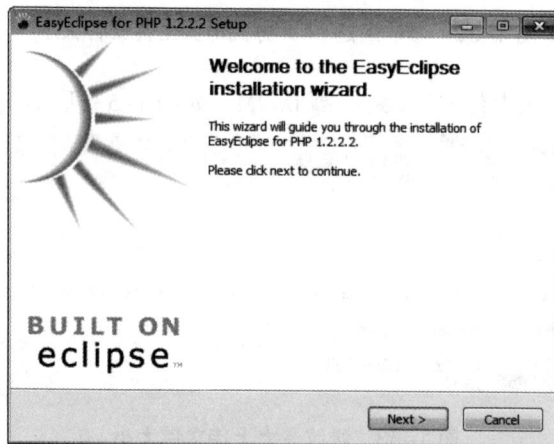

图 1–54 EasyEclipsePHP 安装界面

下一步，选择安装路径。如图 1–55 所示。

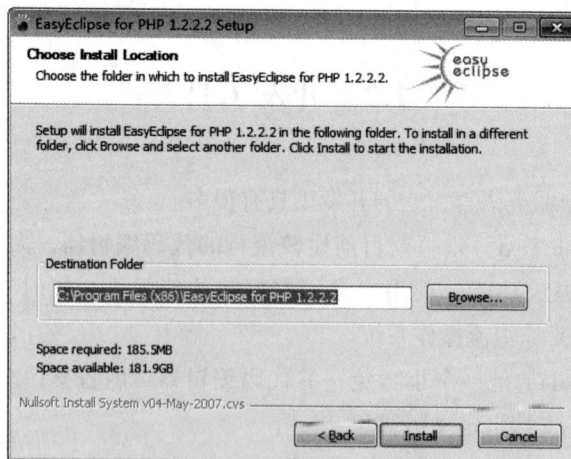

图 1–55 EasyEclipsePHP 默认安装路径

2. EasyEclipse for PHP 的使用

点击启动软件：

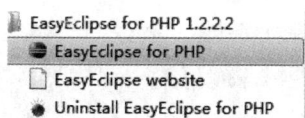

图 1-56　启动 EasyEclipsePHP 软件

选择工作空间，注意这一步很关键，很多初学者都是因为这一步的设置导致后面程序调试出现各种问题。这个工作空间要选择你的网络服务目录，本机所安装的服务目录地址为 F:\wamp\www。如图 1-57 和图 1-58 所示。

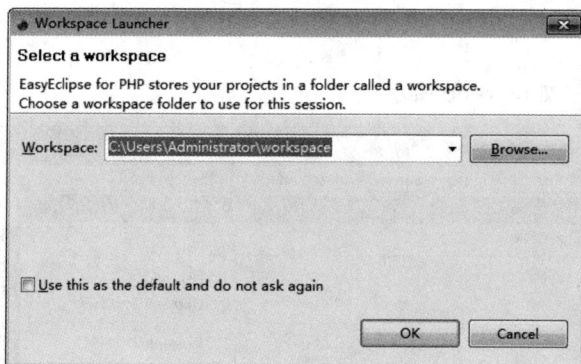

图 1-57　默认工作空间

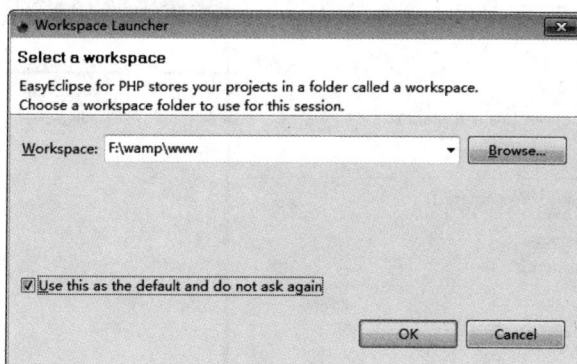

图 1-58　修改工作空间

进入欢迎界面，如图 1-59 所示。

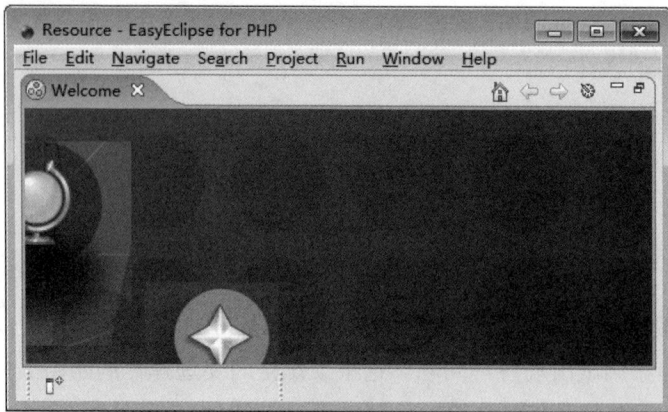

图 1-59　工作界面

新建项目，如图 1-60 所示。

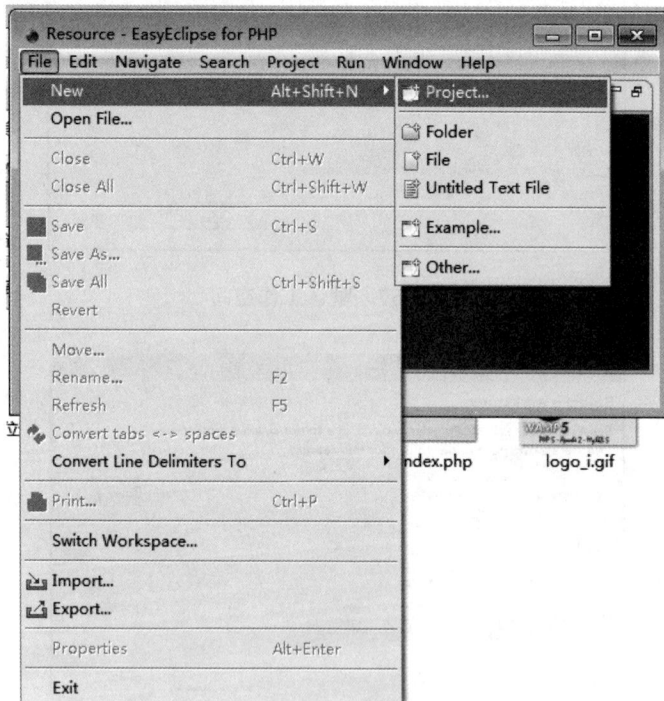

图 1-60　新建项目

选择项目类型：PHP Project，如图 1-61 所示。

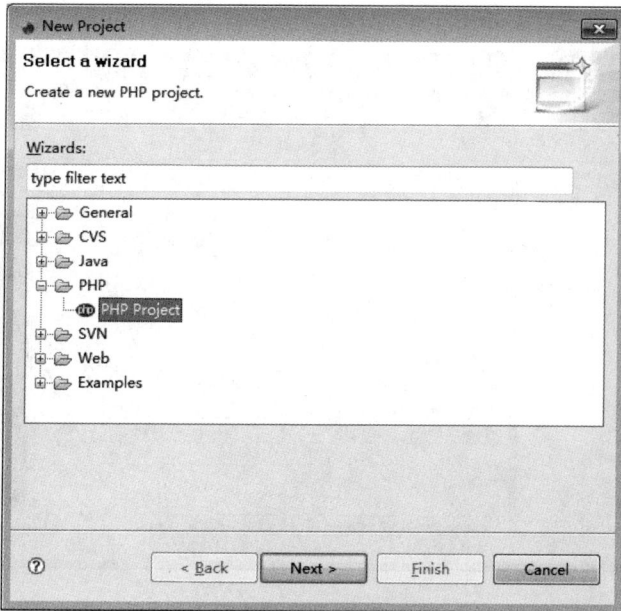

图 1-61　选择 PHP 项目

　　给新项目命名，注意项目名称会成为目录名，所以此处名称不能为中文。如图 1-62 所示。

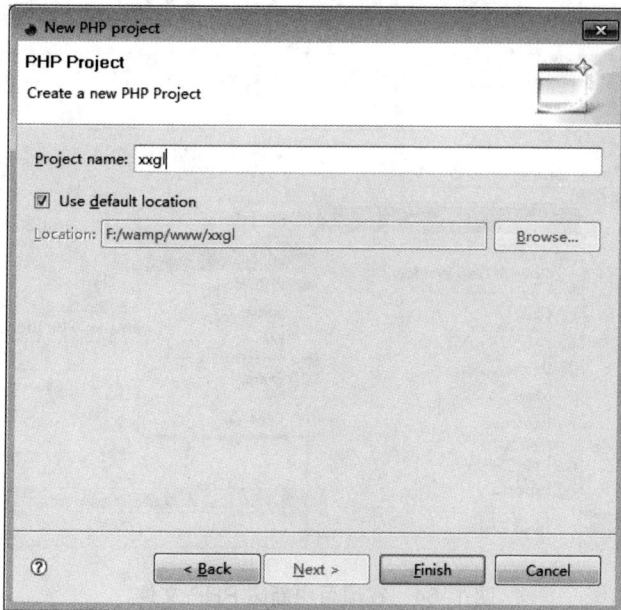

图 1-62　项目名称

›› 信息管理系统应用与开发

新项目创建完成，如图 1-63 所示。

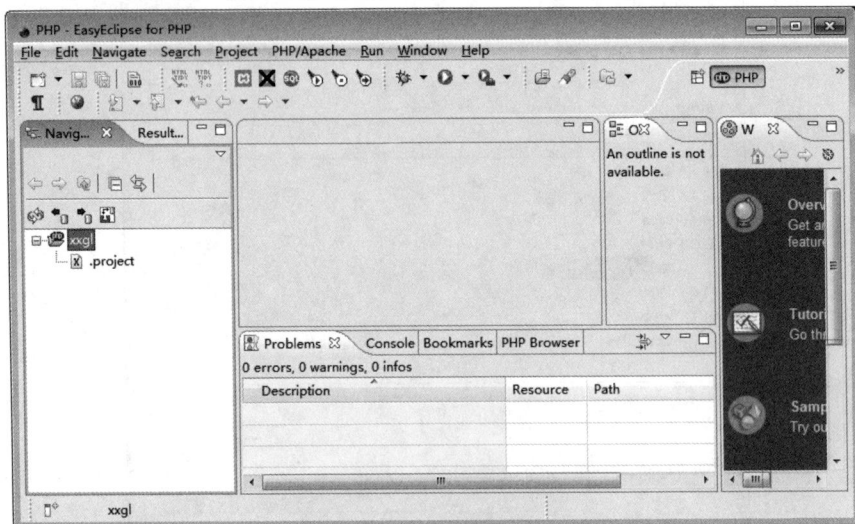

图 1-63　创建完成界面

新建 PHP 文件，如图 1-64 所示。

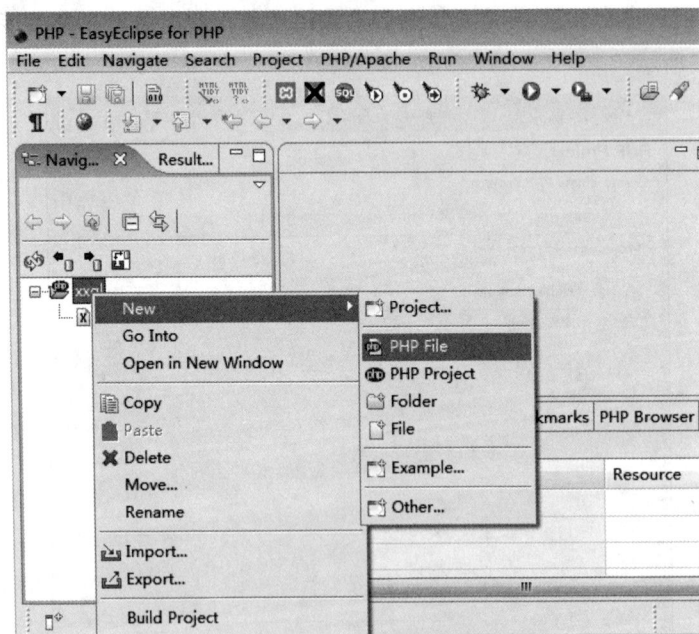

图 1-64　在项目中新建 PHP 文件

为新建的文件命名，注意名称不能为中文。如图 1-65 和图 1-66 所示。

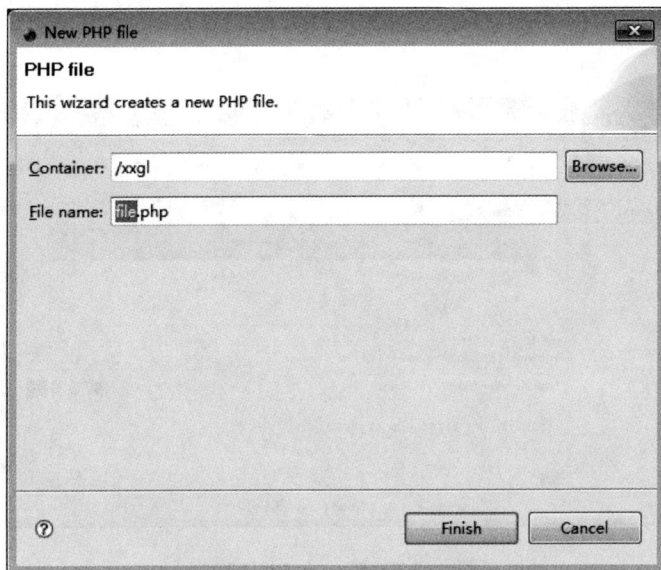

图 1-65　PHP 默认文件名称

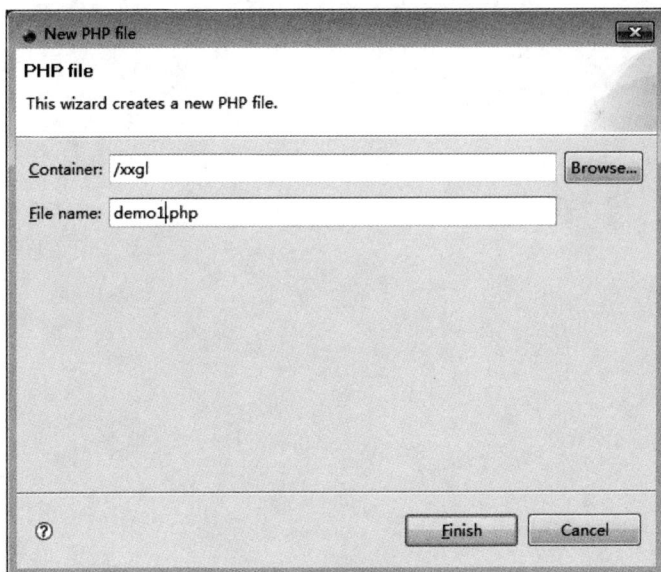

图 1-66　修改文件名称

编写以下第一个 PHP 程序，保存以后就会在下面的 PHP Browser 选项卡中看到运行效果。如图 1-67 所示。

```php
<?php
echo 'This is the first php program';
?>
```

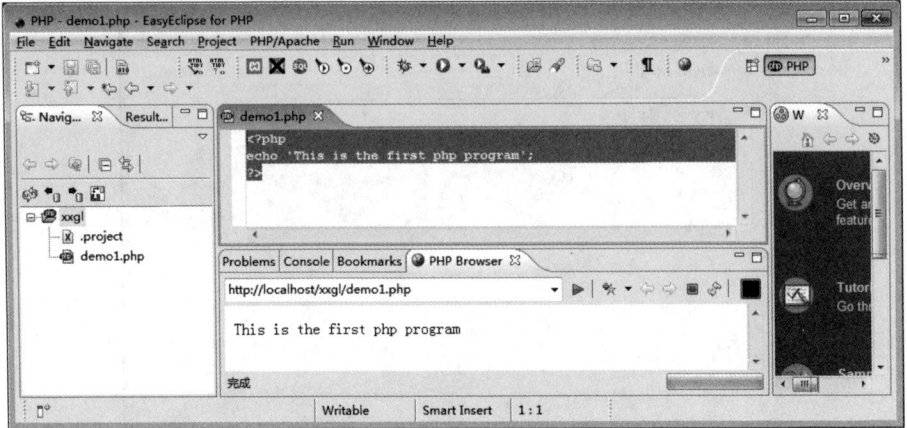

图 1-67　第一个 PHP 程序

第 2 章　PHP 语法

2.1　PHP 基础语法

2.1.1　PHP 特点

我们通过几个简单的 PHP 程序案例，来总结 PHP 的语法特点。

eg2-1：一个最简单的 PHP 程序

程序如下：

```php
<?php
echo 'This is the first php program';
?>
```

运行结果：

This is the first php program

eg2-2: 求两个数的和

程序如下：

```php
<?php
  $a=3;
  $b=4;
  $c=$a+$b;
  echo $c;
?>
```

运行结果：

7

eg2-3: 求两个数的积

```
<?
  $a=3;
  $b=4;
  $c=$a*$b;
  echo $c;
?>
```

运行结果：

12

eg2-4: 输出两个数中大的

```
<%
  $a=3;
  $b=4;
  if($a>$b)
  {
    echo $a;
  }else{
    echo $b;
  }
%>
```

运行结果：

4

eg2-5: 输出 100 以内的所有偶数的和

```
<?php
$sum=0;
for($i=0;$i<=100;$i=$i+2)
{
    $sum=$sum+$i;
}
echo $sum
?>
```

运行结果：

2550

下面我们通过以上 5 个简单的例子，对 PHP 语法特点总结如下。

1. PHP 程序支持多种开始结束标记

5 个程序中 eg2-1、eg2-2 是以 <?php 作为程序的开始，以 ?> 作为程序的结束；eg2-3 以 <? 作为程序的开始，以 ?> 作为程序的结束；eg2-4 以 <% 作为程序的开始，以 %> 作为程序的结束。

<?php?> 为标准形式最为常见；<?　?> 为短标签的形式，在使用此标签时需要 php.ini，找到 short_open_tag = Off，将其后面 Off 改为 on。如图 2-1 和图 2-2 所示。

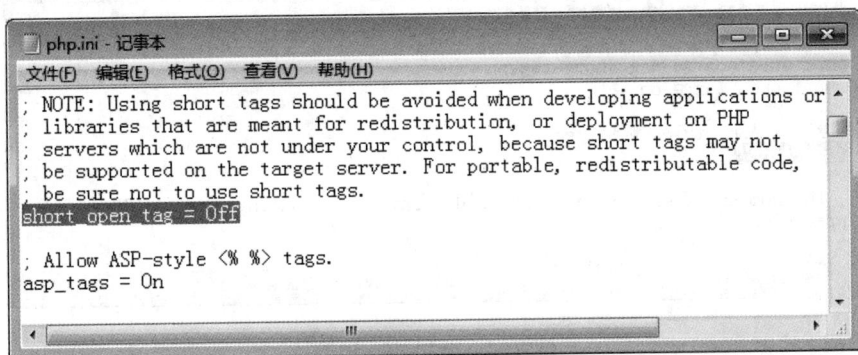

图 2-1　PHP 短标签

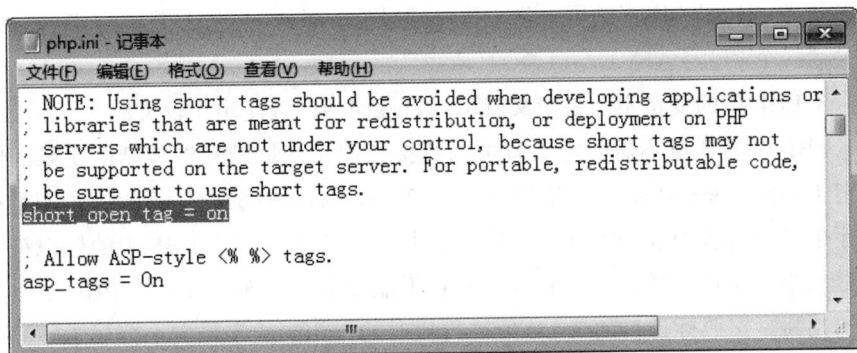

图 2-2　开启短标签

<%　%> 为 asp 式标签，在使用此标签时需要 php.ini，找到 asp_tags = off，将其后面 Off 改为 on。如图 2-3 和图 2-4 所示。

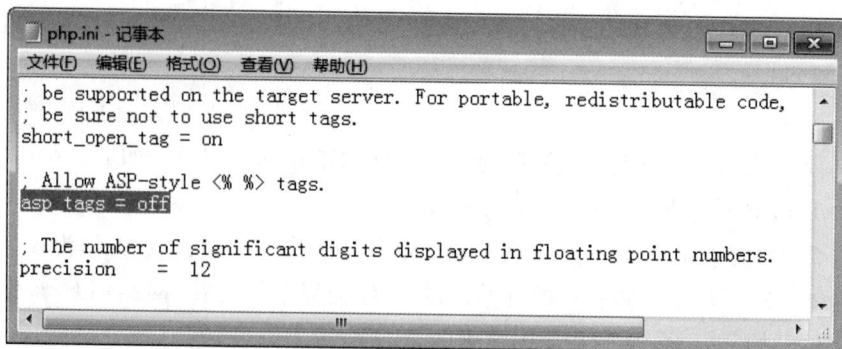

图 2-3　asp 标签

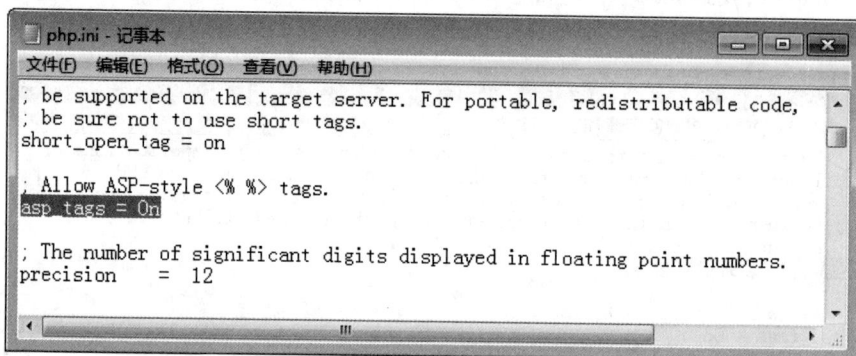

图 2-4　开启 asp 标签

2. 每条语句以 ;（英文字符）号结尾

每条 PHP 语句以 ; 结尾，每个程序的最后一条语句的 ; 号可以省略（eg2-5 中最后一个 ; 已经省略）。

3. PHP 中的变量不需要定义就可以直接使用并且使用比较灵活

PHP 中的变量不需要定义就可以直接使用，变量的数据类型由所赋的值决定（例如，$a=10,$a 就是整数；$a=1.12，$a 就是浮点数），所以一个变量在程序中可能有多种数据类型。变量名是由 $+ 标识符组成。PHP 中的标识符可以是大小写字母、数字、下划线，并且不能以数字开头。注意在 PHP 中对变量的判断是按照标识符的 AscII 值进行比对的，相同的字母大小写属于不同的变量，例如，$a 和 $A 是两个不同的变量。

4. 语句块或者函数体用 ｛ ｝

eg2-4、eg2-5 中的 if( ) ｛ ｝ else ｛ ｝ 和 for ｛ ｝ 是大括号比较典型的应用。

2.1.2　PHP 的输出

PHP 可以使用以下函数向浏览器输出，echo( )、print( )、print_r、printf、sprintf、var_dump，下面我们根据例子对以上输出函数进行讲解。

（1）echo 是 PHP 最常用的输出方式，输出的格式比较简单，实际上它不是一个函数，是 PHP 语句结构，因此无须对其使用括号。echo 没有返回值。

eg2-6：输出 "I am a handsome boy!".

```php
<?php
    $a='I';
    $b='am';
    $c='a';
    $d='handsome';
    $e='boy';
    $f='!';
    echo $a;// 输出 $a 的值
?>
```

程序运行结果：

I

（2）print( ) 和 echo( ) 用法一样，可以使用括号，也可以不用，但是 echo 速度会比 print 快一点。注意 print 返回值为 1，这个和 echo 不一样。

```php
<?php
    $a='I';
    $b='am';
    $c='a';
    $d='handsome';
    $e='boy';
    $f='!';
    echo $a;// 输出 $a 的值
    print(" ");// 输出空格
    print("$b");// 输出 $b 的值
?>
```

程序运行结果：

I am

（3）printf( )函数，是用格式控制的方式输出变量，其语法格式为：printf
（格式控制，变量列表 1，变量列表 2），参数格式控制是转换的格式，整数的
格式控制是 %d、浮点数的格式控制是 %f，字符串的格式控制是 %s。

```php
<?php
  $a='I';
  $b='am';
  $c='a';
  $d='handsome';
  $e='boy';
  $f='!';
  echo $a;// 输出 $a 的值
  print(" ");// 输出空格
  print("$b");// 输出 $b 的值
  print(" ");// 输出空格
  printf("%s",$c);// 输出 $c 的值
?>
```

程序运行结果：

I am a

（4）sprintf 函数的使用方法和 printf 一样，唯一不同的就是该函数在使用
时必须将格式控制字符串赋值给一个变量，然后用此变量作为格式控制。此函
数的返回值是我们要输出的变量，所以在例子中我们要用 echo 将其返回值输
出，并且它本身没有输出功能。

```php
<?php
  $a='I';
  $b='am';
  $c='a';
  $d='handsome';
  $e='boy';
  $f='!';
```

```php
echo $a;// 输出 $a 的值
print(" ");// 输出空格
print("$b");// 输出 $b 的值
print(" ");// 输出空格
printf("%s",$c);// 输出 $c 的值
print(" ");// 输出空格
$gsk='%s';// 定义格式控制字符串
echo sprintf($gsk,$d);// 输出 $d 的值
?>
```

程序运行结果:

I am a handsome

（5）print_r( ) 显示关于一个变量的信息。如果要输出的变量是字符串、整数或者是浮点数，那么将输出的变量值就是其本身。如果是数组或者对象，那么将会按照一定格式显示元素。

```php
<?php
$a='I';
$b='am';
$c='a';
$d='handsome';
$e='boy';
$f='!';
echo $a;// 输出 $a 的值
print(" ");// 输出空格
print("$b");// 输出 $b 的值
print(" ");// 输出空格
printf("%s",$c);// 输出 $c 的值
print(" ");// 输出空格
$gsk='%s';// 定义格式控制字符串
echo sprintf($gsk,$d);// 输出 $d 的值
print(" ");// 输出空格
print_r($e);// 输出关于变量 $e 的信息
?>
```

程序运行结果：

I am a handsome boy

（7）var_dump 函数功能：输出变量的内容、类型或字符串的内容、类型、长度；常用来调试。

```php
<?php
  $a='I';
  $b='am';
  $c='a';
  $d='handsome';
  $e='boy';
  $f='!';
  echo $a;// 输出 $a 的值
  print(" ");// 输出空格
  print("$b");// 输出 $b 的值
  print(" ");// 输出空格
  printf("%s",$c);// 输出 $c 的值
  print(" ");// 输出空格
  $gsk='%s';// 定义格式控制字符串
  echo sprintf($gsk,$d);// 输出 $d 的值
  print(" ");// 输出空格
  print_r($e);// 输出关于变量 $e 的信息
  print(" ");// 输出空格
  var_dump($f);// 输出变量的内容、类型或字符串的内容
?>
```

程序运行结果：

I am a handsome boy!

2.1.3 注释

PHP 编程中的注释分两种：一种是注释一条语句，另一种是注释程序块。使用方式如下：

单行注释：//php 语句。

程序块：/*php 语句 1;php 语句 2;*/。

eg2-7: 单行和多行注释

```php
<?php
  $a='I';
  $b='am';
  $c='a';
  $d='handsome';
  $e='boy';
  $f='!';
  /* echo $a;// 输出 $a 的值
  print(" ");// 输出空格
  print("$b");// 输出 $b 的值
  print(" ");// 输出空格
  printf("%s",$c);// 输出 $c 的值
  print(" ");// 输出空格
  $gsk='%s';// 定义格式控制字符串
  echo sprintf($gsk,$d);// 输出 $d 的值
  print(" ");// 输出空格 */
  print_r($e);// 输出关于变量 $e 的信息
  print(" ");// 输出空格
  //var_dump($f);
?>
```

在要注释的语句前加"//"，将 var_dump($f) 输出注释掉，以 /* 开头，以 */ 结尾，将一段 PHP 代码注释掉，这些语句就不会执行，该程序的运行结果为"boy"。

2.2　PHP 常量和变量

2.2.1　常量

常量用于存储不经常改变的数据信息。不可再次对该常量进行赋值，PHP 常量分为一般常量、用户自定义常量和 PHP 中预先定义好的常量。

1. 一般常量

一般常量，是不能改变其值的量，是指像 1，2.5……，字符 a、b，字符串 hello 一样的值。

2. 预先定义好的常量

预定义常量是 PHP 语言的一个特色，计算机内存中专门为常量的存储分配了一定的内存空间。预定义常量是全局常量，在运行过程中不能修改和销毁，其一般格式为 __ 预定义常量 __，注意这个横线是两个连续英文状态的下划线。

● __LINE__ 当前行号的值。

eg2-8: 显示当前行号的值

```php
<?php  // 第一行
$arr="I love china!"; // 第二行
echo __LINE__; // 第三行
echo "<br>";   // 第四行，输出换行符
var_dump(__LINE__);// 第五行，输出预定义常量的信息
?>
```

__LINE__ 所在的位置是整个程序的第三行，最后用 var_dump( ) 输出常量的类型和值 int(5)，整数值为 5，因为当前在第五行，所以程序的运行结果为：

3

int(5)

● __FILE__ 获取当前文件路径

eg2-9: 获取当前文件的路径

```php
<?php
  echo       __FILE__;// 本文件 eg2-9.php 的绝对路径。
  echo "<br>";   // 输出换行符
  var_dump(__FILE__);// 输出预定义常量的信息
?>
```

程序的运行结果，第二行输出 eg2-9.php 的绝对路径，第四行为预定义常量的类型 string，长度为 35，值为路径：

F:\wamp\www\xxgl\chapter2\eg2-9.php

string(35) "F:\wamp\www\xxgl\chapter2\eg2-9.php"

● __DIR__ 是指当前文件所在的目录。

eg2-10: 获取当前文件所在的目录

```php
<?php
  echo __DIR__;// 本文件 eg2-10.php 所在的目录。
?>
```

程序的运行结果，第二行输出 eg2-10.php 所在的目录：

F:\wamp\www\xxgl\chapter2

● __FUNCTION__ 获取当前函数的名称

eg2-11 : 获取当前函数的名称

```php
<?php
 function hanshu( ) {// 定义函数
  echo __FUNCTION__;// 输出常量
}
hanshu( );// 应用定义的函数
?>
```

程序运行结果为：

hanshu

● __CLASS__ 获取当前类名

eg2-12 : 获取当前类名

```php
<?php
class student {// 定义类名为 student 的类
    function study( ){// 定义方法
          echo __CLASS__;// 输出 __CLASS__ 预定义常量
    }
    }
$student1=new student( );// 实例化 student
$student1->study( );// 执行方法
?>
```

程序运行结果为类名：

student

3. 用户自定义常量

用户可以使用 define( ) 函数声明自定义常量，其格式如下：

boolean define(string constant_name, mixed constant_value [, bool case_insensitive])

string constant_name 是字符串常量名。

mixed constant_value 是常量的值，可以是 integer、float、string、boolean、NULL。

case_insensitive 如果设置为 TRUE，该常量则大小写不敏感即常量名的大写和小写表示为同一个常量。默认是大小写敏感的，比如，PI 和 pi 代表了不同的常量。

2.2.2 变量

所谓变量是指可以随时改变的量。PHP 中的变量名是对大小写敏感的，其变量名是用一个 $ 符号 + 变量名来表示。

1. 标识符（变量名）

在进行 PHP 编程的过程中，对变量的标识符有明确的要求，具体如下：

（1）标识符可以字母、数字和下划线组成。

（2）相同字母的大小写标识不同。

（3）变量名的格式为 $+ 标识符。

（4）标识符不能以数字开头。

eg2-13：标识符

```
<?php
$username="user";// 定义一个变量，变量名为 $ username，变量值为 user
$_pwd="123";//$_pwd 变量值为 123
$_456num=4567;//$_456num 变量值为 4567
$_Class="root";//$_Class 变量值为 root
// 错误的变量命名：
//$123var=123;// 变量名不能以数字字符开头，会报如下错误 Parse error:
syntax error, unexpected T_LNUMBER, expecting T_VARIABLE or '$' in F:\wamp\
www\xxgl\chapter2\eg2-13.php on line 7
$~%$_abc="abc"; // 变量名不能包含除字母、数字和下划线的非法字符，
会报如下错误 Parse error: syntax error, unexpected '~', expecting T_VARIABLE or
'$' in F:\wamp\www\xxgl\chapter2\eg2-13.php on line 8
```

?>

输出结果：报错

Parse error: syntax error, unexpected T_LNUMBER, expecting T_VARIABLE or '$' in F:\wamp\www\xxgl\chapter2\eg2–13.php on line 7

Parse error: syntax error, unexpected '~', expecting T_VARIABLE or '$' in F:\wamp\www\xxgl\chapter2\eg2–13.php on line 8

2. 变量定义

（1）直接赋值

$ 变量名称 = 变量的值

eg2–14：直接赋值

```php
<?php
    $username="admin";// 定义变量 $username, 并赋值为字符串 admin
    var_dump($username);// 输出变量的数据类型和值
?>
```

程序的运行结果为：

admin

（2）间接赋值，通过其他变量间接赋值

eg2–15：间接赋值

```php
<?php
    $username="admin";// 定义变量 $username, 并赋值为字符串 admin
    $user="administrator";// 定义变量 $user, 并赋值为字符串 administrator
    $username=$user;// 将 $user 变量的值赋予 $username
    var_dump($username);// 输出变量的数据类型和值
?>
```

运行结果为：

administrator

（3）引用赋值

eg2–16：引用赋值

```php
<?php
$a=&$b;// 注意这个写法是让 $a 指向 $b 所在地址里的值，也就是说 $a 的值就是 $b 的值
    $b=10;// 给变量 $b 赋值为 10
    echo $a;// 输出 $a 的值，发现输出结果为 10
```

```php
$a=12;// 给变量 $a 赋值为 12
echo $a,$b;// 输出 $a,$b 的值，发现输出结果为 12
?>
```

运行结果为：101212

4. 变量作用范围

根据 PHP 的变量作用范围，我们将 PHP 的变量划分为：局部变量、全局变量。

（1）局部变量

局部变量就是只在函数内部起作用的变量，其作用范围是其所在函数。

eg2-17: 局部变量

```php
<?php
function peple( ){
    $name="zhangsan!";
    echo " 在函数内部定义的变量 name 的值为 : ".$name;
}
peple ( );
$wname="lisi";
echo " 在函数外部定义的变量 wname 的值为 : ".$ wname;
?>
```

运行结果：

在函数内部定义的变量 name 的值为 : zhangsan

在函数外部定义的变量 wname 的值为 : lisi

(2) 全局变量

全局变量使用 global 定义的变量，其作用域是当前 PHP 文档，但是在用户自定义函数内部是不可用的。

eg2-18：全局变量

```php
<?php
$name ="xiaoming!";
function peple ( ){
    echo " 在函数内部获得变量 name 的值为 : ".$name."<br>";
}
peple ( );
?>
```

运行结果：

在函数内部获得变量 name 的值为：

对以上程序进行改造

eg2-19：全局变量

```php
<?php
$name ="xiaoming";
function peple ( ){
    global $name;// 通过 global 获得外部变量 $name 的值
    echo " 在函数内部获得变量 name 的值为：".$name."<br>";
}
peple ( );
?>
```

运行结果：

在函数内部获得变量 name 的值为：xiaoming

2.2.3　超级全局变量

超级全局变量又称为预定义变量，超级全局变量可以在每个程序中使用，但是不能将其作为一般变量使用。常用的超级全集变量为：$_SERVER、$_FILES、$_COOKIE、$_SESSION、$_REQUEST、$_GET、$_POST。

1. $_SERVER

eg2-20：$_SERVER

```php
<?php
 var_dump($_SERVER);// 输出其结构和值
?>
```

其运行结果如下：

array(31) { ["HTTP_ACCEPT"]=> string(3) "*/*" ["HTTP_ACCEPT_LANGUAGE"]=> string(5) "zh-CN" ["HTTP_ACCEPT_ENCODING"]=> string(13) "gzip, deflate" ["HTTP_USER_AGENT"]=> string(190) "Mozilla/4.0 (compatible; MSIE 7.0; Windows NT 6.1; WOW64; Trident/7.0; SLCC2; .NET CLR 2.0.50727; .NET CLR 3.5.30729; .NET CLR 3.0.30729; Media Center PC 6.0; .NET4.0C; .NET4.0E; InfoPath.3)" ["HTTP_HOST"]=> string(9) "localhost" ["HTTP_CONNECTION"]=> string(10) "Keep-Alive" ["PATH"]=> string(100) "C:\Windows\system32;C:\Windows;C:\Windows\System32\Wbem;C:\Windows\

System32\WindowsPowerShell\v1.0\;" ["SystemRoot"]=> string(10) "C:\Windows" ["COMSPEC"]=> string(27) "C:\Windows\system32\cmd.exe" ["PATHEXT"]=> string(53) ".COM;.EXE;.BAT;.CMD;.VBS;.VBE;.JS;.JSE;.WSF;.WSH;.MSC" ["WINDIR"]=> string(10) "C:\Windows" ["SERVER_SIGNATURE"]=> string(0) "" ["SERVER_SOFTWARE"]=> string(30) "Apache/2.2.4 (Win32) PHP/5.2.4" ["SERVER_NAME"]=> string(9) "localhost" ["SERVER_ADDR"]=> string(9) "127.0.0.1" ["SERVER_PORT"]=> string(2) "80" ["REMOTE_ADDR"]=> string(9) "127.0.0.1" ["DOCUMENT_ROOT"]=> string(11) "F:/wamp/www" ["SERVER_ADMIN"]=> string(19) "webmaster@localhost" ["SCRIPT_FILENAME"]=> string(36) "F:/wamp/www/xxgl/chapter2/eg2-20.php" ["REMOTE_PORT"]=> string(5) "62483" ["GATEWAY_INTERFACE"]=> string(7) "CGI/1.1" ["SERVER_PROTOCOL"]=> string(8) "HTTP/1.1" ["REQUEST_METHOD"]=> string(3) "GET" ["QUERY_STRING"]=> string(0) "" ["REQUEST_URI"]=> string(25) "/xxgl/chapter2/eg2-20.php" ["SCRIPT_NAME"]=> string(25) "/xxgl/chapter2/eg2-20.php" ["PHP_SELF"]=> string(25) "/xxgl/chapter2/eg2-20.php" ["REQUEST_TIME"]=> int(1586416425) ["argv"]=> array(0) { } ["argc"]=> int(0) }

从以上输出结果可以看出，该超级全局变量为一个数组，包含 31 个元素。在运行结果的空白处点击右键，选择查看源，可以更清晰地看到该超级全局变量的结构。

array(31) {

["HTTP_ACCEPT"]=>

string(3) "*/*"

["HTTP_ACCEPT_LANGUAGE"]=>

string(5) "zh-CN"

["HTTP_ACCEPT_ENCODING"]=>

string(13) "gzip, deflate"

["HTTP_USER_AGENT"]=>

string(190) "Mozilla/4.0 (compatible; MSIE 7.0; Windows NT 6.1; WOW64; Trident/7.0; SLCC2; .NET CLR 2.0.50727; .NET CLR 3.5.30729; .NET CLR 3.0.30729; Media Center PC 6.0; .NET4.0C; .NET4.0E; InfoPath.3)"

["HTTP_HOST"]=>

string(9) "localhost"

["HTTP_CONNECTION"]=>

string(10) "Keep-Alive"

["PATH"]=>

　string(100) "C:\Windows\system32;C:\Windows;C:\Windows\System32\
Wbem;C:\Windows\System32\WindowsPowerShell\v1.0\;"

["SystemRoot"]=>

string(10) "C:\Windows"

["COMSPEC"]=>

string(27) "C:\Windows\system32\cmd.exe"

["PATHEXT"]=>

string(53) ".COM;.EXE;.BAT;.CMD;.VBS;.VBE;.JS;.JSE;.WSF;.WSH;.MSC"

["WINDIR"]=>

string(10) "C:\Windows"

["SERVER_SIGNATURE"]=>

string(0) ""

["SERVER_SOFTWARE"]=>

string(30) "Apache/2.2.4 (Win32) PHP/5.2.4"

["SERVER_NAME"]=>

string(9) "localhost"

["SERVER_ADDR"]=>

string(9) "127.0.0.1"

["SERVER_PORT"]=>

string(2) "80"

["REMOTE_ADDR"]=>

string(9) "127.0.0.1"

["DOCUMENT_ROOT"]=>

string(11) "F:/wamp/www"

["SERVER_ADMIN"]=>

string(19) "webmaster@localhost"

["SCRIPT_FILENAME"]=>

string(36) "F:/wamp/www/xxgl/chapter2/eg2-20.php"

["REMOTE_PORT"]=>

string(5) "62614"

["GATEWAY_INTERFACE"]=>

```
string(7) "CGI/1.1"
["SERVER_PROTOCOL"]=>
string(8) "HTTP/1.1"
["REQUEST_METHOD"]=>
string(3) "GET"
["QUERY_STRING"]=>
string(0) ""
["REQUEST_URI"]=>
string(25) "/xxgl/chapter2/eg2-20.php"
["SCRIPT_NAME"]=>
string(25) "/xxgl/chapter2/eg2-20.php"
["PHP_SELF"]=>
string(25) "/xxgl/chapter2/eg2-20.php"
["REQUEST_TIME"]=>
int(1586417487)
["argv"]=>
array(0) {
}
["argc"]=>
int(0)
}
Array
(
    [HTTP_ACCEPT] => */*
    [HTTP_ACCEPT_LANGUAGE] => zh-CN
    [HTTP_ACCEPT_ENCODING] => gzip, deflate
    [HTTP_USER_AGENT] => Mozilla/4.0 (compatible; MSIE 7.0; Windows
NT 6.1; WOW64; Trident/7.0; SLCC2; .NET CLR 2.0.50727; .NET CLR 3.5.30729;
.NET CLR 3.0.30729; Media Center PC 6.0; .NET4.0C; .NET4.0E; InfoPath.3)
    [HTTP_HOST] => localhost
    [HTTP_CONNECTION] => Keep-Alive
    [PATH] => C:\Windows\system32;C:\Windows;C:\Windows\System32\
Wbem;C:\Windows\System32\WindowsPowerShell\v1.0\;
```

[SystemRoot] => C:\Windows

[COMSPEC] => C:\Windows\system32\cmd.exe

 [PATHEXT] => .COM;.EXE;.BAT;.CMD;.VBS;.VBE;.JS;.JSE;.WSF;.WSH;.

MSC

[WINDIR] => C:\Windows

[SERVER_SIGNATURE] =>

[SERVER_SOFTWARE] => Apache/2.2.4 (Win32) PHP/5.2.4

[SERVER_NAME] => localhost

[SERVER_ADDR] => 127.0.0.1

[SERVER_PORT] => 80

[REMOTE_ADDR] => 127.0.0.1

[DOCUMENT_ROOT] => F:/wamp/www

[SERVER_ADMIN] => webmaster@localhost

[SCRIPT_FILENAME] => F:/wamp/www/xxgl/chapter2/eg2-20.php

[REMOTE_PORT] => 62614

[GATEWAY_INTERFACE] => CGI/1.1

[SERVER_PROTOCOL] => HTTP/1.1

[REQUEST_METHOD] => GET

[QUERY_STRING] =>

[REQUEST_URI] => /xxgl/chapter2/eg2-20.php

[SCRIPT_NAME] => /xxgl/chapter2/eg2-20.php

[PHP_SELF] => /xxgl/chapter2/eg2-20.php

[REQUEST_TIME] => 1586417487

[argv] => Array

   (

)

[argc] => 0

)

我们以上面下划线的文件的根目录和 http 支持的语言这两个元素为例，看看怎样将其值输出来。

eg2-21: 输出文件的根目录

```php
<?php
echo $_SERVER['DOCUMENT_ROOT'];// 输出文件所在根目录
```

53

echo '<br>';// 输出一个换行符

echo $_SERVER[HTTP_ACCEPT_LANGUAGE];// 输出 http 接受语言

?>

输出结果为：

F:/wamp/www

zh-CN

由以上两个程序可以得出以下结论：$_SERVER 是数组，采用固定数组下标的方式进行调用。

2. $_FILES

eg2-22: $_FILES

```php
<?php
var_dump($_FILES);// 输出其结构和值
?>
```

输出结果为：

array(0) { }

由输出结果可以看出 $_FILES 是个数组，$_FILES 一般是与文件上传函数配合一起使用。

3. $_COOKIE、$_SESSION

session 和 cookie 都是用于保存用户会话信息，通过 $_COOKIE、$_SESSION 调用用户会话信息。session 用户信息存储在服务器端，cookie 是将用户信息存储在客户端（浏览器），由于服务器资源的局限性我们一般在后台管理时才使用 session 创建会话，一般会话就用 cookie。

我们用 setcookie 设置 cookie，其格式如下：

setcookie(cookie_name, cookie_value,[[cookie_expire],[cookie_path],[cookie_domain],[cookie_secure]])

cookie_name, 必须有的参数。设置 cookie 的名称，注意名称最好不要用中文，因为此名称要作为数组的下标来调用。

cookie_value, 必须有的参数。设置 cookie 的值。

cookie_expire, 可以选择的参数。设置 cookie 的保存有效期。

cookie_path, 可以选择的参数。设置 cookie 的服务器路径，这个路径可以是相对路径也可以是绝对路径。

cookie_domain, 可以选择的参数。设置 cookie 的域名。

cookie_secure, 可以选择的参数。设置是否通过安全的超文本传输协议

（HTTPS）来传输 cookie。

下面我们通过案例对 cookie 和 session 的使用进行讲解。

eg2-23 : $_COOKIE、$_SESSION

```php
<?php
```

setcookie('username','administrator',time( )+(12*60*60));// 设置 cookie，cookie 的名称为 username，值为 administrator。cookie 的生命周期的单位为秒，time( ) 为当前时间戳，其生命周期为 12 小时。

// 读取 cookie，要使用超级全局变量 $_COOKIE['cookie 的名称 ']

echo $_COOKIE['username'].'
';// 输出名称为 username 的 cookie 的值，在这里可以输出，但是如果要写下面的 cookie 设置的话，必须将其注释，不然会报如下错误，因为在设置 cookie 前不能有输入。Warning: Cannot modify header information – headers already sent by (output started at F:\wamp\www\xxgl\chapter2\eg2-23.php:4) in F:\wamp\www\xxgl\chapter2\eg2-23.php on line 6，使其注释错误消失。

echo "<br>";// 输出换行

var_dump($_SESSION);// 输出其结构和值

```php
?>
```

输出结果为：

administrator

array(1) { ["username"]=> string(13) " administrator" }

NULL

删除 cookie 的方式有两种：一种是将已经设置的 cookie 值设置为空；另一种是将 cookie 的有效期的时间改为当前时间之前。例如，time( )-1，time( ) 代表当前时间戳，将其减去一个正数，代表当前之前的时间，这个 cookie 就会立即生效。将 eg2-23.php 修改成如下：

```php
<?php
```

setcookie('username','administrator',time( )+(12*60*60));// 设　置 cookie，cookie 的名称为 username，值为 admin。cookie 的生命周期的单位为秒，其生命周期为 12 小时

// 读取 cookie，要使用超级全局变量 $_COOKIE['cookie 的名称 ']

//echo $_COOKIE['username'].'
';// 输出名称为 username 的 cookie 的值，在这里可以输出，但是如果要写下面的 cookie 设置的话，必须将其注释，不然会报如下错误，因为在设置 cookie 前不能有输入。Warning: Cannot modify header information – headers already sent by (output started at F:\wamp\www\xxgl\ chapter2\eg2–23.php:4) in F:\wamp\www\xxgl\chapter2\eg2–23.php on line 6，使其注释错误消失。

// 删除 cookie, 只需要将其设置为空或者将其周期设置到当前时间之前

//setcookie('username','');// 将 cookie 设置为空

setcookie('username','Lee',time( )–1);// 将 cookie 的生命周期设置到当前时间的前 1 秒，相当于已经失效

var_dump($_COOKIE);// 输出其结构和值

echo "<br>";// 输出换行

var_dump($_SESSION);// 输出其结构和值

?>

输出结果为：

array(0) { }

NULL

设置的 cookie 已经删除。

开启 session

```php
<?php
```

session_start( ); // 使用 session_start( ) 开启 session，要注意开启 session 的前面不能有输出语句，否则会报错。

$_SESSION ['username'] = 'administrator'; // 设置 session

echo $_SESSION ['username']; // 输出 session 的值

?>

输出结果为：

Administrator

删除 session，使用 unset( ) 函数删除 session。

```php
<?php
```

session_start( ); // 使用 session 前要先开启 session，使用 session_start( )，要注意开启 session 的前面不能有输出语句，否则会报错。

$_SESSION ['username'] = 'administrator'; // 设置 session

unset($_SESSION['username']);// 使用 unset 函数删除 session，注意要将 session 的下标带上。

echo $_SESSION ['username']; // 因为 session 已经删除，所以输出空白

?>

输出结果：

空白

之所以引入 cookie 和 session 是为了解决跨页面访问问题、权限判定和重复登录给使用者带来的烦琐操作。

4.$_REQUEST、$_GET、$_POST

脚本本身没有提供输入的函数而是借助 html 中的 form 表单或者超链接。$_REQUEST、$_GET、$_POST 这三个超级全局变量是用来接收通过表单或者超链接传过来的变量值，它们和其他的超级全局变量一样是通过数组的方式进行的，其下标是表单中 name 属性的值或者是超链接中变量的名。下面我们通过几个简单例子对这三个超级全局变量进行详细讲解。

（1）$_POST

eg2-24：加法的提交表单

```
<form action="eg2-25.php" method="post" >
  <input type="text" name="add1"  size="5"/>+
  <input type="text" name="add2" size="5"/>=
  <input type="text" name="sum"  size="5"/>
  <input type="submit" name="sum" value=" 计算 "/>
</form>
```

该案例中，method 中的提交方式为 post，所以需要超级全局变量 $_POST 来接收其值，action 的值是 eg2-25.php ，即是将表单中的值传递给在同一目录中的 eg2-25.php 中。运行并点击"计算"，将值传递到 eg2-25.php 页面中。

eg2-25：接收值的页面

```
<?php
  echo $a=$_POST['add1'];// 接收在 input 表单中 name 的值为 add1 的输入
的值赋值给 $a 并输出
  echo "<br>";// 输出换行
  echo $b=$_POST['add2'];// 接收在 input 表单中 name 的值为 add2 的输入
的值赋值给 $b 并输出
  echo "<br>";// 输出换行
  $sum=$a+$b;// 将 $a 和 $b 的和赋值给 $sum
  echo $a.'+'.$b.'='.$sum;// 输出加法的格式和两个变量的和
```

```
?>
```
运行结果如下：

12+7.8=19.8

（2）$_GET

```
<form action="eg2-27.php" method="get" >
  <input type="text" name="factor1"size="5"/>*
  <input type="text" name="factor2" size="5"/>=
  <input type="text" name="product"size="5"/>
  <input type="submit" name="product" value=" 计算 "/>
</form>
```

该案例中，method 中的提交方式为 get，所以需要超级全局变量 $_GET 来接收其值，action 的值是 eg2-27.php ，即是将表单中的值传递给在同一目录中的 eg2-27.php 中。运行并点击 " 计算 "，将值传递到 eg2-27.php 页面中。

```
<?php
  echo $a=$_GET['factor1'];// 接收在 input 表单中 name 的值为 factor1 的输入的值赋值给 $a 并输出
  echo "<br>";// 输出换行
  echo $b=$_GET['factor2'];// 接收在 input 表单中 name 的值为 factor2 的输入的值赋值给 $b 并输出
  echo "<br>";// 输出换行
  $product=$a*$b;// 将 $a 和 $b 的积赋值给 $product
echo $a.'*'.$b.'='.$product;// 输出乘法的格式和两个变量的积
?>
```
运行结果如下：

5

1.2

5*1.2=6

eg2-28：通过超链接的方式传值

<a href="eg2-29.php?dividend=6&divisor=5"> 除法运算 </a>

带参数超链接 <a href="php 文件名 .php? 变量名 1= 值 & 变量名 2= 值 ">，以上链接中有两个变量 dividend 和 divisor，dividend 的值为 6，divisor 的值为 5。我们将光标放到链接上看一下状态栏，可以清晰地看清楚变量的传递方式。如图 2-5 所示。

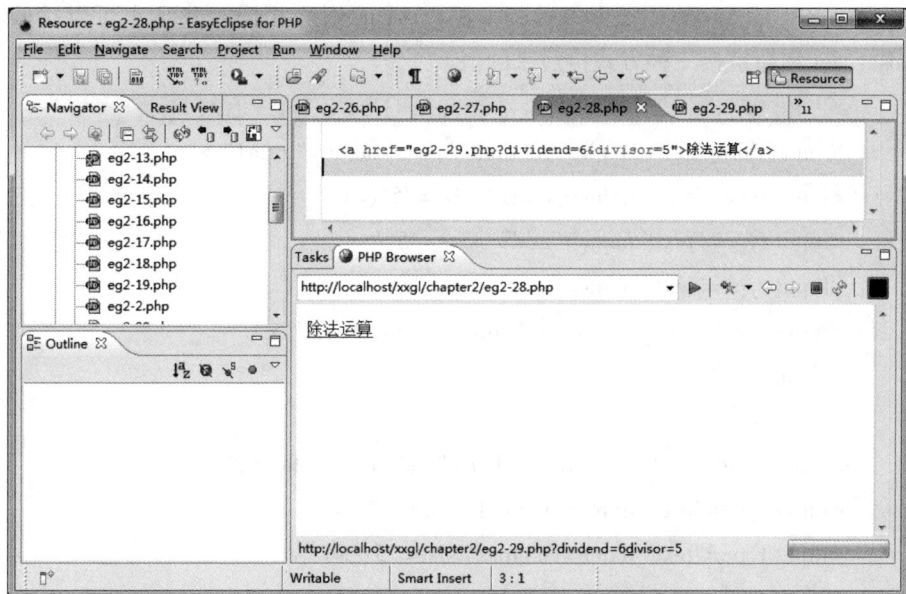

图 2-5　除法运算运行界面

eg2-29：接收参数值

```php
<?php
 echo $a=$_GET['dividend'];// 接收在超链接中 dividend 的值赋值给 $a 并
输出
 echo "<br>";// 输出换行
 echo $b=$_GET['divisor'];// 接收在超链接中 divisor 的值赋值给 $b 并输出
 echo "<br>";// 输出换行
 $quotient=$a/$b;// 将 $a 和 $b 的积赋值给 $quotient
 echo $a.'/'.$b.'='.$quotient;// 输出乘法的格式和两个变量的商
 ?>
```

运行结果如下：

6

5

6/5=1.2

（3）$_ REQUEST

$_ REQUEST 的用法和 $_GET、$_POST 的用法相同，并且它可以接收 post、get 和超链接三种方式传过来的值。

eg2-30: 编写表单中 post、get 和超链接的方式进行传值的 html

```html
<form action="eg2-31.php" method="post" name="form1" >
 <input type="text" name="add1"  size="5"/>+
 <input type="text" name="add2" size="5"/>=
 <input type="text" name="sum"  size="5"/>
 <input type="submit" name="sum" value=" 计算 "/>
 </form>


 <form action="eg2-31.php" method="get" name="form2">
 <input type="text" name="factor1"  size="5"/>*
 <input type="text" name="factor2" size="5"/>=
 <input type="text" name="product"  size="5"/>
 <input type="submit" name="product" value=" 计算 "/>
</form>
 <a href="eg2-29.php?dividend=6&divisor=5"> 除法运算 </a>
```

运行效果如图 2-6 所示。

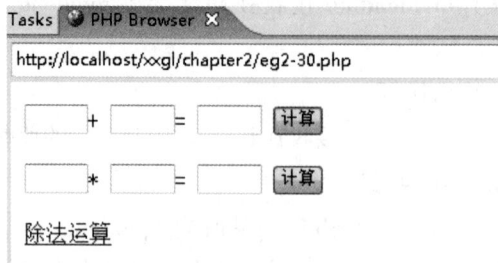

图 2-6　运算操作界面

eg2-31：接收值的页面

```
<?php
// 用 $_REQUES 接收 form 表单 post 方式提交过来的值
$a=$_REQUEST['add1'];
$b=$_REQUEST['add2'];// 接收值和 $_POST 用法一样
// 用 $_REQUES 接收 form 表单 get 方式提交过来的值
$c=$_REQUEST['factor1'];// 接收值和 $_GET 用法一样
$d=$_REQUEST['factor2'];
// 用 $_REQUES 接收 form 表单超链接方式提交过来的值
$e=$_REQUEST['dividend'];// 接收值和 $_GET 用法一样
$f=$_REQUEST['divisor'];
$sum=$a+$b;// 求和
$product=$c*$d;// 求积
$quotient=$e/$f;// 求商
echo ' 表单 post 方式传出来的值的结果为：'.$sum.'<br>';// 输出和的值
echo ' 表单 get 方式传出来的值的结果为：'.$product.'<br>';// 输出和的值
echo ' 超链接方式传出来的值的结果为：'.$ quotient;// 输出商的值
?>
```

没有任何输入的情况下输出结果如下：

Warning: Division by zero in F:\wamp\www\xxgl\chapter2\eg2-31.php on line 13

注意这个错误提示的意思，除数不能为 0，因为运行时我们并没有输入任何值。

表单 post 方式传出来的值的结果为：0

表单 get 方式传出来的值的结果为：0

超链接方式传出来的值的结果为：

运行 eg2-30，输入如图 2-7 所示的值，并点击第一个计算。

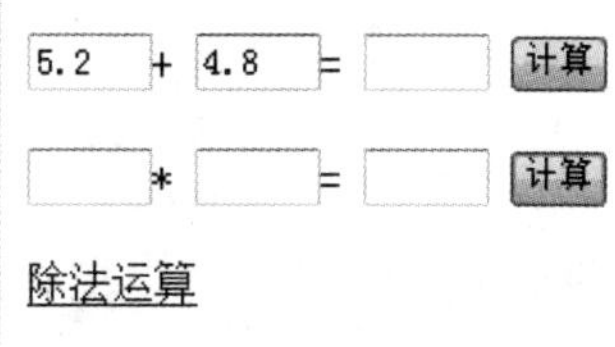

图 2-7　输入加法运算数

运行结果如下：

Warning: Division by zero in F:\wamp\www\xxgl\chapter2\eg2–31.php on line 13

表单 post 方式传出来的值的结果为：10

表单 get 方式传出来的值的结果为：0

超链接方式传出来的值的结果为：

运行 eg2–30，输入如图 2–8 所示的值，并点击后面的计算。

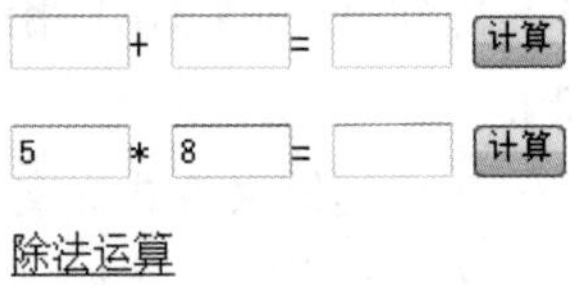

图 2-8　输入乘法运算数

运行结果如下：

Warning: Division by zero in F:\wamp\www\xxgl\chapter2\eg2–31.php on line 13

表单 post 方式传出来的值的结果为：0

表单 get 方式传出来的值的结果为：40

超链接方式传出来的值的结果为：

运行 eg2–30，输入如下的值，并点击最下面的除法运算，运行结果如下：

6

5

6/5=1.2

2.3　PHP 的数据类型

PHP 所支持的数据类型有整型、浮点型、字符型、字符串型、布尔型、数组、面向对象。

2.3.1　整型

eg2–32：整型

```php
<?php
$a=152;// 将 $a 的值赋为 152 整数，php 的数据类型是根据值来确定的
echo $a.'<br>';// 输出 $a 的值和一个换行
```

echo is_int($a);//bool is_int(mixed var), 用来判断是否为整型, 返回值为 bool 型, 如果为整数返回值为 1

?>

输出结果为:

152

1

2.3.2　浮点型

eg2-33:浮点型

```php
<?php
$a=1.52;// 将 $a 的值赋为小数 1.52,PHP 的数据类型是根据值来确定的
echo $a.'<br>';// 输出 $a 的值和一个换行
echo is_float($a);//bool is_float(mixed var), 用来判断是否为整型, 返回值为
bool 型, 如果为浮点数返回值为 1
?>
```

输出结果为:

1.52

1

2.3.3　字符串型

eg2-34:字符串型

```php
<?php
$name='jack';// 将 $a 的值赋为字符串 jack
echo $name.'<br>';// 输出 $name 的值和一个换行
echo is_string($name);//bool is_float(mixed var), 用来判断是否为整型, 返回
值为 bool 型, 如果为字符串返回值为 1
?>
```

输出结果为:

jack

1

eg2-35：字符串的输出

```
<?php
$name=' 张山 ';// 将 $name 的值赋为字符串张山。
$old='18 岁了 ';
echo $name.$old.'<br>';// 第一种输出方式：用连接符 "." 输出多个字符串，
本例中通过 "." 将 $name、$old 和换行符（<br>）输出
echo "2020 年 $name$old<br>";// 第二种输出方式：双引号，双引号里面
的变量不管是什么类型都会将变量的值输出来
echo '2020 年 $name$old<br>';// 第三种输出方式：可以输出字符串，但是
里面的变量像 $name、$old 不能作为变量识别出来，而是作为字符串直接输出，
但是换行符等 html 的标记是可以识别出来的
?>
```

输出结果为：

张山 18 岁了

2020 年张山 18 岁了

2020 年 $name$old

2.3.4　布尔型

eg2-36：布尔值

```
<?php
$a=TRUE;// 定义 bool 值 TRUE
$b=FALSE;// 定义 bool 值 FALSE
echo '$a 的布尔值为：'.$a.'<br>';// 输出 $a 的 bool 值
echo '$a 的布尔值为：'.$b.'<br>';// 输出 $b 的 bool 值为空
echo is_bool($a).'<br>';//is_bool( ) 判断是否为 bool 值，如果是输出为 1
echo is_bool($b);//is_bool( ) 判断是否为 bool 值，如果是输出为 1
?>
```

输出的结果为：

$a 的布尔值为：1

$a 的布尔值为：

1

1

2.3.5　数组

PHP 中的数组和其他语言的数组的概念不太相同，C 语言的数组是用来处理相同数据类型的批量数据。而 PHP 中的数组是用来处理批量数据的，也就是说 PHP 中同一个数组的元素可以是不同的数据类型。由于数组的遍历需要用到循环，所以后面会专门用一章介绍。

2.3.6　面向对象编程（OOP）

面向对象是在面向过程之后发展来的，PHP 中的面向对象可以提高代码的灵活性、程序可读性高、代码易维护、可扩展性强等优点。在介绍面向对象之前需要对其要使用的几个基本概念进行说明。

类，是指某类事物的统称，是一个抽象的概念，例如：学校、省份、人、学生、桌子等这些称为类。

类属性，属于同一个类事物具有相同的特点，这个特点就是类的属性。譬如大学生这个类，都具有身份证号、学号、姓名、性别、专业等属性。

类方法，是指某类事物能够完成的行为和动作，例如：人能走路、学习、奔跑、工作等，这就是类方法。

对象，是指属于类中的某一具体事物，也就是对类进行具体化、实例化。例如，属于大学生这个类的张山同学，他就具有大学生这个类的属性。身份证号：533001111111111；学号：190000001；姓名：张山；性别：男；专业：教育技术学。

（1）创建类使用关键字 class，具体格式如下：

class 类名 { 属性、方法 }

下面我们通过一个例子来讲述类、类属性、类方法和对象的定义和使用。

---

eg2-37：类、类属性、类方法和对象的定义和使用

```php
<?php
// 创建类的格式 class 类名 {}
class Student{// 定义一个学生类，类名为 Student，我们习惯将类名的第一个字母大写
    public $sno;// 声明公有的类属性学号
    public $name;// 声明公有的类属性姓名
```

```php
public function study( ){
 echo $this->name." 正在学习 ";// 输出类内属性 $name 的值，因为是类
内，所以在这里采用的是 $this 代替对象名
 }
}
// 用类来实例化一个学生格式：变量 =new 类名 ( )
$student1=new Student( );// 实例化一个学生对象 $student1
$student2=new Student( );// 实例化第二个学生对象 $student2
$student1->sno='1900001';// 给对象 $student1 中的学号赋值
$student1->name=' 张山 ';// 给对象 $student1 中的姓名赋值
$student2->sno='1900002';// 给对象 $student2 中的学号赋值
$student2->name=' 李军 ';// 给对象 $student2 中的姓名赋值
$student1->study( );//$student1 运行类中 study 方法
echo "<br>";// 输出换行符
$student2->study( );//$student1 运行类中 study 方法
?>
```

运行结果如下：

张山正在学习

李军正在学习

面向对象编程中，类就相当于一个生产工厂，对象就是工厂中生产的一个产品，并且这个产品可以根据需要生产并贴上自己的标签。

（2）面向对象的特点：继承、封装、多态。

继承，提起继承大家就会想到子继承父遗留下来的东西。这里的继承不能理解为子继承父的，它是从一个基类得到一个或多个类的机制，继承者称为该类的子类，被继承者称为父类。通常我们用父亲和孩子来比喻这类关系。子类将继承父类所有的属性、方法。子类可以在继承的基础上增加新的属性和功能，因此子类也被称为父类的"扩展"。

在 PHP 中，类继承通过 extends 关键字实现。继承自其他类的类成为子类或派生类，子类所继承的类成为父类或基类。

eg2-38：类继承

```php
<?php
 // 这是父类，汽车类
```

```php
    class Car {
            public $name = ' 红旗 H7';// 定义公有的属性
            public function work( ) {// 定义公有的方法
                    echo $this->name.' 在工作！ ';// 输出类内属性 $name
的值，因为是类内，所以在这里采用的是 $this 代替对象名
            }
    }
    // 以继承的方式定义子类，小型汽车类，继承 Car 类
    class SmallCar extends Car {// 类内是空的，所有的属性和方法全靠继承
    }
    $SmallCar = new SmallCar( );// 实例化子类
    echo $SmallCar->name.'<br>';// 输出属性的值
    $SmallCar->work( );// 运行方法
?>
```

运行结果如下：

红旗 H7

红旗 H7 在工作！

eg2-39：重写继承的属性和方法（使用 extends 关键字进行格式：子类 extends 父类）

```php
<?php
    // 这是父类，汽车类
    class Car {
            public $name = ' 红旗 H7';// 定义公有的属性
            public function work( ) {// 定义公有的方法
                    echo $this->name.' 在工作！ ';// 输出类内属性 $name
的值，因为是类内，所以在这里采用的是 $this 代替对象名
            }
    }
    class SmallCar extends Car {
            // 对于继承的父类的属性和方法，可以通过重写的方法覆盖掉
继承父类的属性和方法
            public $name = ' 哈弗 H6';// 重写继承的属性 $name 的值
            public function work( ) {
```

67

```
            echo $this->name.' 在发展！ ';// 重写继承的方法
        }
    }
    $SmallCar = new SmallCar( );// 实例化子类
    echo $SmallCar->name.'<br>';// 输出属性的值
    $SmallCar->work( );// 运行方法
?>
```

运行结果如下：

哈弗 H6

哈弗 H6 在发展！

eg2-40：通过 parent 关键字调用父类的方法

```
<?php
    // 这是父类，汽车类
    class Car {
        public $name = ' 红旗 H7';// 定义公有的属性
        public function work( ) {// 定义公有的方法
            echo $this->name.' 在工作！ ';// 输出类内属性 $name
的值，因为是类内，所以在这里采用的是 $this 代替对象名
        }
    }
    class SmallCar extends Car {
        // 对于继承的父类的属性和方法，可以通过重写的方法覆盖掉
继承父类的属性和方法
        public $name = ' 哈弗 H6';// 重写继承的属性 $name 的值
        public function work( ) {
            echo $this->name.' 在发展！ ';// 重写继承的方法
            // 但是我又要调用父类的字段和方法 , 那怎么办呢?
            echo parent::work( );// 用 parent 调用父类的方法
        }
    }
    $SmallCar = new SmallCar( );// 实例化子类
    echo $SmallCar->name.'<br>';// 输出属性的值
```

```
$SmallCar->work( );// 运行方法
?>
```

程序运行结果如下：

哈弗 H6

哈弗 H6 在发展！哈弗 H6 在工作！

---

eg2-41：public

```php
<?php
    // 创建一个汽车类
    class Car {
            // 什么叫作类内，就是创建类的花括号内的范围叫作类内，其
他地方则叫类外。
            //public 是字段的公有化，这个字段类外即可访问、赋值和
取值
            public $_name;
    }
    $Car = new Car( );
    $Car->_name = 'volvo';
    echo $Car->_name;
?>
```

程序运行结果：

Volvo

---

eg2-42：private

```php
<?php
    class Car {
            //private 是私有化，即对字段进行封装的操作，类外无法访
问，取值和赋值都不能操作
            private $name = ' 吉利 ';
    }
    $Car = new Car( );
    echo $Car->name;
?>
```

程序运行结果报如下错误：

Fatal error: Cannot access private property Car::$name in F:\wamp\www\xxgl\ chapter2\eg2-42.php on line 7

eg2-43：使用 $this 调用私有的类和方法

```php
<?php
    class Car {
            private $name = ' 奇瑞 ';
            // 要调用私有的属性，必须用在类内创建一个公共的方法访问
私有属性，通过调用此方法来调用私有属性，因为私有属性只能在类内访问，
而对外的公共方法是类内的，同时公有的方法在类外是可以访问的
            public function work( ) {
                    // 属性在类内调用的时候必须是类名 -> 属性
                    // 属性在类外调用的方法有两种：一种是类名 -> 属
性，另一种是 $this-> 属性
                    echo $this->name;
            }
    }
    $Car = new Car( );
    $Car->work( );
?>
```

程序运行结果如下：

奇瑞

eg2-44：protected 受保护的 (类内和子类可以访问，类外不可访问)

```php
<?php
    class Car {
            // 私有化，但是无法被子类继承，这个时候就应该用受保护的
修饰符来封装
            protected $name = ' 红旗 h7';// 定义受保护的属性
            protected function work( ) {// 定义受保护的方法
                    return ' 红旗在运行！ ';// 返回一个字符串
            }
```

```
    }
    class SmallCar extends Car {// 定义 Car 的子类 SmallCar
            public function getfather( ) {// 定义获得父类的属性和方法的方
法 getfather( )
                    echo $this->name;// 输出父类的属性
                    echo $this->work( );// 输出父类的方法
            }
    }
    $SmallCar = new SmallCar( );// 实例化子类
    $SmallCar->getfather( );// 运行获得父类的方法
?>
```

eg2-45：多态（多态是指 OOP 能够根据使用类的具体情况重新定义或改变类的性质或行为，或者说接口的多种不同的实现方式即为多态。多态有两种状况，一种是一个动作由不同的人去执行，而产生不同的效果或者结果，即为多态；另一种是一个人通过不同的状态去执行同一种动作，形成不同的结果，也可以称作为多态）

```
<?php
    // 创建一个接口，来规范运行的方法
    interface Car {
            public function brand( ); // 汽车类型
            public function engine( ); // 这台车的引擎是怎么运行的
    }
    class SmallCar implements Car {// 创建一个小汽车类来实现接口
            public function brand( ) {// 创建一个汽车类型方法
                    echo ' 小汽车 ';// 输出小汽车
            }
            public function engine( ) {// 创建汽车引擎类型
                    echo ' 自然吸气 ';
            }
    }
    // 创建一个越野车的类来实现接口
    class Suv implements Car {// 创建一个 Suv 类来实现接口
```

```php
        public function brand( ) {
                echo ' 越野车 ';
        }
        public function engine( ) {
                echo ' 涡轮增压发动机 ';
        }
}
// 创建一个用来操作的人
class People {
        // 创建一个方法操作（小汽车，也可以是越野车）
        public function work($car_type) {// 方法中传入形参，这个形参
是代表的对象，不同的对象传过来执行不同的状态
                echo ' 这个人在操作 ';
                $car_type->brand( );// 执行汽车类型的方法，这里的
$car_type 要求必须是对象
                $car_type->engine( );// 执行引擎类型的方法
        }
}
// 有一个接口，两个类，一个是小汽车的类，一个是越野车的类
// 创建了小汽车
$SmallCar = new SmallCar( );
// 创建越野车
$Suv = new Suv( );
// 创建一个人
$People = new People( );
// 使用汽车
$People->work($SmallCar);  // 形参是小汽车对象，执行这个方法相当
于执行此方法中的 $car_type->brand( );$car_type->engine( );
echo '<br>';// 输出换行符
$People->work($Suv);// 同上
?>
```

运行结果如下：

这个人在操作小汽车自然吸气

这个人在操作越野车涡轮增压发动机

（3）OOP 构造方法也是类内的方法，并且是一种特殊的方法，其特殊性主要表现在此方法不需要调用，只需要一实例化类，该方法就可执行。该方法主要用于初始化一些参数。构造方法的关键字为 __construct。

eg2-46：构造方法

```php
<?php
    class Car {// 创建 Car 类
            public function __construct( ) {// 创建一个构造方法
                    echo ' 构造方法在运行 ';// 构造方法内只有一个输出
语句
            }
}
    new Car( );// 直接对 Car 类进行实例化，此时并没有调用其中的方法。
?>
```

运行结果如下：

构造方法在运行

2.4　PHP 中的运算

下面我们通过程序对算术运算进行详细讲解。

2.4.1　算术运算

eg2-47: 算术运算

```php
<?php
// 算术运算
$number1=12.5;
$number2=5;
$number3=9;// 定义三个数备用
echo ' 运算符 + 的结果：';// 输出字符串
echo $number1+$number2;// 输出两个数的和
echo '<br>';
```

```
echo ' 运算符 – 的结果 : ';// 输出字符串
echo $number1–$number2;// 输出两个数的差
echo '<br>';
echo ' 运算符 * 的结果 : ';// 输出字符串
echo $number1*$number2;// 输出两个数的积
echo '<br>';
echo ' 运算符 / 的结果 : ';// 输出字符串
echo $number1/$number2;// 输出结果为两个数的商
echo '<br>';
echo ' 运算符 % 的结果 : ';// 输出字符串
echo $number3%$number2;// 此运算最好是参与运算的两方为整数
echo '<br>';
echo ' 其中一个时浮点数运算符 % 的结果 : ';
echo $number1%$number2;// 输出结果为两个数的余数，注意当其中有一
个数是浮点数时，做取余运算时只考虑整数部分
echo '<br>';
echo ' 运算符 += 的结果 : ';// 输出字符串
echo $number1+=$number2;// 输出运算结果为两个数的和 $number1=$number1
+$number2
echo '<br>';
echo ' 运算符 –= 的结果 : ';// 输出字符串
echo  $number1–=$number2;// 输 出 运 算 结 果 为 两 个 数 的 差 $number1=
$number1 –$number2
echo '<br>';
echo ' 运算符 *= 的结果 : ';// 输出字符串
echo  $number1*=$number2;// 输 出 运 算 结 果 为 两 个 数 的 积 $number1=
$number1*$number2
echo '<br>';
echo ' 运算符 /= 的结果 : ';// 输出字符串
echo  $number1/=$number2;// 输 出 运 算 结 果 为 两 个 数 的 商 $number1=
$number1/$number2
echo '<br>';
echo ' 运算符 %= 的结果 : ';// 输出字符串
```

echo　$number1%=$number2;// 输出运算结果为两个数的余数 $number1=$number1%$number2

echo '<br>';

echo ' 运算符 .= 的结果：';// 输出字符串

$a=' 你 ';

$b=' 好 ';

echo $a.=$b;// 输出运算结果为两个字符串的连接 $a=$a.$b

echo '<br>';

echo ' 运算符 ++$number2 的结果：';// 输出字符串

echo　++$number2;// 输出运算结果为 $number2=$number2+1，注意这种前置叠加的方式是先加 1 后使用，也就是说 ++$number2 整体的值是 6，并且 $number2 也由以前的 5 加 1，也是 6

echo '<br>';

echo ' 运算符 $number2++ 的结果：';// 输出字符串

echo $number2++;// 输出运算结果为 $number2 的值，这时它的值已经为 6，然后 $number2 再加 1 变为 7

$number2=5;// 为了后面的例子讲解方便，我们将其值重置为 5

echo '<br>';

echo ' 运算符 --$number2 的结果：';// 输出字符串

echo　--$number2;// 输出运算结果为 $number2=$number2−1，注意这种前置叠加的方式是先减 1 后使用，也就是说 --$number2 整体的值是 4，并且 $number2 也由以前的 5 减 1，也是 4

echo '<br>';

echo ' 运算符 $number2-- 的结果：';// 输出字符串

echo $number2--;// 输出运算结果为 $number2 的值，这时它的值已经为 4，然后 $number2 再减 1 变为 3

echo '<br>';

?>

运算结果为：

运算符 + 的结果：17.5

运算符 − 的结果：7.5

运算符 * 的结果：62.5

运算符 / 的结果：2.5

运算符 % 的结果：4

其中一个时浮点数运算符 % 的结果：2

运算符 += 的结果：17.5

运算符 −= 的结果：12.5

运算符 *= 的结果：62.5

运算符 /= 的结果：12.5

运算符 %= 的结果：2

运算符 .= 的结果：你好

运算符 ++$number2 的结果：6

运算符 $number2++ 的结果：6

运算符 −−$number2 的结果：4

运算符 $number2−− 的结果：4

2.4.2　关系运算

eg2−48：关系运算

```php
<?php
 // 关系运算
$number1=6;
$number2=5;
//== 等于，大家要注意和 = 赋值符区分，== 是比较两个变量是否相等，
如果相等返回值为 1，否则返回值为空
echo ' 输出 $number1==$number2 比较不等时返回值 :';
echo $number1==$number2;// 因为两个值不等，所以得到的返回值为空
echo '<br>';
echo ' 输出 $number1==6 比较相等时返回值 :';
echo $number1==6;// 因为 $number1 的值为 6，两个值相等，所以得到的
返回值为 1
echo '<br>';
//!= 不等于
echo ' 输出 $number1!=$number2 比较不等时返回值 :';
echo $number1!=$number2;// 因为两个值不等，所以得到的返回值为 1
echo '<br>';
//<> 不等于
```

echo ' 输出 $number1<>$number2 比较不等时返回值 :';

echo $number1<>$number2;// 因为两个值不等，所以得到的返回值为 1

echo '<br>';

//< 不等于

echo ' 输出 $number1<$number2 比较小于时返回值 :';

echo $number1<$number2;// 因为 $number1 的值不大于 $$number2，所以得到的返回值为空

echo '<br>';

//> 不等于

echo ' 输出 $number1>$number2 比较大于时返回值 :';

echo $number1>$number2;// 因为 $number1 的值大于 $$number2，所以得到的返回值为 1

echo '<br>';

//<= 小于等于

echo ' 输出 $number1<=$number2 比较小于等于时返回值 :';

echo $number1<=$number2;// 因为 $number1 的值大于 $$number2，所以得到的返回值为空

echo '<br>';

//>= 小于等于

echo ' 输出 $number1>=$number2 比较大于等于时返回值 :';

echo $number1>=$number2;// 因为 $number1 的值大于 $$number2，所以得到的返回值为 1

echo '<br>';

?>

程序运行结果如下：

输出 $number1==$number2 比较不等时返回值 :

输出 $number1==6 比较相等时返回值 :1

输出 $number1!=$number2 比较不等时返回值 :1

输出 $number1<>$number2 比较不等时返回值 :1

输出 $number1<$number2 比较小于时返回值 :

输出 $number1>$number2 比较大于时返回值 :1

输出 $number1<=$number2 比较小于等于时返回值 :

输出 $number1>=$number2 比较大于等于时返回值 :1

2.4.3 逻辑运算

eg2-49：逻辑运算

```php
<?php
// 逻辑运算与、或、非
```

// 与是多目运算符，用 **&&** 或者英文 and 表示，参与与运算的变量都为真时，与运算的结果才为真

$number1=1;

$number2=2;

$number3=1.2;

$number4=-0.2;// 以上定义了 4 个变量，其值分别为 1，2，1.2，-0.2，

echo ' 输出用 && 求四个变量的与的结果：';

echo $number1&&$number2&&$number3&&$number4;// 输出这四个变量求与的结果为 1，说明以上四个变量的值都为真，也就是说 PHP 把所有非 0 的数字不管是正是负都作为真处理

echo '<br>';

$number1=1;

$number2=2;

$number3=1.2;

$number4=0;// 将一个变量的值改为假

echo ' 输出用 and 求四个变量的与的结果：';

echo $number1 and $number2 and $number3 and $number4;// 注意 and 和变量之间有空格，因为修改了变量 $number4 为 0，即为假，参与与运算的有一个为假，所以输出结果为空

echo '<br>';

// 或是多目运算符，用 ‖ 或者英文 or 表示，参与或运算的变量只要有一个为真时，或运算的结果就为真

$number1=0;

$number2=2;

$number3=0;

$number4=0;// 将三个变量的值改为假

echo ' 输出用 ‖ 求四个变量的或的结果：';

echo $number1‖$number2‖$number3‖$number4;// 输出这四个变量求或的结

果为 1，虽然有三个变量的值为假，但是有一个为真，这时输出结果为 1

echo '<br>';

$number1=0;

$number2=0;

$number3=0;

$number4=0;// 将四个变量的值改为假

echo ' 输出用 or 求四个变量的与的结果：';

echo $number1 or $number2 or $number3 or $number4;// 注意 or 和变量之间有空格，这时四个变量的值都为假，所以输出为空

echo '<br>';

// 非是单目运算符，用！来表示，对真取非结果是假，对假取非结果为真

$number1=0;

$number2=1;// 将变量的值改为一真一假

echo ' 对假取非结果为：';

echo !$number1;// 因为 $number1 的值为假，取非结果为 1

echo '<br>';

echo ' 对真取非结果为：';

echo !$number2;// 因为 $number1 的值为真，取非结果为空

?>

程序运行结果如下：

输出用 && 求四个变量的与的结果：1

输出用 and 求四个变量的与的结果：

输出用‖求四个变量的或的结果：1

输出用 or 求四个变量的与的结果：

对假取非结果为：1

对真取非结果为：

2.4.4　三目运算符

eg2-50：三目运算符（？:）

<?php

// 是三目运算符，其语法格式如下：条件？表达式 1：表达式 2。当条件为真时，整个表达式的运算结果为表达式 1，条件为假时整个表达式的值为表达式 2

$number1=5;

$number2=6;// 定义两个变量

echo $number1>$number2?$number1+$number2:$number1-$number2;// 条　件 $number1>$number2 不成立，整个表达式的结果为 $number1-$number2=5-6=-1

?>

程序运行结果为：

-1

第3章　PHP 程序流程控制

PHP 语言包含四种流程控制方式：顺序控制结构、条件控制结构、循环控制结构和跨页面跳转。

3.1　顺序控制结构

顺序控制结构是程序按照 PHP 语句书写的先后顺序执行的。

eg3-1：顺序结构

```php
<?php
echo ' 中国直面新冠肺炎疫情 ,';// 语句 1
echo ' 以壮士断腕的决心和魄力，';// 语句 2
echo ' 采取最全面、最严格、最彻底的防控举措，';// 语句 3
echo ' 在较短时间内取得了持续向好的抗疫成效。';// 语句 4
echo ' 中国的抗疫既是为了保护中国人民的生命安全和身体健康，';// 语句 5
echo ' 也是对全球公共卫生事业和人类命运福祉尽责。';// 语句 6
echo ' 中国的抗疫为世界的抗疫事业做出了卓越贡献，';// 语句 7
echo ' 具有道义、精神、物质、制度等多方面意义。';// 语句 8
?>
```

程序运行结果如下：

中国直面新冠肺炎疫情,以壮士断腕的决心和魄力，采取最全面、最严格、最彻底的防控举措，在较短时间内取得了持续向好的抗疫成效。中国的抗疫既是为了保护中国人民的生命安全和身体健康，也是对全球公共卫生事业和人类命运福祉尽责。中国的抗疫为世界的抗疫事业做出了卓越贡献，具有道义、精神、物质、制度等多方面意义。

3.2　条件控制结构

条件控制结构就是对条件进行判断，当条件为真时执行一个分支，为假时执行另一个分支。

3.2.1　if 条件控制结构

if 条件控制结构有以下几种情况：

1. if（算术、关系或者逻辑表达式）{php 语句 1;php 语句 2……}

eg3-2:if 的应用（将两个数按照从小到大的顺序进行排列）

```php
<?php
// 将 $number1、$number2 按照从小到大的顺序进行排列
    $number1=20;
    $number2=13;// 定义两个整型变量并赋值
    $number3=0;// 定义一个中间变量用来调换顺序
    if($number1>$number2){//$number1>$number2 条件成立，执行 if 大括号中的 php 语句
        $number3=$number1;// 将 $number1 的值传给中间变量 $number3
        $number1=$number2;// 将 $number2 的值传给 $number1
        $number2=$number3;// 将已经接收了 $number1 值的 $number3 的值传给 $number2
    }
    echo $number1.'<br>';
    echo $number2;

?>
```

程序执行结果为：

13

20

2. if（算术、关系或者逻辑表达式）{ php 语句 1;php 语句 2…… }else{ php 语句 1;php 语句 2…… }

eg3-3:if( ){} else{}

```php
<?php
    $number1=4;// 给变量 $number1 赋值
    $number2=5;// 给变量 $number2 赋值
    if($number1>$number2){//$number1>$number2 条件为假，不执行 if 大括号中的内容
        echo $number1;// 执行语句
    } else {// 条件为假执行 else 分支
        echo $number2;// 输出变量 $number2 的值
    }
?>
```

程序执行结果为：

5

3. if（算术、关系或者逻辑表达式）{ php 语句 1;php 语句 2…… }else if{ php 语句 1;php 语句 2}

eg3-4:if( ){} else if( ){}

```php
<?php
    $number1=6;// 给变量 $number1 赋值
    $number2=5;// 给变量 $number2 赋值
    if($number1>$number2){//$number1>$number2 条件为假，不执行 if 大括号中的内容
        echo 'number1>number2';// 输出 'number1>number2'
    } else if($number1<$number2){//$number1<$number2 条件为真，执行 if 大括号中的内容
        echo 'number1<number2';// 输出 'number1>number2'
    } else {//$number1>$number2 和 $number1<$number2 条件同时为假，执行 else 大括号中的内容
        echo 'number1=number2';
    }
?>
```

程序执行结果为：

number1>number2

注：请自行调整变量 $a 和 $b 的值，尝试运行程序。

3.2.2 switch 多分支条件控制结构

switch 与 if 同为条件分支选择结构，if 一般用于二级分支选择结构，switch 用于多（三种以上）分支条件结构，实现将同一个条件与多个不同分支的值进行比较，当条件与分支的值相等时，就执行相同的值对应的语句。使用格式如下：

switch（变量、表达式）

{

　　　　case 表达式 1: php 语句 1; // 分支 1，case 代表某个分支，表达式 1 是分支的值，其值与 switch 中的表达式或者变量进行比较，如果相等就进入此分支，并执行冒号 ":" 后的语句。

　　　　　　break；　　　　　　　// 每条语句的结尾一般都要有 break; 用来跳出 switch，如果没有 break 一般还会进入后面的语句。

　　　　　case 表达式 2 : php 语句 2 ; break ;

　　　　default: 表达式 N; break; // 当 switch 中的表达式的值没有与 case 中的值相等时，执行 default 分支，一般用来给用户做提示的。

　　　}

说明：switch 中变量或者表达式的值与 case 中表达式的值相等时就执行相应的分支。例如，变量或者表达式 = 表达式 1 时，执行 php 语句 1，然后执行 break 语句，跳出 switch。具体应用请看案例。

eg3-5：输出选择的颜色

```php
<?php
$color="blue";// 定义变量 $color 的值为 blue
switch ($color)//$color 作为 switch 的表达式
{
case "red"://$color 的值为 red, 进入这个分支
    echo "你选择的颜色是红色 !";
    break;
case "blue"://$color 的值为 blue, 进入这个分支
```

```
        echo " 你选择的颜色是蓝色 !";
        break;
    case "green"://$color 的值为 green, 进入这个分支
        echo " 你选择的颜色是绿色 !";
        break;
    default:// 当没有符合的分支时，进入该分支
        echo "你选择的颜色不是红 , 蓝 , 或绿色 !";
    }
?>
```

程序运行结果：

你选择的颜色是蓝色！

注：请自行调整变量 $color 的值，尝试运行程序。

---

eg3-6：简单的计算器

```
<form action="" method="post" ><!-- 上面是表单，action="" 留空，这时
候是将值传到本页面 -->
    <input type="text" name="factor1"  size="6"/>
     <input type="text" name="operator"  size="2"/>
    <input type="text" name="factor2" size="6"/>=
    <input type="text" name="product"  size="6"/>
    <input type="submit" name="product" value=" 计算 "/>
</form>
<?php
$a=$_POST['factor1'];// 接收以 post 方式传递过来的一个值
$b=$_POST['factor2'];// 接收以 post 方式传递过来的另一个值
$c=$_POST['operator'];// 接收以 post 方式传递过来的运算符
if(isset($_POST['product'])){//isset 主要用在判断页面是否提交了某个参数，
当提交了才为真，本例中点击计算参数就传递了其返回值为真
    switch($c){// 用 $c 的是以 +-*/ 为值的运算符，作为 switch 的表达式
        case "+": echo "$a+$b=";echo $a+$b;break;// 当运算符为 + 时，进入该
分支
        case "-": echo "$a-$b=";echo $a-$b;break;// 当运算符为 - 时，进入该
分支
```

case "*": echo "$a*$b=";echo $a*$b;break;// 当运算符为 * 时，进入该分支

case "/": echo "$a/$b=";echo $a/$b;break;// 当运算符为 / 时，进入该分支

default:echo " 你输入的运算类型暂时不支持 ";// 当运算符输错时，进入该分支

}

}

?>

初次运算结果如下：

| | | | = | | 计算 |

输入两个数相加：

| 12.5 | + | 1.25 | = | | 计算 |

点击计算运行结果如下：

| | | | = | | 计算 |

12.5+1.25=13.75

输入两个数相减：

| 12.546 | – | 52.4 | = | | 计算 |

点击计算运行结果如下：

| | | | = | | 计算 |

12.546-52.4=-39.854

输入两个数相乘：

| 1.25 | * | 4567 | = | | 计算 |

点击计算运行结果如下：

| | | | = | | 计算 |

1.25*4567=5708.75

输入两个数相除：

| 5 | / | 6 | = | | 计算 |

点击计算运行结果如下：

| | | | = | | 计算 |

5/6=0.833333333333

3.3　循环控制结构

循环控制结构是 PHP 程序结构中最常用的一种结构，可以根据需求对一条或者多条语句的执行次数和退出条件进行控制。在 PHP 中控制循环的关键字有 while、do-while、for 和 foreach，其中 do while 为后测试型循环，其他的几个为先测试型循环。

3.3.1　while 循环

while 循环语句，是最常用的一种先测试型循环，其作用是反复地执行某一项操作。使用格式如下：

while (关系表达式、逻辑表达式、常量){

　　php 语句；　// 如果表达式的条件为真时，执行循环语句块直到条件为假，如果条件为假则不执行循环体

　}

eg3-7：100 以内的奇数的平均值

```php
<?php
$a=1;// 给 $a 赋值 1，第一个奇数
$cnt=0;// 统计奇数的个数
$sum=0;//$sum 是用来存所有奇数和的变量，赋初始值为 0
while($a<=100){// 循环的条件，条件为真，进入循环
$cnt++;
echo "第 $cnt 个奇数是：$a".' <br>';
$sum=$sum+$a;// 求和累加
```

$a+=2;// 相当于 $a=$a+2,指向下一个奇数

}
echo "总共 $cnt 个奇数".'
';
echo '退出循环时 $a 的值为：'.$a.'
';// 输出退出循环时 $a 的值，
这时 $a 的值应该是第一次大于 100 的奇数，即循环退出的条件。
echo '100 以内奇数的和为：'.$sum.'
';// 输出 100 以内奇数的和
echo '平均值为：'.$sum/$cnt;// 输出其平均值
?>
程序的执行结果为：
第 1 个奇数是：1
第 2 个奇数是：3
第 3 个奇数是：5
第 4 个奇数是：7
第 5 个奇数是：9
第 6 个奇数是：11
第 7 个奇数是：13
第 8 个奇数是：15
第 9 个奇数是：17
第 10 个奇数是：19
第 11 个奇数是：21
第 12 个奇数是：23
第 13 个奇数是：25
第 14 个奇数是：27
第 15 个奇数是：29
第 16 个奇数是：31
第 17 个奇数是：33
第 18 个奇数是：35
第 19 个奇数是：37
第 20 个奇数是：39
第 21 个奇数是：41
第 22 个奇数是：43
第 23 个奇数是：45

第 24 个奇数是：47

第 25 个奇数是：49

第 26 个奇数是：51

第 27 个奇数是：53

第 28 个奇数是：55

第 29 个奇数是：57

第 30 个奇数是：59

第 31 个奇数是：61

第 32 个奇数是：63

第 33 个奇数是：65

第 34 个奇数是：67

第 35 个奇数是：69

第 36 个奇数是：71

第 37 个奇数是：73

第 38 个奇数是：75

第 39 个奇数是：77

第 40 个奇数是：79

第 41 个奇数是：81

第 42 个奇数是：83

第 43 个奇数是：85

第 44 个奇数是：87

第 45 个奇数是：89

第 46 个奇数是：91

第 47 个奇数是：93

第 48 个奇数是：95

第 49 个奇数是：97

第 50 个奇数是：99

总共 50 个奇数

退出循环时 $a 的值为：101

100 以内奇数的和为：2500

平均值为：50

说明：当 $a 的值为 101 时即 $a>100，此时跳出循环。

3.3.2　do-while 循环

do-while 循环，是一种后测试型循环，其作用是在对循环条件做判断之前，先将 do 里面的循环体执行一次，然后再对 while 中的循环条件进行判断。其使用可以和 while 循环无条件相互转化，特别注意的是 do-while 结束后一定要有分号，使用格式如下：

do{/* 程序在未经判断之前就进行了一次循环，循环到 while 部分才判断条件，即使条件不满足，程序也已经运行了一次 */

　　php 语句 1;

}while(关系表达式、逻辑表达式、常量);

eg3-8 ：输出一个不符合 while 条件的数

```php
<?php
 $a=10;// 定义变量 $a 并赋值 10
 do{
    $a+=1;// 为了便于读取结果；连接一个换行符。
 }while($a<10);// 循环的条件，由于 $a=10, 所以条件 $a<10 是不成立的
 echo $a;// 这时输出 $a 的值已经变成 11 了，加过 1 了，说明循环条件虽然
不成立但是循环体还是会执行一次，这就是 do-while 的典型特点
 ?>
```

程序的执行结果为：

11

说明：当 $a 的值为 10 时 $a=100, 并不符合循环执行的条件，但是仍然会执行一次循环体输出了 11。

eg3-9: 100 以内的偶数的平均值

```php
<?php
 $a=0;// 给 $a 赋值 0，第一个偶数
 $cnt=0;// 统计偶数的个数
 $sum=0;//$sum 是用来存所有偶数和的变量，赋初始值为 0
 do{// 循环体
 $cnt++;
 echo " 第 $cnt 个偶数是：$a".'<br>';
```

```
$sum=$sum+$a;// 求和累加
$a+=2;// 相当于 $a=$a+2,指向下一个偶数
}while($a<=100);// 循环的条件，条件为真，进入循环
echo " 总共 $cnt 个偶数 ".'<br>';
 echo ' 退出循环时 $a 的值为：'.$a.'<br>';// 输出退出循环时 $a 的值，这
时 $a 的值应该是第一次大于 100 的偶数，即循环退出的条件。
echo '100 以内偶数的和为：'.$sum.'<br>';// 输出 100 以内偶数的和
 echo ' 平均值为：'.$sum/$cnt;// 输出其平均值
?>
```

程序运行结果如下：

第 1 个偶数是：0

第 2 个偶数是：2

第 3 个偶数是：4

第 4 个偶数是：6

第 5 个偶数是：8

第 6 个偶数是：10

第 7 个偶数是：12

第 8 个偶数是：14

第 9 个偶数是：16

第 10 个偶数是：18

第 11 个偶数是：20

第 12 个偶数是：22

第 13 个偶数是：24

第 14 个偶数是：26

第 15 个偶数是：28

第 16 个偶数是：30

第 17 个偶数是：32

第 18 个偶数是：34

第 19 个偶数是：36

第 20 个偶数是：38

第 21 个偶数是：40

第 22 个偶数是：42

第 23 个偶数是：44

第 24 个偶数是：46

第 25 个偶数是：48

第 26 个偶数是：50

第 27 个偶数是：52

第 28 个偶数是：54

第 29 个偶数是：56

第 30 个偶数是：58

第 31 个偶数是：60

第 32 个偶数是：62

第 33 个偶数是：64

第 34 个偶数是：66

第 35 个偶数是：68

第 36 个偶数是：70

第 37 个偶数是：72

第 38 个偶数是：74

第 39 个偶数是：76

第 40 个偶数是：78

第 41 个偶数是：80

第 42 个偶数是：82

第 43 个偶数是：84

第 44 个偶数是：86

第 45 个偶数是：88

第 46 个偶数是：90

第 47 个偶数是：92

第 48 个偶数是：94

第 49 个偶数是：96

第 50 个偶数是：98

第 51 个偶数是：100

总共 51 个偶数

退出循环时 $a 的值为：102

100 以内偶数的和为：2550

平均值为：50

3.3.3　for 循环

for 循环语句是 PHP 中比较常用的循环控制语句，它有 3 个条件表达式。使用格式如下：

for (赋值语句 1; 循环条件 ; 赋值语句 2){　php 表达式 ;// 循环体

}

赋值语句 1 是执行循环时的控制循环变量的初始值，循环条件是循环执行时的条件，和 while 一样执行之前就要进行判断，不符合条件不执行循环体，赋值语句 2 是控制循环变量的步长的赋值操作。注意，在使用 for 循环时赋值语句 1、循环条件、赋值语句 2 三个表达式都可以省略。

> eg3-10：输出 200 以内所有素数的和

< <?php

$cnt=0;// 用来对素数进行计数 , 初始值为 0

$sum=0;// 素数求和的初始值为 0

for($i=2;$i<=200;$i++)// 三个表达式，因为求的是素数，所以第一个表达式的初始值为 2，也就是控制循环的开始值，第二个表达式是循环控制的范围，可以根据自己的需要进行设置，本例是小于等于 200，第三个表达式是步长，每次累加 1。在第一次执行循环体时要看 $i 的值是否符合第二个表达式的值，如果符合再执行循环体，循环体结束一次后执行第三个表达式累加 1，然后再判断第二个表达式，如果符合，执行循环体，结束后执行第三个表达式，直到不符合第二个表达式，跳出循环。

　　{

　　　　$flag=1;// 对 200 以内的每一个数设置标志，如果一次循环结束，$flag 的值还是 1，那么这个数就是素数

　　　　for($j=2;$j<=$i/2;$j++)// 因为素数是只有 1 和它本身两个因素，所以我们将除数的范围放大到 2 到 $i/2

　　　　{

　　　　　　if($i%$j==0)// 判断 $i 是否能整除 2 到 $i/2 任何一个数，如果能整除，那么这个数就不是素数，将 $flag 的值赋为 0，然后跳出循环即可

　　　　　　{

　　　　　　　　$flag=0;

　　　　　　　　break;

```
            }
    }
    if($flag==1)// 经过上面那个循环以后如果 $flag 的值仍然为 1，说明 $i
不能被 2 到 $i/2 之间任何一个数整除，我们可以判断它是素数
    {
    echo ' 第 '.++$cnt.' 个素数是 '.$i.'<br>';// 输出每一个素数
    $sum=$sum+$i;// 对素数进行累加和
    }
}
echo " 总计 $cnt 个素数 ".'<br>';// 输出素数的个数
echo "200 以内素数的和为：$sum";// 输出素数的和
?>
```

程序的执行结果为：

第 1 个素数是 2

第 2 个素数是 3

第 3 个素数是 5

第 4 个素数是 7

第 5 个素数是 11

第 6 个素数是 13

第 7 个素数是 17

第 8 个素数是 19

第 9 个素数是 23

第 10 个素数是 29

第 11 个素数是 31

第 12 个素数是 37

第 13 个素数是 41

第 14 个素数是 43

第 15 个素数是 47

第 16 个素数是 53

第 17 个素数是 59

第 18 个素数是 61

第 19 个素数是 67

第 20 个素数是 71

第 21 个素数是 73

第 22 个素数是 79

第 23 个素数是 83

第 24 个素数是 89

第 25 个素数是 97

第 26 个素数是 101

第 27 个素数是 103

第 28 个素数是 107

第 29 个素数是 109

第 30 个素数是 113

第 31 个素数是 127

第 32 个素数是 131

第 33 个素数是 137

第 34 个素数是 139

第 35 个素数是 149

第 36 个素数是 151

第 37 个素数是 157

第 38 个素数是 163

第 39 个素数是 167

第 40 个素数是 173

第 41 个素数是 179

第 42 个素数是 181

第 43 个素数是 191

第 44 个素数是 193

第 45 个素数是 197

第 46 个素数是 199

总计 46 个素数

200 以内素数的和为：4227

3.3.4　foreach 循环

foreach 循环是 PHP 中专有的循环，其专门用于数组的循环遍历中。

foreach( ) 是数组遍历专用的循环，其格式如下：

foreach($array_name as [$array_key=>]$array_value)

第一个参数 $array_name 是要遍历的数组名称，是必须的参数；as 是连接数组和代表数组键的变量与值的变量的关键字；$array_key 是代表数组键的变量，此参数带 []，所以这部分可选，也可以省略；$array_value 是代表数组值的变量。

eg3-11：将 200 以内的数组存到数组中，并用 foreach 对数组进行遍历

```php
<?php
$cnt=0;// 用来对素数进行计数，初始值为 0
$sum=0;// 素数求和的初始值为 0
$arr=array(0);
for($i=2;$i<=200;$i++)// 三个表达式，因为求的是素数，所以第一个表达
```

式的初始值为 2，也就是控制循环的开始值，第二个表达式是循环控制的范围可以根据自己的需要进行设置，本例是小于等于 200，第三个表达式是步长，每次累加 1。在第一次执行循环体时要看 $i 的值是否符合第二个表达式的值，如果符合再执行循环体，循环体结束一次后执行第三个表达式累加 1，然后再判断第二个表达式，如果符合，执行循环体，结束后执行第三个表达式，直到不符合第二个表达式，跳出循环。

```php
    {
        $flag=1;// 对 200 以内的每一个数设置标志，如果一次循环结束，$flag
```

的值还是 1，那么这个数就是素数

```php
        for($j=2;$j<=$i/2;$j++)// 因为素数是只有 1 和它本身两个因素，所有我
```

们将除数的范围放大到 2 到 $i/2

```php
        {
            if($i%$j==0)// 判断 $i 是否能整除 2 到 $i/2 任何一个数，如果
```

能整除，那么这个数就不是素数，将 $flag 的值赋为 0，然后跳出循环即可

```php
            {
                $flag=0;
                break;
            }
        }
        if($flag==1)// 经过上面那个循环以后如果 $flag 的值仍然为 1，说明 $i
```

不能被 2 到 $i/2 之间任何一个数整除，我们可以判断它是素数

```php
        {
```

```
        $arr[$cnt++]=$i;
    }


}
```

// 以上程序将符合条件的素数存放到数组 $arr 中，下面通过 foreach 来遍历数组 $arr

foreach($arr as $arr_key=>$arr_value)// 用 foreach 来遍历数组

{

echo ' 下标为 '.$arr_key.' 的元素对应的值 '.$arr_value.' 即 $arr'."[$arr_key]".'='.$arr_value.'
';//$arr_key 代表数组下标的值，$arr_value 代表每个元素的值

$sum=$sum+$arr_value;// 对每个数组的值进行累加

}

echo "总计 $cnt 个素数 ".'
';// 输出素数的个数

echo "200 以内素数的和为：$sum";// 输出素数的和

?>

程序运行结果如下：

下标为 0 的元素对应的值 2 即 $arr[0]=2

下标为 1 的元素对应的值 3 即 $arr[1]=3

下标为 2 的元素对应的值 5 即 $arr[2]=5

下标为 3 的元素对应的值 7 即 $arr[3]=7

下标为 4 的元素对应的值 11 即 $arr[4]=11

下标为 5 的元素对应的值 13 即 $arr[5]=13

下标为 6 的元素对应的值 17 即 $arr[6]=17

下标为 7 的元素对应的值 19 即 $arr[7]=19

下标为 8 的元素对应的值 23 即 $arr[8]=23

下标为 9 的元素对应的值 29 即 $arr[9]=29

下标为 10 的元素对应的值 31 即 $arr[10]=31

下标为 11 的元素对应的值 37 即 $arr[11]=37

下标为 12 的元素对应的值 41 即 $arr[12]=41

下标为 13 的元素对应的值 43 即 $arr[13]=43

下标为 14 的元素对应的值 47 即 $arr[14]=47

下标为 15 的元素对应的值 53 即 $arr[15]=53

下标为 16 的元素对应的值 59 即 $arr[16]=59

下标为 17 的元素对应的值 61 即 $arr[17]=61

下标为 18 的元素对应的值 67 即 $arr[18]=67

下标为 19 的元素对应的值 71 即 $arr[19]=71

下标为 20 的元素对应的值 73 即 $arr[20]=73

下标为 21 的元素对应的值 79 即 $arr[21]=79

下标为 22 的元素对应的值 83 即 $arr[22]=83

下标为 23 的元素对应的值 89 即 $arr[23]=89

下标为 24 的元素对应的值 97 即 $arr[24]=97

下标为 25 的元素对应的值 101 即 $arr[25]=101

下标为 26 的元素对应的值 103 即 $arr[26]=103

下标为 27 的元素对应的值 107 即 $arr[27]=107

下标为 28 的元素对应的值 109 即 $arr[28]=109

下标为 29 的元素对应的值 113 即 $arr[29]=113

下标为 30 的元素对应的值 127 即 $arr[30]=127

下标为 31 的元素对应的值 131 即 $arr[31]=131

下标为 32 的元素对应的值 137 即 $arr[32]=137

下标为 33 的元素对应的值 139 即 $arr[33]=139

下标为 34 的元素对应的值 149 即 $arr[34]=149

下标为 35 的元素对应的值 151 即 $arr[35]=151

下标为 36 的元素对应的值 157 即 $arr[36]=157

下标为 37 的元素对应的值 163 即 $arr[37]=163

下标为 38 的元素对应的值 167 即 $arr[38]=167

下标为 39 的元素对应的值 173 即 $arr[39]=173

下标为 40 的元素对应的值 179 即 $arr[40]=179

下标为 41 的元素对应的值 181 即 $arr[41]=181

下标为 42 的元素对应的值 191 即 $arr[42]=191

下标为 43 的元素对应的值 193 即 $arr[43]=193

下标为 44 的元素对应的值 197 即 $arr[44]=197

下标为 45 的元素对应的值 199 即 $arr[45]=199

总计 46 个素数

200 以内素数的和为：4227

通过案例 eg3-11 可以看出来，foreach 作为遍历数组的循环控制语句，有一个很大的优点是：在对数组进行遍历时不需要知道数组中元素的个数，直到遍历完最后一个元素循环结束。

3.4　跨文件跳转

条件控制结构、循环控制结构和顺序控制结构都是同一文件中的程序结构控制，跨文件跳转实现不同文件之间的程序结构控制，其主要通过 include( )、include_once( )、require( ) 和 require_once ( ) 四个包含函数实现跨文件程序结构控制。使用任意一个函数均可将一个文件载入另一个 PHP 文件中。

include 函数的语法格式：mixed include(地址字符串)

include 语言结构将目录、地址字符串写入 include 的地址字符串位置，就可以将文件引入当前 PHP 程序中。若找不到文件，返回 FALSE，若找到文件，返回整数 true。

eg3-12：编写被引入的文件 (登录、注册窗口)

```
<form action="link" method="post" enctype="text/plain">
用 户 名：<input type="text" name="username" size="35" maxlength="40"/><br><br>
密  码：<input type="text" name="password" size="36" maxlength="40"/><br>
<input type="submit" name="submit" value=" 登录 "/>
<input type="submit" name="register" value=" 注册 "/>
</form>
```

程序的执行结果为：

用户名：
密 码：
登录　注册

eg3-13：引入 eg3-12.php 文件

```
<?php
echo " 以下登录注册界面是通过 include 方式引入进来的 ";
```

include('eg3-12.php');// 用 include 引入 eg3-12.php 文件，还可以使用 include 'eg3-12.php' 这种方式

?>

程序运行结果如下：

以下登录注册界面是通过include方式引入进来的

用户名：

密　码：

登录　注册

通过以上两个例子，可以看出跨页面跳转函数的优点是：可以减少代码的重复编写，提高代码维护和更新的效率。

include_once( )、require( )、require_once 和 include 的用法相同，所以不再一一说明，下面对它们之间的异同点做详细说明。

相同点：语法格式相同、引入效果相同。

区别：include 在引入一个不存在的文件时，程序会有一个警告信息，但是后面的 PHP 语句会继续执行。require 在引入一个不存在的文件时会程序会出现一条错误指令并停止执行后续程序。

3. include（require）与 include_once（require_once）的区别从函数的书写可以看出来，后者是只会包含一次文件，而前者可以根据需要多次引入同一个文件。

第 4 章   PHP 数组

4.1   数组的概念

4.1.1   数组的定义

在 C 语言等一些语言中，把数组（array）定义为一组有某种共同特性的元素集合。这个定义并不能完全将 PHP 中的数组的含义准确地表述出来。PHP 中的数组元素之间相互独立，不像 C 语言那样要求每个元素的数据类型相同，每个元素相当于一个自由的变量，可以是不同的数据类型，通过元素的键来调用元素。

4.1.2   数组的分类

PHP 中的数组按维度来分可以分为一维数组、二维数组和多维数组。按键值来分可以分为数字索引数组（下标为以 0 开始的数字，如 0，1，2……）、用户定义键值数组（下标为用户自定义的字符串，可以是中文）。

4.2   数组的定义

4.2.1   数组名称的命名规则

数组名称的命名规则（和变量标识符的规则一致）：美元符号（＄）开始，由字母、数字和下划线组成，不能以数字字符开头。

eg4-1：数组名称的命名规则

```php
<?php
// 数组命名规则（标识符）
    //arr[0]=1;//Parse error: syntax error, unexpected '[' in F:\wamp\www\xxgl\chapter3\eg3-14.php on line 3
    //$1arr=array(0);// 错误的命名方式报错 Parse error: syntax error, unexpected T_LNUMBER, expecting T_VARIABLE or '$'
    $_arr=array(0);// 正确的命名方式
?>
```

4.2.2 数组定义

由于 PHP 的变量不用定义便可以直接使用，这样就决定了 PHP 中数组的定义方式。

1. 直接对数组元素赋值

eg4-2：直接对数组元素赋值定义一个 4 个元素的数组

```php
<?php
// 直接对数组 $arr 进行赋值
$arr['0']=" 中华人民共和国 ";// 对第一个元素定义数组元素值, 这时下标可以是数字 0,1,2,…，也可以是字符 '0'、'1'…
$arr['1']=" 已经 ";// 对第二个元素定义数组元素值
$arr['2']="71 岁 "; // 对第三个元素定义数组元素值
$arr['10']=' 了 !';// 大家可能认为这是对第 11 个元素赋值，其实这个 10 并不是数组元素的顺序，只是数组的关键字，这只是对第 4 个元素进行赋值
print_r($arr);// 用 print_r( ) 函数，输出所创建数组的结构
echo '<br>'.$arr['0'].$arr['1'].$arr['2'].$arr['10'].'<br>';// 连接一个换行符与 print_r( ) 的内容分开。
echo ' 用 foreach 遍历数组 '.'<br>';
foreach($arr as $array_key=>$array_value)
{
    echo ' 下 标 为 '.$array_key.' 的 元 素 对 应 的 值 '.$array_value.' 即 $arr'."[$array_key]".'='.$array_value.'<br>';
}
?>
```

程序的执行结果：

Array ([0] => 中华人民共和国 [1] => 已经 [2] => 71 岁 [10] => 了！)

中华人民共和国已经 71 岁了！

用 foreach 遍历数组

下标为 0 的元素对应的值中华人民共和国即 $arr[0]= 中华人民共和国

下标为 1 的元素对应的值已经即 $arr[1]= 已经

下标为 2 的元素对应的值 71 岁即 $arr[2]=71 岁

下标为 10 的元素对应的值了！即 $arr[10]= 了！

说明：print_r( ) 和 var_dump( ) 函数一样是用来输出数组的结构，但是 var_dump( ) 输出得更详细。

2. 使用 array 函数来定义数组

array( ) 函数定义数组的格式：数组名 =array([$key=>]$value)

说明：在 PHP 函数的参数中出现 []，那么中括号中的参数就是可选的，不是必需的参数。从上面的格式中我们可以看到，$key=> 这部分不是必须的，但是 $value 这部分参数是必需的。$key 是键值，$value 是数组元素的值，=> 是下标和元素值的连接符。

eg4-3：使用 array 定义数组

```php
<?php
$arr=array('sno'=>'2010001','name'=>' 张　山 ','sex'=>' 男 ','age'=>18,
'college'=>' 信息学院 ','class'=>'2020 级数字媒体技术班 ');// 有关键字和值，以
自定义的字符串作为数组关键字，多个元素之间用 , 隔开。
$arr1=array('2010002',' 李霞 ',' 女 ',18,' 人文学院 ','2019 级汉语言文学班 ');//
省略关键字，只有值的定义方式。
print_r($arr);// 通过 print_r( ) 函数输出数组 $arr 结构
echo "<br>";
print_r($arr1);// 通过 print_r( ) 函数输出数组 $arr1 结构，注意观察 $arr 数
组结构的区别
echo "<br>";
echo ' 用 foreach 遍历数组 $arr'.'<br>';
foreach($arr as $array_key=>$array_value)
{
    echo ' 下标为 '.$array_key.' 的元素对应的值 '.$array_value.' 即 $arr'."
[$array_key]".'='.$array_value.'<br>';
```

```
    }
    echo '用 foreach 直接输出数组 $arr 的值如下：'.'<br>';
    foreach($arr as $array_key=>$array_value)
    {
        echo $array_value;// 只输出数组的值
    }
    echo "<br>";
    echo '用 foreach 遍历数组 $arr1'.'<br>';
    foreach($arr1 as $array_key=>$array_value)
    {
        echo '下标为 '.$array_key.' 的元素对应的值 '.$array_value.' 即 $arr'."
[$array_key]".'='.$array_value.'<br>';
    }
    echo '用 foreach 直接输出数组 $arr1 的值如下：'.'<br>';
    foreach($arr1 as $array_key=>$array_value)
    {
        echo $array_value;// 只输出数组的值
    }
    ?>
```

程序的执行结果：

Array ([sno] => 2010001 [name] => 张山 [sex] => 男 [age] => 18 [college] =>
信息学院 [class] => 2020 级数字媒体技术班)

Array ([0] => 2010002 [1] => 李霞 [2] => 女 [3] => 18 [4] => 人文学院 [5]
=> 2019 级汉语言文学班)

用 foreach 遍历数组 $arr

下标为 sno 的元素对应的值 2010001 即 $arr[sno]=2010001

下标为 name 的元素对应的值张山即 $arr[name]= 张山

下标为 sex 的元素对应的值男即 $arr[sex]= 男

下标为 age 的元素对应的值 18 即 $arr[age]=18

下标为 college 的元素对应的值信息学院即 $arr[college]= 信息学院

下标为 class 的元素对应的值 2020 级数字媒体技术班即 $arr[class]=2020
级数字媒体技术班

用 foreach 直接输出数组 $arr 的值如下：

2010001 张山男 18 信息学院 2020 级数字媒体技术班

用 foreach 遍历数组 $arr1

下标为 0 的元素对应的值 2010002 即 $arr[0]=2010002

下标为 1 的元素对应的值李霞即 $arr[1]= 李霞

下标为 2 的元素对应的值女即 $arr[2]= 女

下标为 3 的元素对应的值 18 即 $arr[3]=18

下标为 4 的元素对应的值人文学院即 $arr[4]= 人文学院

下标为 5 的元素对应的值 2019 级汉语言文学班即 $arr[5]=2019 级汉语言文学班

用 foreach 直接输出数组 $arr1 的值如下：

2010002 李霞女 18 人文学院 2019 级汉语言文学班

说明：以上案例说明了 array( ) 自定义下标和使用默认数字下标的两种定义方式。

3. 创建二维数组

数组名 =array (array([$key=>]$value), array([$key=>]$value))

说明：将 array( ) 函数作为二维数组的一个元素，根据上面对 array( ) 的讲解相当于将一个一维数组作为二维数组的元素，PHP 定义二维或者多维数组都可以通过这种嵌套的方式实现。

eg4-4: 定义二维数组和输出

```php
<?php
$arr=array(' 张山 '=>array('sno'=>'2010001','sex'=>' 男 ','age'=>18,'college'=>'
信息学院 ','class'=>'2020 级数字媒体技术班 '),' 李霞 '=>array('2010002',' 女 ',18,'
人文学院 ','2019 级汉语言文学班 '),' 王虎 '=>array('sno'=>'2010003','sex'=>'
男 ','age'=>19,'college'=>' 信息学院 ','class'=>'2020 级计算机科学与技术 '));
// 有关键字和值，以自定义的字符串作为数组关键字，多个元素之间用 , 隔开。
    print_r($arr);                    // 通过 print_r( ) 函数输出数组 $arr 结构
    echo "<br>";
    echo ' 张山的学号：'.$arr[' 张山 ']['sno'];// 输出后为数组的第一个元素，行
标为 ' 张山 '、列标为 'sno'
    echo "<br>";
    echo ' 用 foreach 遍历数组 $arr'.'<br>';
    foreach($arr as $array_key=>$array_value)
    {
```

// 由于是二维数组，所以 $array_key 是行标 ' 张山 '、' 李霞 '、' 王虎 '，$array_value 的值是一个数组分别代表张山的信息的一维数组、李霞的信息的一维数组、王虎的信息的一维数组

// 所以在这还需要嵌套一个循环，注意这时候需要遍历的数组是张山的信息的一维数组、李霞的信息的一维数组、王虎的信息的一维数组 $array_value

```
foreach($array_value as $key=>$value){
        echo ' 下标为 '."[$array_key][$key]".' 的元素对应的值 '.$value.' 即 $arr'."[$array_key][$key]".'='.$value.'<br>';


    }
}
echo ' 用 foreach 直接输出数组 $arr 的值如下：'.'<br>';
foreach($arr as $array_key=>$array_value)
{
    echo $array_key;// 在每行的开始输出每行的行标
     foreach($array_value as $key=>$value){
            echo $value;// 直接输出值
    }
     echo '<br>';// 每行结束以后输出一个换行符，便于结果的读取
}
echo "<br>";
?>
```

程序的执行结果：

Array ([张山] => Array ([sno] => 2010001 [sex] => 男 [age] => 18 [college] => 信息学院 [class] => 2020 级数字媒体技术班) [李霞] => Array ([0] => 2010002 [1] => 女 [2] => 18 [3] => 人文学院 [4] => 2019 级汉语言文学班) [王虎] => Array ([sno] => 2010003 [sex] => 男 [age] => 19 [college] => 信息学院 [class] => 2020 级计算机科学与技术))

张山的学号：2010001

用 foreach 遍历数组 $arr

下标为 [张山][sno] 的元素对应的值 2010001 即 $arr[张山][sno]=2010001

下标为 [张山][sex] 的元素对应的值男即 $arr[张山][sex]= 男

下标为 [张山][age] 的元素对应的值 18 即 $arr[张山][age]=18

下标为 [张山][college] 的元素对应的值信息学院即 $arr[张山][college]= 信息学院

下标为 [张山][class] 的元素对应的值 2020 级数字媒体技术班即 $arr[张山][class]=2020 级数字媒体技术班

下标为 [李霞][0] 的元素对应的值 2010002 即 $arr[李霞][0]=2010002

下标为 [李霞][1] 的元素对应的值女即 $arr[李霞][1]= 女

下标为 [李霞][2] 的元素对应的值 18 即 $arr[李霞][2]=18

下标为 [李霞][3] 的元素对应的值人文学院即 $arr[李霞][3]= 人文学院

下标为 [李霞][4] 的元素对应的值 2019 级汉语言文学班即 $arr[李霞][4]=2019 级汉语言文学班

下标为 [王虎][sno] 的元素对应的值 2010003 即 $arr[王虎][sno]=2010003

下标为 [王虎][sex] 的元素对应的值男即 $arr[王虎][sex]= 男

下标为 [王虎][age] 的元素对应的值 19 即 $arr[王虎][age]=19

下标为 [王虎][college] 的元素对应的值信息学院即 $arr[王虎][college]= 信息学院

下标为 [王虎][class] 的元素对应的值 2020 级计算机科学与技术即 $arr[王虎][class]=2020 级计算机科学与技术

用 foreach 直接输出数组 $arr 的值如下：

张山 2010001 男 18 信息学院 2020 级数字媒体技术班

李霞 2010002 女 18 人文学院 2019 级汉语言文学班

王虎 2010003 男 19 信息学院 2020 级计算机科学与技术

eg4-5：二维数组定义和元素赋值

```php
<?php
$arr=array(' 张山 '=>array('sno'=>'2010001','sex'=>' 男 ','age'=>18,'college'=>' 信息学院 ','class'=>'2020 级数字媒体技术班 '),' 李霞 '=>array('2010002',' 女 ',18,' 人文学院 ','2019 级汉语言文学班 '),' 王虎 '=>array('sno'=>'2010003','sex'=>' 男 ','age'=>19,'college'=>' 信息学院 ','class'=>'2020 级计算机科学与技术 '));
// 为二维数组添加一行记录
$arr[' 赵敏 ']['sno'] = "2010011"; // 为数组添加一行赵敏的记录，先添加学号
$arr[' 赵敏 ']['sex'] = " 女 ";
```

$arr[' 赵敏 ']['age'] = "19";

$arr[' 赵敏 ']['college'] = "体育学院 ";

$arr[' 赵敏 ']['class'] = "2020 级体育教育本科班 ";

// 修改李霞的班级

$arr[' 李霞 ']['4'] = "2019 级历史教育 1 班 ";// 因为定义时省略了关键字，所以要用数字代替

print_r($arr);// 输出数组的结构

echo "<br/>";// 输出一个换行符

// 用 foreach 输出修改后的结果

foreach($arr as $array_key=>$array_value)

{

　　foreach($array_value as $key=>$value){

　　　　echo '$arr'."[$array_key][$key]".'='.$value.'
';

　　}

}

程序执行结果：

Array ([张山] => Array ([sno] => 2010001 [sex] => 男 [age] => 18 [college] => 信息学院 [class] => 2020 级数字媒体技术班) [李霞] => Array ([0] => 2010002 [1] => 女 [2] => 18 [3] => 人文学院 [4] => 2019 级历史教育 1 班) [王虎] => Array ([sno] => 2010003 [sex] => 男 [age] => 19 [college] => 信息学院 [class] => 2020 级计算机科学与技术) [赵敏] => Array ([sno] => 2010011 [sex] => 女 [age] => 19 [college] => 体育学院 [class] => 2020 级体育教育本科班))

$arr[张山][sno]=2010001

$arr[张山][sex]= 男

$arr[张山][age]=18

$arr[张山][college]= 信息学院

$arr[张山][class]=2020 级数字媒体技术班

$arr[李霞][0]=2010002

$arr[李霞][1]= 女

$arr[李霞][2]=18

$arr[李霞][3]= 人文学院

$arr[李霞][4]=2019 级历史教育 1 班

$arr[王虎][sno]=2010003

$arr[王虎][sex]= 男

$arr[王虎][age]=19

$arr[王虎][college]= 信息学院

$arr[王虎][class]=2020 级计算机科学与技术

$arr[赵敏][sno]=2010011

$arr[赵敏][sex]= 女

$arr[赵敏][age]=19

$arr[赵敏][college]= 体育学院

$arr[赵敏][class]=2020 级体育教育本科班

eg4-5：数组通过传值赋值

```php
<?php
$arr=array(' 张山 '=>array('sno'=>'2010001','sex'=>' 男 ','age'=>18,'college'=>' 信息学院 ','class'=>'2020 级数字媒体技术班 '),' 李霞 '=>array('2010002',' 女 ',18,' 人文学院 ','2019 级汉语言文学班 '),' 王虎 '=>array('sno'=>'2010003','sex'=>' 男 ','age'=>19,'college'=>' 信息学院 ','class'=>'2020 级计算机科学与技术 '));
// 为二维数组添加一行记录
$arr[' 赵敏 ']['sno'] = "2010011"; // 为数组添加一行赵敏的记录，先添加学号
$arr[' 赵敏 ']['sex'] = "女 ";
$arr[' 赵敏 ']['age'] = "19";
$arr[' 赵敏 ']['college'] = "体育学院 ";
$arr[' 赵敏 ']['class'] = "2020 级体育教育本科班 ";
// 修改李霞的班级
$arr[' 李霞 ']['4'] = "2019 级历史教育 1 班 ";// 因为定义时省略了关键字，所以要用数字代替
print_r($arr);// 输出数组的结构
echo "<br/>";// 输出一个换行符
// 用 foreach 输出修改后的结果
foreach($arr as $array_key=>$array_value)
{
    foreach($array_value as $key=>$value){
```

```
            echo '$arr'."[$array_key][$key]".'='.$value.'<br>';


        }
    }
    echo ' 用 foreach 直接输出数组 $arr 的值如下：'.'<br>';
    foreach($arr as $array_key=>$array_value)
    {
        echo $array_key;// 在每行的开始输出每行的行标
        foreach($array_value as $key=>$value){
                echo $value;// 直接输出值
        }
        echo '<br>';// 每行结束以后输出一个换行符，便于结果的读取
    }
    echo "<br>";
    ?>
```

程序的执行结果：

Array ([张山] => Array ([sno] => 2010001 [sex] => 男 [age] => 18 [college] => 信息学院 [class] => 2020 级数字媒体技术班) [李霞] => Array ([0] => 2010002 [1] => 女 [2] => 18 [3] => 人文学院 [4] => 2019 级历史教育 1 班) [王虎] => Array ([sno] => 2010003 [sex] => 男 [age] => 19 [college] => 信息学院 [class] => 2020 级计算机科学与技术) [赵敏] => Array ([sno] => 2010011 [sex] => 女 [age] => 19 [college] => 体育学院 [class] => 2020 级体育教育本科班))

$arr[张山][sno]=2010001

$arr[张山][sex]= 男

$arr[张山][age]=18

$arr[张山][college]= 信息学院

$arr[张山][class]=2020 级数字媒体技术班

$arr[李霞][0]=2010002

$arr[李霞][1]= 女

$arr[李霞][2]=18

$arr[李霞][3]= 人文学院

$arr[李霞][4]=2019 级历史教育 1 班

$arr[王虎][sno]=2010003

$arr[王虎][sex]= 男

$arr[王虎][age]=19

$arr[王虎][college]= 信息学院

$arr[王虎][class]=2020 级计算机科学与技术

$arr[赵敏][sno]=2010011

$arr[赵敏][sex]= 女

$arr[赵敏][age]=19

$arr[赵敏][college]= 体育学院

$arr[赵敏][class]=2020 级体育教育本科班

用 foreach 直接输出数组 $arr 的值如下：

张山 2010001 男 18 信息学院 2020 级数字媒体技术班

李霞 2010002 女 18 人文学院 2019 级历史教育 1 班

王虎 2010003 男 19 信息学院 2020 级计算机科学与技术

赵敏 2010011 女 19 体育学院 2020 级体育教育本科班

4.3　数组的遍历

数组的遍历离不开循环，在 PHP 中，对数组的遍历一般采用 foreach，但是也可以采用 while、do-while、for 三种循环对数组进行遍历。但是对于下标为非连续数字或者有规律的字符，我们对数组遍历只能使用 foreach。

4.3.1　while( ) 遍历数组

eg4-6：while( ) 数组遍历

```php
<?php
$student = array(' 李霞 ','2010002',' 女 ',18,' 人文学院 ','2019 级汉语言文学班 ');// 定义一个一维数组，省略关键字，这时候下标默认是 0，1，2……用 while 只能遍历像这样有规律的下标的数组
$i=0;//$i 赋初始值为 0，因为初始值为数组下标的第一个元素。
while($student[$i]){// 如果我们能很便捷地知道有几个元素，我们可以写条件 $i<5 之类的，但是如果有元素增加的话就不能将数组遍历完全，所以在这里，我们将条件改为 $student[$i]，这种条件就意味着只要有数组元素循环就不结束。
```

```php
    echo '$student'."[$i]=".$student[$i].'<br>';// 循环输出数组元素
    $i++;//$i 累加 1
}
// 输出一整条记录
$i=0;
do{// 用 do while 来实现整条记录的输出
    echo $student[$i];// 循环输出数组元素的值
    $i++;//$i 累加 1
}while($student[$i]);
?>
```

程序的执行结果：

$student[0]= 李霞

$student[1]=2010002

$student[2]= 女

$student[3]=18

$student[4]= 人文学院

$student[5]=2019 级汉语言文学班

李霞 2010002 女 18 人文学院 2019 级汉语言文学班

4.3.2 for( ) 遍历数组

eg4-7：for( ) 数组遍历

```php
<?php
$student = array(' 李霞 ','2010002',' 女 ',18,' 人文学院 ','2019 级汉语言文
学班 ');// 定义一个一维数组，省略关键字，这时候下标默认是 0，1，2……用
while 只能遍历像这样有规律的下标的数组
    $i=0;//

    for($i=0;$student[$i];$i++){//$i 赋初始值为 0，因为初始值为数组下标的第
一个元素；如果我们能很便捷地知道有几个元素，我们可以写条件 $i<5 之类
的，但是如果有元素增加的话就不能将数组遍历完全，所以在这里，我们将条
件改为 $student[$i]，这种条件就意味着只要有数组元素循环就不结束
        echo '$student'."[$i]=".$student[$i].'<br>';// 循环输出数组元素

    }
    // 用 for 输出一整条记录
```

```
for($i=0;$student[$i];$i++){// 用 for 循环输出整条记录
    echo $student[$i];// 循环输出数组元素
}
?>
```

程序的执行结果：

$student[0]= 李霞

$student[1]=2010002

$student[2]= 女

$student[3]=18

$student[4]= 人文学院

$student[5]=2019 级汉语言文学班

李霞 2010002 女 18 人文学院 2019 级汉语言文学班

4.3.3　foreach( ) 遍历数组

eg4-8：foreach( ) 数组遍历 1

```
<?php
$student = array(' 李霞 ','2010002',' 女 ',18,' 人文学院 ','2019 级汉语言文学班 ');// 数组定义
foreach($student as $key=>$value){/*$student 是要遍历的数组，as 是连接数组和键与值的关键字，$key 是数组的键，$value 是数组的值 */
    echo $key.'=>'.$value.'，其完整元素和值为 '.$student'."[$key]=".$value.'<br>';// 输出键和键值，之间用 => 连接，每个元素结束以后连接一个换行符
}
// 用 foreach 输出整条记录
foreach($student as $key=>$value)
    echo $value// 循环中只有一条语句可以省略 foreach 的 {}，并且 PHP 的最后一条语句可以省略分号
?>
```

程序的执行结果：

0=> 李霞，其完整元素和值为 $student[0]= 李霞

1=>2010002，其完整元素和值为 $student[1]=2010002

2=> 女，其完整元素和值为 $student[2]= 女

3=>18，其完整元素和值为 $student[3]=18

4=> 人文学院，其完整元素和值为 $student[4]= 人文学院

5=>2019 级汉语言文学班，其完整元素和值为 $student[5]=2019 级汉语言文学班

李霞 2010002 女 18 人文学院 2019 级汉语言文学班

eg4-9：foreach( ) 数组遍历 2

```php
<?php
$student = array(' 李霞 ','2010002',' 女 ',18,' 人文学院 ','2019 级汉语言文
班 ');// 数组定义
foreach($student as $value)//$student 是要遍历的数组，as 是连接数组值的
关键字，数组的键的参数可以省略，$value 是数组的值，此处省略了键
    echo $value// 循环中只有一条语句可以省略 foreach 的 {}，并且 PHP 的
最后一条语句可以省略分号
?>
```

程序的执行结果：

李霞 2010002 女 18 人文学院 2019 级汉语言文学班

第 5 章　PHP 函数

函数是为了实现某种功能或者某种操作，将若干 PHP 语句包装起来。PHP 语言的最大优势就是它提供了很多预先定义好的函数，供开发者使用；同时用户还可以根据自己的需要自定义函数。

5.1　自定义函数

用户定义的函数使用"function"作为关键字，函数名能够以字母或下划线开头（而非数字）。但是，函数名对大小写不敏感。

5.1.1　函数定义与调用

1. 函数自定义

函数自定义的格式为：

function 函数名 ([参数 1],[参数 2],…,[参数 n])

{

　　php 语句 1;

php 语句 2;

}

function，是自定义函数的关键字；函数名要符合名称规则（与变量标识符相同，并且函数名不能与预定义的函数或者关键字重复）；参数 1，参数 2,…，参数 n 为函数的形参（根据需要可以没有）；php 语句 1;php 语句 2; 为自定义的函数主体，是实现具体功能的语句。

2. 函数调用

在调用函数时，将函数的名称和实参（与形参对应）作为一条 PHP 语句写入 PHP 文件中，函数就起作用了。

eg5-1：函数定义与调用

```
<form action="" method="post">
```
请输入比较大小的第一个数：
```
<input type="text" name="shu1" /><br>
```
请输入比较大小的第二个数：
```
<input type="text" name="shu2" /><br>
<input type="submit" name="submit" value=" 比较结果 "/>
</form>
<?php
$a=$_POST['shu1'];
$b=$_POST['shu2'];// 接收输入的值
// 定义一个输入两个数，输出最大的数的函数
    function _maxt($x,$y){// 定义函数 _maxt，注意函数名前不能加 $,$x,$y 两
个形参。
     if($x>$y) return $x;
     else return $y;
     }
    $c=_maxt($a,$b);// 调用函数 _maxt($a,$b)，$a 和 $b 是实参
    echo "$a,$b 中大的值是：$c";// 输出大的值
    ?>
```
程序运行结果为：

请输入比较大小的第一个数：
请输入比较大小的第二个数：
比较结果

输入如下数字：

请输入比较大小的第一个数：1234
请输入比较大小的第二个数：1235
比较结果

点击比较结果，运行结果如下：

请输入比较大小的第一个数：
请输入比较大小的第二个数：
比较结果

1234,1235 中大的值是：1235

5.1.2　函数的返回值

用 return( ) 函数，实现 PHP 函数的返回值。

eg5-2：返回两个数中小的那个值（并对 eg5-1.php 进行修改）

```
<form action="" method="post">
请输入比较大小的第一个数：
<input type="text" name="shu1" /><br>
请输入比较大小的第二个数：
<input type="text" name="shu2" /><br>
<input type="submit" name="submit" value=" 比较结果 "/>
</form>
<?php
$a=$_POST['shu1'];
$b=$_POST['shu2'];// 接收输入的值
// 定义一个输入两个数，输出最大的数的函数
    function _mint($x,$y){// 定义函数 _maxt，注意函数名前不能加 $,$x,$y 两
个形参。
    if($x>$y) return $y;// 当 $x>$y 时，函数返回较小的值 $y
    else return $x;// 当 $x<=$y 时，函数返回较小的值 $x
    }
    if(isset($_POST['submit']))// 当点击比较结果按钮时才调用 _mint( ) 函数，
传实参
    {
    $c=_mint($a,$b);// 调用函数 _maxt($a,$b)，$a 和 $b 是实参
    echo "$a,$b 中小的值是：$c";// 输出大的值
    }
?>
```

程序的执行结果：

请输入比较大小的第一个数：　[   ]
请输入比较大小的第二个数：　[   ]
[比较结果]

117

输入如下两个数进行比较：

请输入比较大小的第一个数：12.5
请输入比较大小的第二个数：2.6
比较结果

点击比较结果：

请输入比较大小的第一个数：
请输入比较大小的第二个数：
比较结果

12.5,2.6 中小的值是：2.6

5.2 PHP 预定义函数

5.2.1 常用函数

1. 加密函数

PHP 支持 md5 和 sha1 两种加密方式，用 md5( ) 和 sha1( ) 两个函数实现，其具体格式如下：

md5(字符串 ,[加密码的格式])

字符串是要设置的密码原字符串，加密码的格式为可选参数，当其为 TRUE 时，加密码为 16 位的二进制码，当为 FALSE（默认）时，加密码为 32 位十六进制码。

sha1(字符串 ,[加密码的格式])

字符串是要设置的密码原字符串，加密码的格式为可选参数，当其为 TRUE 时，加密码为 20 位的二进制码，当为 FALSE（默认）时，加密码为 40 位十六进制码。

eg5-3:md5 加密

```php
<?php
//md5 加密
echo md5('administrator').'<br>';// 对 administrator 进行加密，省去第二个参
数即是默认的 32 位 16 进制
```

echo md5('administrator',TRUE).'
';// 第二个参数为真，TRUE 或者 1 都可以，输出为 16 位二进制

echo md5('administrator',FALSE).'
';// 第二个参数为假，FALSE 或者 0 都可以，它的输出结果和省略第二个参数是一样的

?>

程序运行结果如下：

200ceb26807d6bf99fd6f4f0d1ca54d4

◆ & ∈ }k 鶀拄鹇薮◆

200ceb26807d6bf99fd6f4f0d1ca54d4

eg5-3:sha1 加密

```php
<?php
//sha1 加密
echo sha1('administrator').'<br>';// 对 administrator 进行加密，省去第二个
```
参数即是默认的 40 位 16 进制

echo sha1('administrator',TRUE).'
';// 第二个参数为真，TRUE 或者 1 都可以，输出为 20 位二进制

echo sha1('administrator',FALSE).'
';// 第二个参数为假，FALSE 或者 0 都可以，它的输出结果和省略第二个参数是一样的

?>

程序运行结果如下：

b3aca92c793ee0e9b1a9b0a5f5fc044e05140df3

超◆ ,y> 嚅暴哎觞 N ◆

b3aca92c793ee0e9b1a9b0a5f5fc044e05140df3

2. empty( ) 函数和 isset( ) 函数

empty( ) 函数用于检查一个变量是否为空，isset ( ) 用于检测变量是否设置，其应用格式如下：

bool empty (变量)、bool isset (变量)，两个函数的返回至都是布尔值。

eg5-5 : empty( ) 函数和 isset( ) 函数

```php
<?php
$string = 0;//$string 的值赋予 0
if (empty($string)) {// 条件为真，因为 $string 为 0 或者为空都为真
```

```
    echo '$string 的值是 0 或者没有设置 '.'<br>';// 进入这个分支
}
if (isset($string)) {// 结果为真，因为 $string 已设置为 0
    echo '$string 已经设置 ';// 输出此语句
}
?>
```

程序运行结果如下：

$pk_string 的值是 0 或者没有设置

$pk_string 已经设置

3. 字符串函数

（1）substr( ) 函数。substr( ) 函数的作用是返回字符串的一部分也就是子串，其具体的语法格式为：

string substr(字符串 , 开始位置 ,[长度])

字符串是必须的参数，整个函数的返回值是该参数的子串；字符串，是必须的参数，是要取子串的原串；开始位置是取子串的开始位置用数字来描述；长度是可选参数，指定要取子串的长度，如果此参数省略则是到字符串的结尾，正数从开始位置所在的位置返回的长度，负数从字符串末尾位置返回的长度。返回值为子串。

---

eg5-6: substr( ) 函数的应用

```
<?php
//substr( ) 函数的应用
echo substr（"2020050119：14",8)."<br>";// 要取的字符串从第 9 位的 1 开始，取到末尾的 4 开始，因为第一位是 0 位，输出 19:14
echo substr（"2020050119：14",1)."<br>";// 要取的字符串从第 2 位开始，因为第一位为 0 位，输出 020050119：14
echo substr（"2020050119：14",0,4).' 年 ';// 取前四位子串 2020
echo substr（"2020050119：14",4,2).' 月 ';// 从第 5 位开始取 2 位子串
echo substr（"2020050119：14",6,2).' 日 '."<br>";//// 从第 7 位开始取 2 位子串
echo substr（"2020050119：14：14",-8)."<br>";// 负数 - 从字符串末端返回的长度输出：14：14
?>
```

程序运行结果运行如下：

19：14

020050119：14

2020 年 05 月 01 日

：14：14

4. strlen( ) 函数

strlen( ) 函数可获取字符串的长度，其具体语法格式为：

int strlen(字符串)

字符串是必须的参数，要测试长度的字符串，该函数的返回值为整数。

eg5-7：strlen( ) 函数的应用

```php
<?php
$str1='abcdefghijklmnopqrstuvwxyz';// 定义 26 个字母的字符串
echo $len=strlen($str1);// 输出值为 26
?>
```

程序的运行结果为：

26

5. date( ) 函数

date( ) 函数可用来格式化日期和时间，其具体语法格式为：

string date (日期格式 [, 时间戳])

日期格式参数为必须的参数，是代表时间格式的字符串；时间戳是可选的参数，要转化格式的时间戳，如果该参数为空，则默认值为 time( )，即是当前时间的时间戳。

eg8-8：date( ) 函数的应用

```php
<?php
//date( ) 函数的应用
date_default_timezone_set('Asia/Shanghai');// 设置成时区中国所在时区：亚洲 / 上海
echo ' 今天是当前月的第 '.date('d',time( )).' 天 '.'<br>';//'d' 的值是当前月中的第几天
echo ' 今天是当前月的第 '.date('j',time( )).' 天 '.'<br>';//'j' 的值是当前月中的第几天，将 03 中的前导零去掉
echo ' 今天是当前月的第 '.date('S',time( )).' 天 '.'<br>';//'S' 的值是当前月中
```

的第几天，英文后缀如 rd

echo ' 今天是本周的第 '.date('D',time( )).' 天 '.'
';//'D' 的值是本周中的第几天，英文简写

echo ' 今天是本周的第 '.date('l',time( )).' 天 '.'
';//'l' 的值是本周中的第几天，将每周的英文全拼输出来

echo ' 今天是本周的第 '.date('N',time( )).' 天 '.'
';//'N' 的值是本周中的第几天，数字 1~7

echo ' 今天是本周的第 '.date('w',time( )).' 天 '.'
';//'w' 的值是本周中的第几天，数字 0~6，周日是 0，周六是 6

echo ' 今天是本年的第 '.date('z',time( )).' 天 '.'
';//'z' 的值是本年中的第几天，数字 0~366

echo ' 今天是本年的第 '.date('W',time( )).' 周 '.'
';//'W' 的值是本年中的第几周

echo ' 今天是本年的第 '.date('F',time( )).' 月 '.'
';//'F' 的值是本年中的第几月

echo ' 今天是本年的第 '.date('m',time( )).' 月 '.'
';//'m' 的值是本年中的第几月，数字

echo ' 今天是本年的第 '.date('n',time( )).' 月 '.'
';//'n' 的值是本年中的第几月，数字，没有前导零

echo ' 今天是本年的第 '.date('M',time( )).' 月 '.'
';//'m' 的值是本年中的第几月，英文缩写

echo ' 这个月应该有 '.date('t',time( )).' 天 '.'
';//'t' 的值是本月应该有多少天

echo ' 今年 '.date('L',time( )).' 年 '.'
';//'L' 的值是判断是否为闰年，如果是闰年为 1，否则为 0

echo ' 今年是 '.date('Y',time( )).' 年 '.'
';//'Y' 输出年份，四位数字

echo ' 今年是 '.date('y',time( )).' 年 '.'
';//'y' 输出年份，两位数字

echo ' 现在是 '.date('a',time( )).'
';//'a' 小写的上午和下午值，am 或 pm

echo ' 现在是 '.date('A',time( )).'
';//'A' 大写的上午和下午值，AM 或 PM

echo ' 现在是 '.date('g',time( )).' 点 '.'
';//'g' 小时，12 小时格式，没有前导零

echo ' 现在是 '.date('G',time( )).' 点 '.'
';//'G' 小时，24 小时格式，没有前导零

echo ' 现在是 '.date('h',time( )).' 点 '.'
';//'h' 小时，12 小时格式，有前导零

echo ' 现在是 '.date('H',time( )).' 点 '.'
';//'H' 小时，24 小时格式，有前导零

echo ' 现在是 '.date('H：i：s',time( )).' 点 '.'
';//'H' 小时，24 小时格式，有前导零，i 有前导零的分钟数，s 有前导零秒数

echo ' 当前时间是 '.date('Y 年 m 月 d 日 H：i：s',time( )).'
';

?>

程序运行结果如下：

今天是当前月的第 03 天

今天是当前月的第 3 天

今天是当前月的第 rd 天

今天是本周的第 Sun 天

今天是本周的第 Sunday 天

今天是本周的第 7 天

今天是本周的第 0 天

今天是本年的第 123 天

今天是本年的第 18 周

今天是本年的第 May 月

今天是本年的第 05 月

今天是本年的第 5 月

今天是本年的第 May 月

这个月应该有 31 天

今年 1 年

今年是 2020 年

今年是 20 年

现在是 pm

现在是 PM

现在是 8 点

现在是 20 点

现在是 08 点

现在是 20 点

现在是 20：32：33 点

当前时间是 2020 年 05 月 03 日 20：32：33

6. 随机函数

PHP 中有两个随机函数，rand( )、mt_rand( )，rand( ) 的随机数字的值不能大于 32768，如果超过这个范围，请使用 mt_rand( )。其使用格式如下：

rand(随机范围的最小值，随机范围的最大值)

mt_rand(随机范围的最小值，随机范围的最大值)

eg5-9：rand( ) 做手机号码抽奖

```php
<?php
//php 随机函数，随机抽取中奖手机号码
echo ' 此次中奖的 10 个号码如下：'.'<br>';
for($j=0;$j<10;$j++){// 因为要抽出十个手机号码，所以用 for 写一个 10 次的循环
    $cell_number=rand(1,1).rand(3,9);// 前两位号码通过随机的方式呈现，因为手机号码第一位都为 1，所以可以直接写成 1，或者用 rand(1,1)，从 1 到 1，第二位大多是 3、4、5、6、7、8、9，用 rand(3,9)，在 3~9 之间随机取一个
    for($i=0;$i<9;$i++)// 目前国内的手机号码为 11 位，前两位已经取出，后 9 位需要 9 次循环
    {
        $cell_number.=rand(0,9);//rand(0,9) 从 0~9 之间每次随机取一个数字，连接到 $cell_number 后面，连续取 9 次，完成 11 位手机号码
    }
    echo $cell_number.'<br>';// 输出 11 位的手机号码
}
?>
```

运行结果如下：

此次中奖的 10 个号码如下：

15648836691

16900539512

13318153758

16441296572

15125422772

15982602376

19999744106

13839442635

13775066438

15058274244

说明：由于是随机函数，所以每次运行中奖号码都会有变化。

eg5-10：mt_rand( ) 做双色球中奖号码

```
<!DOCTYPE html PUBLIC "-//W3C//DTD XHTML 1.0 Transitional//EN"
"http://www.w3.org/TR/xhtml1/DTD/xhtml1-transitional.dtd">
<html xmlns="http://www.w3.org/1999/xhtml">
<head>
<meta http-equiv="Content-Type" content="text/html; charset=gb2312" />
<title> 双色球中奖结果 </title>
</head>

<body>
<table width="264" height="103" border="0">
 <tr>
  <td height="59" colspan="7" align="center"> 双色球中奖结果 </td>
 </tr>
 <tr>
 <?php
```

　　// 此案例是在 html 中嵌套 php 语句，只需要在需要的位置，写出 php 的开始和结束标记即可使用 php 语句

　　//mt_rand( ) 双色球中奖摇号

　　// "双色球 " 号码由 6 个红色球号码和 1 个蓝色球号码组成。红色球号码从 1--33 中选择；蓝色球号码从 1--16 中选择。

　　// 红色球

　　$red='';// 定义存储红色球的变量，将其初始值赋值为空

　　for($i=0;$i<6;$i++){//6 次循环，获得 6 个红球

　　　　$sigle_red=mt_rand(1,33);// 获得单个红球的值，范围是 1~33

　　　　$red.=$sigle_red// 将 6 个红球连接到 $red 变量中

```
?>
    <td width="34" height="35" align="center" background="red.png"><?php
echo $sigle_red // 注意这个在 6 次循环以内，输出 6 个红球 ?></td>
    <?php // 循环结束标志
    }?>
    <?php $blue=mt_rand(1,16);// 获得蓝球的值，范围是 1~16?>
    <td width="34" height="35" align="center" background="blue.png"><?php
echo $blue?></td>
    <?php $red.=$blue;// 将 6 个红球和 1 个蓝球的值连接到红球中 ?>
  </tr>
</table>
</body>
</html>
```

程序运行结果如下：

双色球中奖结果

7. 图片绘制函数

图片绘制就是在 PHP 程序中生成一幅图片，其步骤如下：

第一步：创建图片区域 imagecreatetruecolor（宽度 px，高度 px）

第二步：设置图片背景颜色 imagecolorallocate(图片区域 ,R,G,B)，在图片区域填充 rgb（R,G,B）颜色。

第三步：填充背景颜色 imagefill(图片区域 , 开始填充坐标 x 轴 , 开始填充坐标 y 轴 , 背景颜色变量);

第四步：给图片填充字符串 imagestring(图片区域 , 字符串字体大小 , 开始填充坐标 x 轴 , 开始填充坐标 y 轴 , 填充的字符 , 字符颜色);

第五步：将整个页面类型设置为图片 header('Content-Type:image/gif')、header('Content-Type:image/png')、header('Content-type: image/jpeg')、

第六步：生成图片 imagegif(图片区域)、imagejpeg(图片区域)、imagepng(图片区域)。

第七步：销毁图片 imagedestroy(图片区域);

下面我们就以验证码图片的生成为例讲解一下图片绘制函数的应用。

eg5-11：验证码生成

```php
<?php
```

// 使用这个函数时要开启 gd 库打开 php.ini，找到 ;extension=php_gd2.
dll，将前面的 ; 删除，然后重启服务，否则会报如下错误 Fatal error: Call to
undefined function imagecreatetruecolor( ) in F:\wamp\www\xxgl\chapter5\eg5-11.
php on line 2

// 第一步：创建图片区域 imagecreatetruecolor（宽度 px，高度 px）

$image_area=imagecreatetruecolor(110,45);// 创建图像区域的大小 110px*45px

// 第二步：设置图片背景颜色

$image_bgcolor=imagecolorallocate($image_area,255,255,255);// 设置背景
颜色 rgb(255,255,255) 白色

// 第三步：填充背景颜色

imagefill($image_area,0,0,$image_bgcolor);// 将白色的背景颜色从左上角
(0,0)，开始填充

$image_yzm_code="";// 定义验证码变量并赋值为空

for($i=0;$i<5;$i++){// 设置 5 位验证码，根据自己系统对验证码位数的需
求进行设置

$image_fontsize=9;// 设置验证码大小

$image_fontcolor=imagecolorallocate($image_area,rand(0,130),rand(0,130
),rand(0,130)); // 给图片区域中的字体设置颜色，用一个范围的随机颜色 rand( )
随机函数作为 rgb( ) 的参数。

$image_data="0123456789abcdefghijklmnopqrstuvwxyzABCDEFGHIJKL
MNOPQRSTUVWXYZ";// 验证码集合，可以根据自己的系统需求来进行设置，
现在是使用了数字和大小写字母

$image_yzm_content=substr($image_data,rand(0,strlen($image_data)-
1),1);// 从验证码集合中每次随机取一个字符，取 5 次，开始位置随机 rand
(0,strlen($image_data)-1) 从 0 到最后一个字符位置随机开始，取 1 个字符

$image_yzm_code.=$image_yzm_content;// 将取出来的 5 个字符连接到
$image_yzm_code 变量中，连接成一个字符串

// 设置验证码显示的坐标

$image_x=20*$i+rand(5,10);// 设置验证码显示 x 轴的坐标，根据自己图
片区域和验证码的大小进行调整

$image_y=rand(5,10); // 设置验证码显示 y 轴的坐标，根据自己图片区域和验证码的大小进行调整

// 第四步：给图片填充字符串 imagestring

imagestring($image_area,$image_fontsize,$image_x,$image_y,$image_yzm_content,$image_fontcolor);//$image_area 图片区域,$image_fontsize 字符串字体大小,$image_x 开始填充坐标 x 轴,$image_y 开始填充坐标 y 轴,$image_yzm_content 填充的单个字符连续填充 5 次,$image_fontcolor 字符颜色

}

// 增加干扰点

for($i=0;$i<310;$i++){ // 此例中设置 310 个干扰点

$image_piontcolor=imagecolorallocate($image_area,rand(51,210),rand(51,210),rand(51,210)); // 根据需要设置干扰点颜色

imagesetpixel($image_area,rand(0,99),rand(0,29),$image_piontcolor);// 根据需要画干扰点，画 310 个

}

// 增加干扰线

for($i=0;$i<5;$i++){

$image_linecolor=imagecolorallocate($image_area,rand(51,210),rand(51,210),rand(51,210));// 根据需要设置干扰线颜色

imageline($image_area,rand(0,99),rand(0,29),rand(0,99),rand(0,29),$image_linecolor);// 根据需要画干扰线，画 5 条

}

// 第五步：将整个页面类型设置为图片

header('Content-Type:image/png');// 图片类型为 png

// 第六步：生成图片

imagepng($image_area);

// 第七步：销毁图片

imagedestroy($image_area);

?>

程序运行结果如下：

注意：验证的生成是随机的，所以每次运行获得的验证码都不一样。

第6章 MySQL 简单操作

MySQL是本课程所使用的主要数据库，本课程使用图形化工具phpMyAdmin
对数据库进行管理。

6.1 用 phpMyAdmin 管理数据库

6.1.1 创建数据库

利用本地的 phpMyAdmin 对数据库进行管理，首先通过 http://localhost/
phpmyadmin/ 地址打开管理工具，默认用户名为：root，密码为空，进入以后界
面如图 6-1 所示，左边是已有的数据库列表，右边为服务器信息。

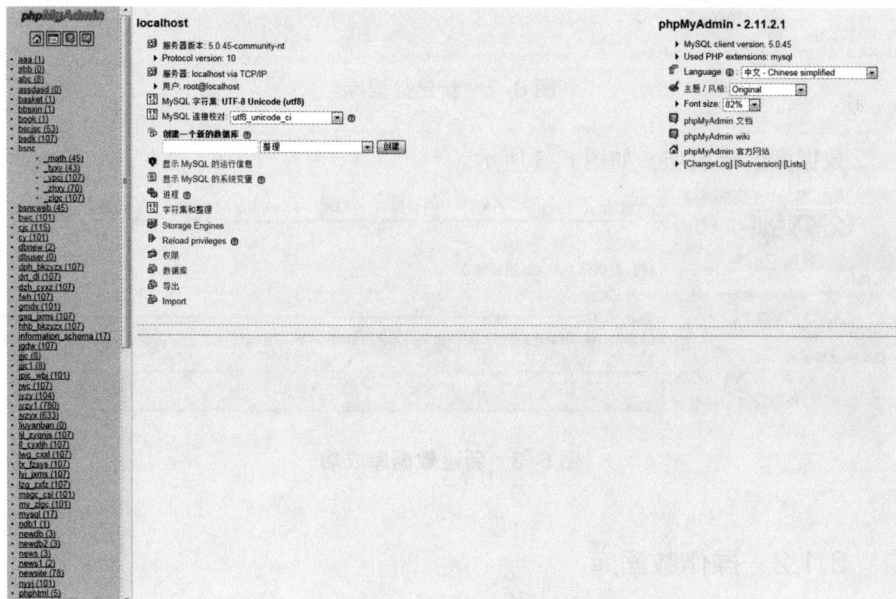

图 6-1 数据库管理界面

创建数据库,在图 6-2 中选择 MySQL 链接校对 : UTF-8 Unicode (utf8),数据库字符编码选择为 UTF-8 Unicode_ci, 新建的数据库的名称为 test_db. 然后点击创建,一个新的数据库就创建成功了。

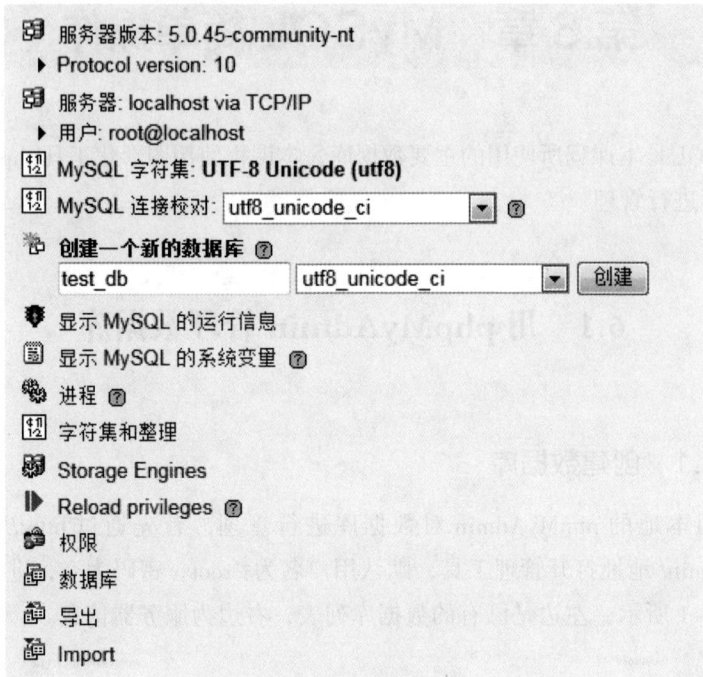

图 6-2　新建数据库

数据库创建成功,如图 6-3 所示。

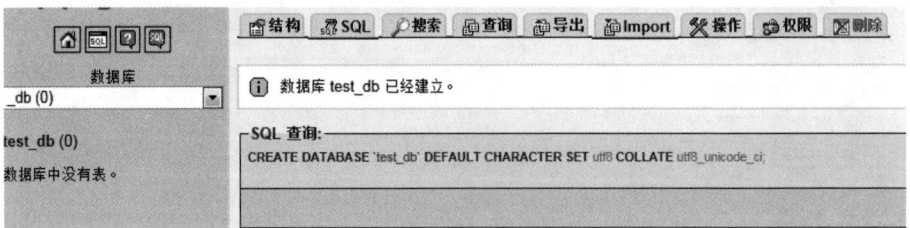

图 6-3　新建数据库成功

6.1.2　操作数据库

结构是整个数据库表的结构,找一个已经有数据表的数据库为例进行操作,在这个界面中,我们可以通过方框标注的位置进行删除。如图 6-4 所示。

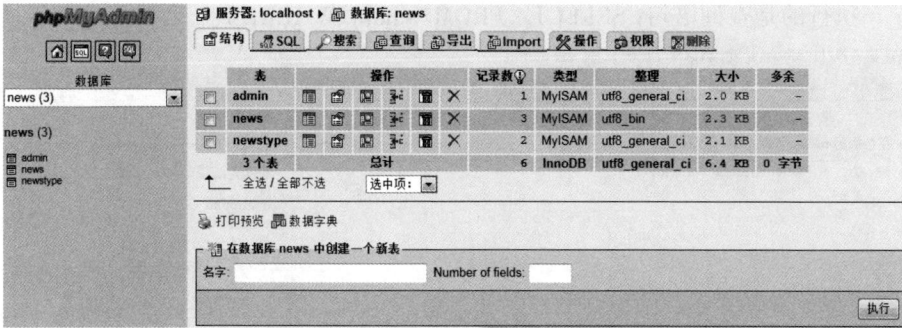

图 6-4　查看数据库表

点击下面方框查看每一张表的结构，如图 6-5 所示。

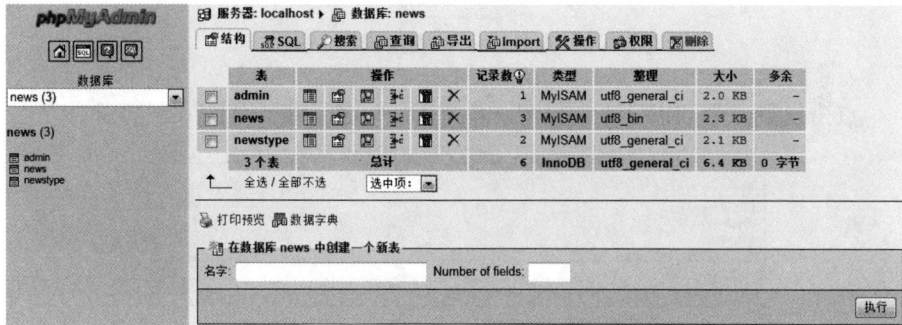

图 6-5　点击查看某一张表的表结构

Admin 表的结构，如图 6-6 所示。可以对字段进行的操作有：更改、删除、设为主键、设为唯一、索引。

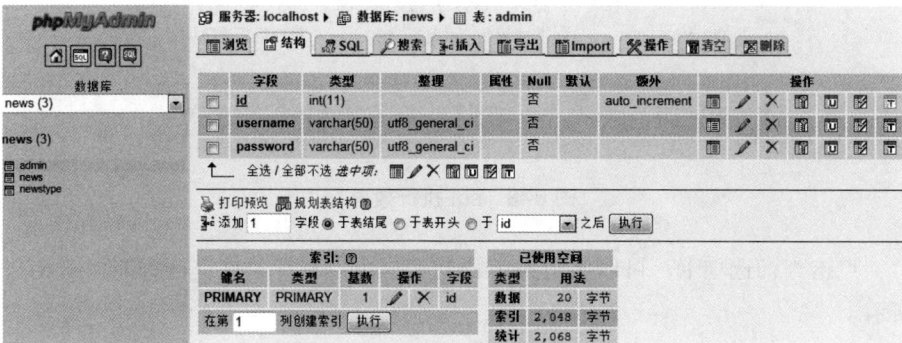

图 6-6　admin 表结构

点击 SQL 选项卡，我们可以执行 sql 语句，如图 6-7 所示。

执行的是查询语句：SELECT * FROM `admin` WHERE 1。

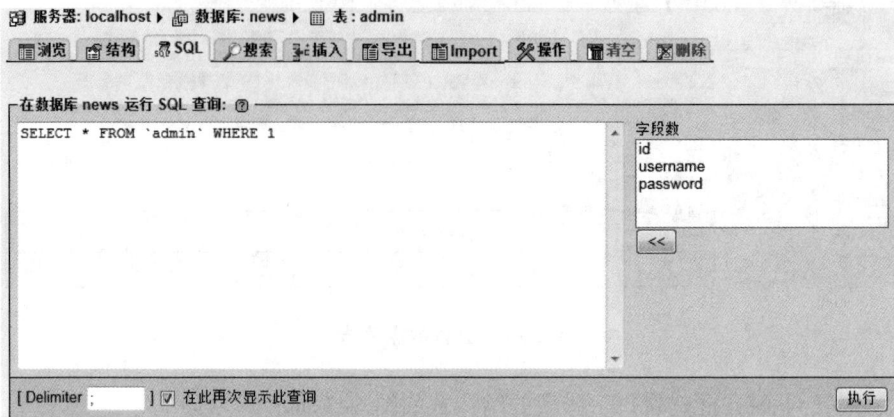

图 6-7　查看 admin 表结构 sql 语句

点击执行，得到以下查询结果：id 为 1 的一条记录。如图 6-8 所示。

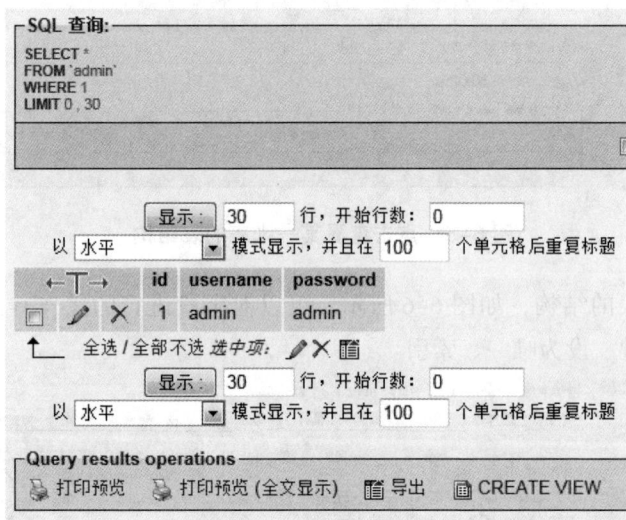

图 6-8　sql 执行效果

点击查询选项卡：可以使用 SQL 语句，也可以选择条件进行查询。图 6-9 所示。

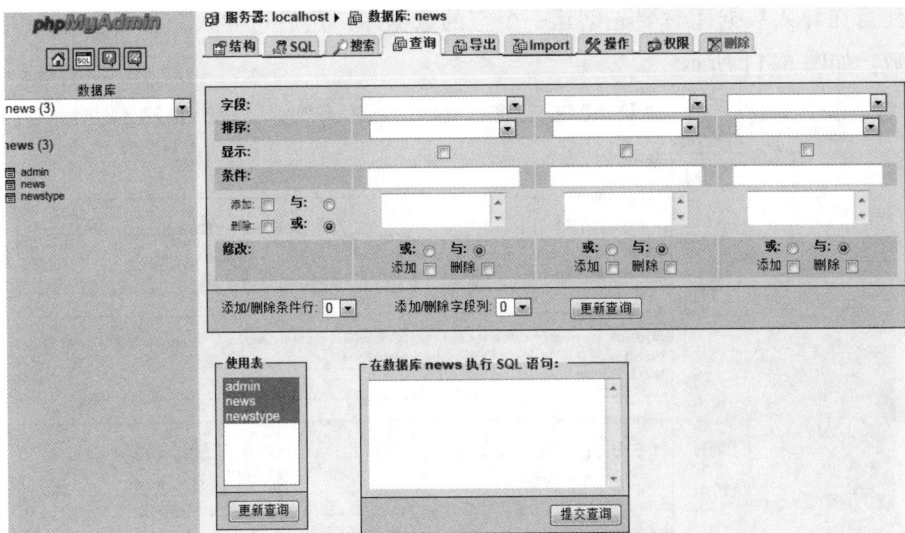

图 6-6　查询条件

导出选项卡后，我们可以整库或者选择相应的表导出，还可以根据自己的需要导出多种类型，并且还支持 zip 和 gzip 压缩导出。如图 6-10 所示。

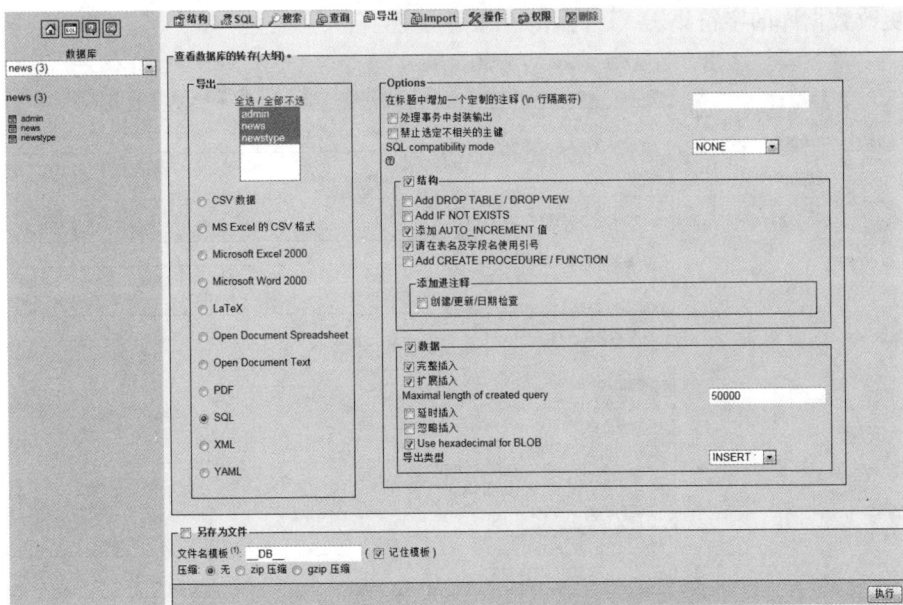

图 6-10　数据库导出界面

导入数据库：点击浏览，将数据库导入，支持所有图 6-10 中导出的格式。

注意在导入数据库时要先创建一个空的数据库，然后再导入，否则会导入失败。如图 6-11 所示。

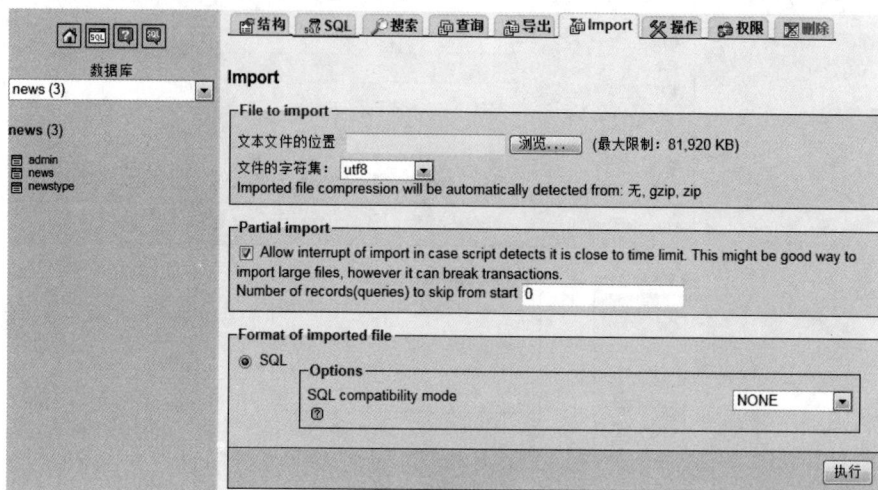

图 6-11　数据库导入界面

操作选项卡如图 6-12 所示，可以创建新表、重命名数据库、复制数据库、更改数据库的字符集。

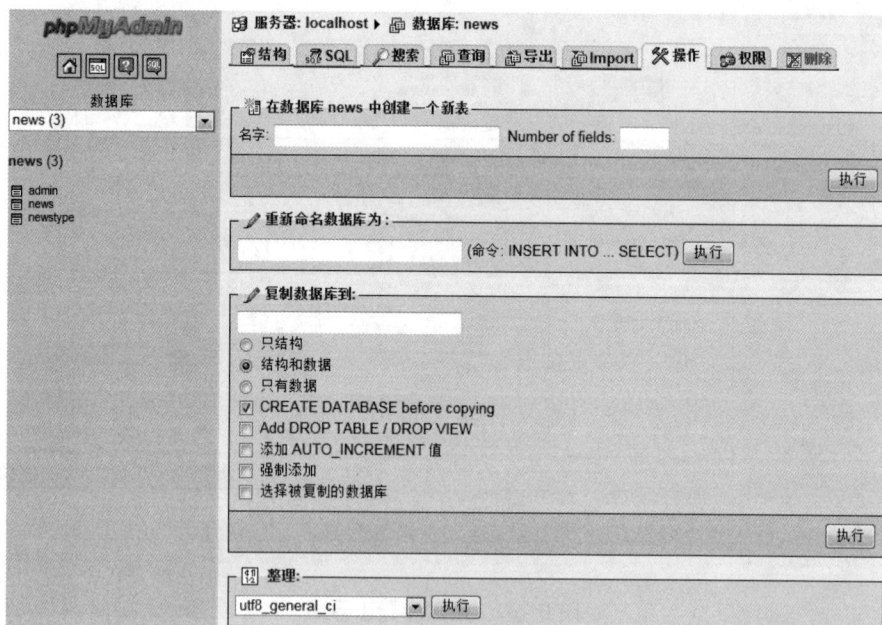

图 6-12　新建表

权限选项卡如图 6–13 所示，可以通过点击此图方框的操作，修改 root 用户的数据库权限和数据库密码。

图 6–13　权限查看

点击操作以后如图 6–14 所示：修改权限、修改密码、修改用户名或者创建用户。

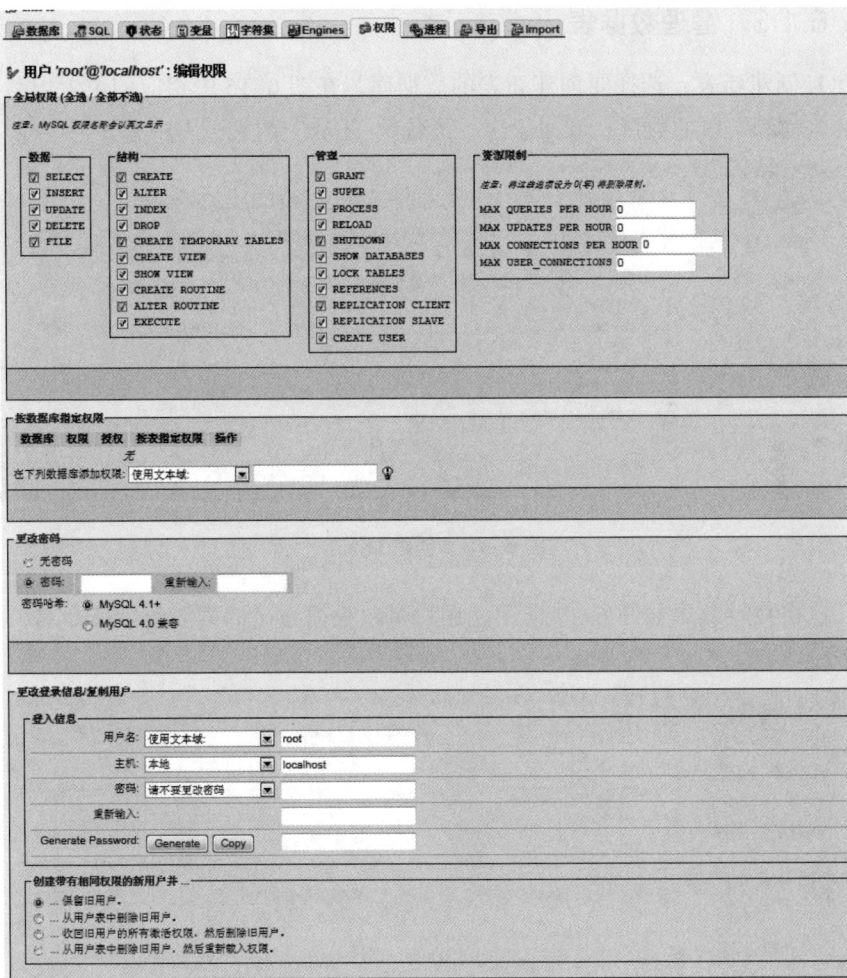

图 6–14　权限修改

点击删除选项卡，对数据库进行删除，并弹出如图 6-15 所示的提示框。

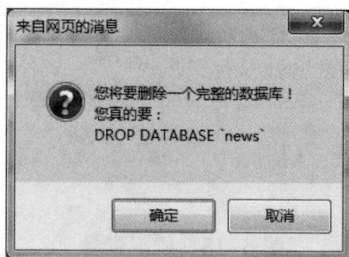

图 6-15 删除数据库

6.1.3 管理数据表

1.创建新表，选择要创建新表的数据库，在图 6-16 中相应的位置填写新表的名称和字段的数量。例如创建一张名为"link"的表，表中有 5 个字段。

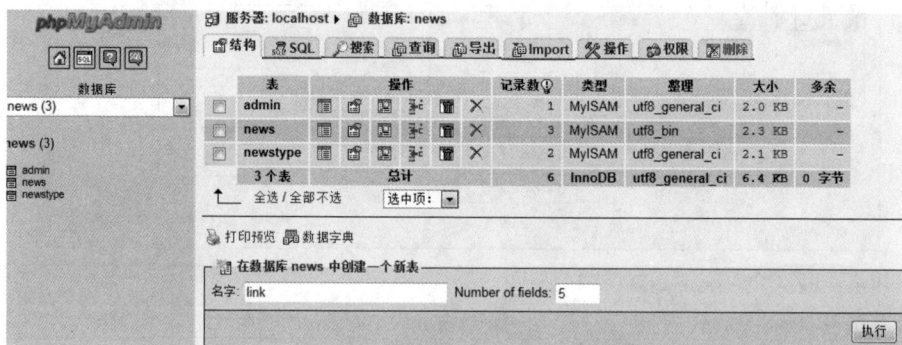

图 6-16 创建 link 表

点击执行效果如图 6-17 所示，用户可以根据自己的需要给字段命名，选择字段类型、长度、字符集。

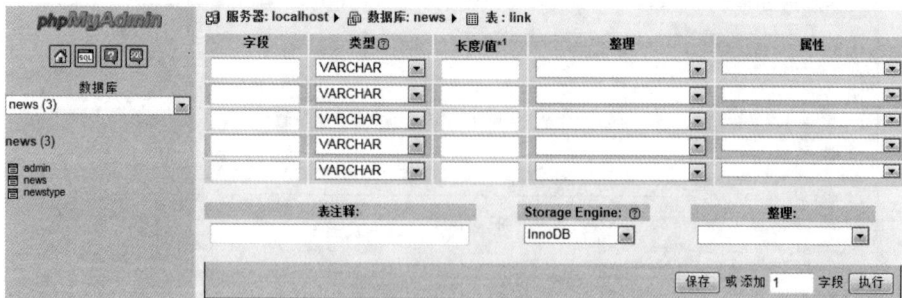

图 6-17 添加字段界面

2. 修改数据表如图 6-18 所示，选择某一张要修改的表，做相应的修改。

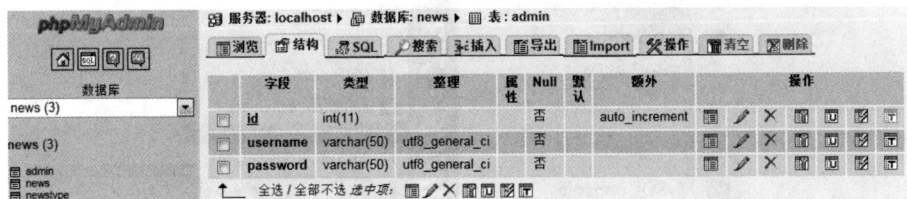

图 6-18　选择要修改的表

3. 数据记录的管理。先选择一张表，然后点击浏览选项卡，就可以查看和操作相应的记录了，如图 6-19 所示。。其中相应的操作与对数据库和表的操作比较相似，此处不再赘述。

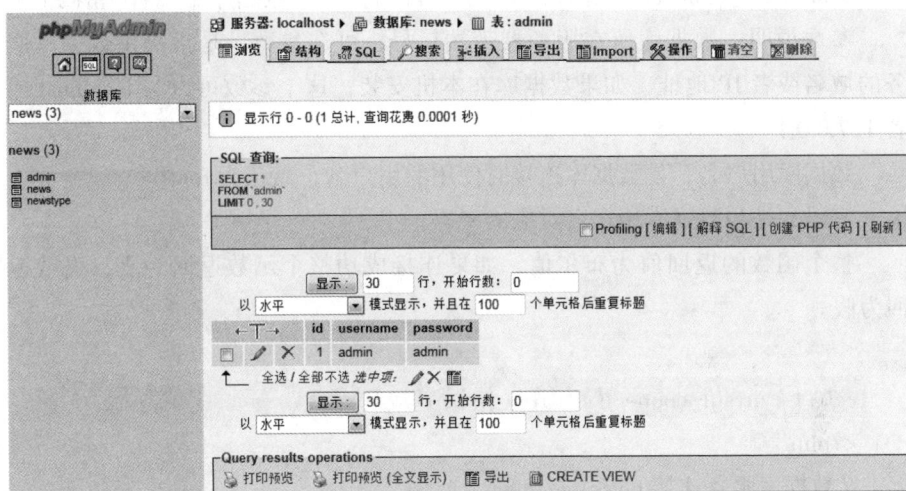

图 6-19　对表进行操作

6.2　PHP 操作数据库

6.2.1　PHP 连接 MySQL 服务

在 PHP 对 MySQL 操作之前，我们要保证要操作的 MySQL 数据库服务正常开启，如图 6-20 所示。

137

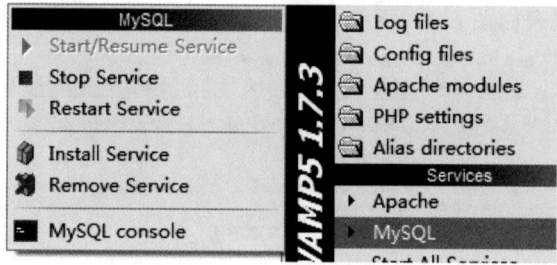

图 6-20　起到数据库服务

然后通过 PHP 的内置函数 mysql_connect( ) 与服务器建立链接，其语法格式为：

bool mysql_connect(数据库所在服务器带端口号 , 数据库用户名 , 密码)

参数说明：数据库所在服务器带端口号，可选参数，是指提供数据库服务的域名或者 IP 地址，如果数据库在本机安装，这个参数可以写 localhost 或者 127.0.0.1。

数据库用户名，是数据库连接时使用的用户名，默认为 root。

密码，是与数据库用户名对应的密码。

整个函数的返回值为布尔值，如果连接成功整个函数返回为真，失败返回为假。

eg6-1 : mysql_connect( ) 使用（错误）

```php
<?php
// 数据库服务连接 mysql_connect
$db_conn_server = mysql_connect("localhost","root","1584");// 数据库服务是本机，所以是 localhost，数据库用户名为 root，密码是 1584，将整个连接的返回值赋予一个变量 $db_conn_server
if ($db_conn_server)// 如果数据库连接成功 $db_conn_server 为真，进入 if 分支，输出数据库连接成功
{
    echo " 数据库服务连接成功 ";
}
 else{// 如果数据库连接不成功进入此分支
 echo ' 不能连接 : ' . mysql_error( );//mysql_error( ) 错误提示函数，告诉我们错在哪里
```

```
    }
mysql_close($db_conn_server);// 关闭数据库连接
    ?>
```

本机的数据库密码为空，例子中的密码是 1584，所以运行结果如下：

Warning: mysql_connect( ) [function.mysql-connect]: Access denied for user 'root'@'localhost' (using password: YES) in F:\wamp\www\xxgl\chapter6\eg6-1.php on line 3

不能连接：Access denied for user 'root'@'localhost' (using password: YES)

Warning: mysql_close( ): supplied argument is not a valid MySQL-Link resource in F:\wamp\www\xxgl\chapter6\eg6-1.php on line 11

说明：有两条警告，第一条是告诉我们拒绝 root 用户连接数据库，第二条警告是数据库连接资源变量 $db_conn_server 无效。原因是密码不正确。可以在 mysql_connect( ) 和 mysql_close( ) 之前加上错误抑制符 @, 警告信息将不会出现。运行结果如下：

不能连接：Access denied for user 'root'@'localhost' (using password: YES)

eg6-2：mysql_connect( ) 使用（正确）

```
<?php
// 数据库服务连接 mysql_connect
$db_conn_server = mysql_connect("localhost","root","");// 数据库服务是本
机，所以是 localhost，数据库用户名为 root，密码是空，将整个连接的返回值
赋予一个变量 $db_conn_server
if ($db_conn_server)// 如果数据库连接成功 $db_conn_server 为真，进入 if
分支，输出数据库连接成功
    {
        echo " 数据库服务连接成功 ";
    }
    else{// 如果数据库连接不成功进入此分支
    echo ' 不能连接：' . mysql_error( );//mysql_error( ) 错误提示函数，告诉我
们错在哪里。
    }
mysql_close($db_conn_server);// 关闭数据库连接
    ?>
```

程序运行结果如下：

数据库服务连接成功

6.2.2 选择操作的数据库

连接上数据库服务器以后，我们要对具体操作的某一个数据库进行选定，使用 mysql_select_db( ) 函数，其语法格式为：

mysql_select_db(要选择的数据库名称 , 数据库连接服务变量)

参数说明：

要选择的数据库名称，为必选参数，是要选定的数据库的名称。

数据库连接服务变量，为必选参数，是连接数据库服务的变量。

eg6-3：mysql_select_db( ) 数据库选择

```php
<?php
// 数据库服务连接 mysql_connect
$db_conn_server = mysql_connect("localhost","root","");
if ($db_conn_server)// 如果数据库连接成功 $db_conn_server 为真，进入 if
分支，输出数据库连接成功
{
    mysql_select_db('bsncweb',$db_conn_server);// 选择 bsncweb 数据库
}
 else{// 如果数据库连接不成功进入此分支
 echo ' 不能连接：' . mysql_error( );//mysql_error( ) 错误提示函数，告诉我
们错在哪里。
 }
mysql_close($db_conn_server);// 关闭数据库连接
?>
```

6.2.3 PHP 操作数据库

数据库连接选择成功以后，我们就可以对数据库中的记录进行增、删、改、查（insert、delete、update 和 select 语句）了。PHP 执行 sql 语句时需要用 mysql_query( ) 函数实现，函数执行一条 sql 语句，其语法格式如下：

mysql_query(sql 语句 , 数据库连接变量)

参数说明：

sql 语句，必须参数，要操作的 sql 语句字符串的变量；注意，查询字符串应以分号结束。

eg6-4: mysql_query( )

```php
<?php
// 为了避免代码重复书写，将 eg6-3.php（已经成功连接数据库）引入进来
include 'eg6-3.php';
$select_sql="select * from jos_content";// 查询 bsncweb 数据库中，jos_content 表中的数据
$select_result=mysql_query($select_sql,$db_conn_server);
echo ' 影响的记录是 '. mysql_num_rows($select_result);//mysql_num_rows( )，返回的是 sql 语句影响的数据记录数，此时返回 564，说明执行成功
mysql_close($db_conn_server);// 关闭数据库连接
?>
```

程序执行结果如下：

影响的记录是 564

6.2.4　处理执行的结果集

PHP 中在使用 mysql_query( ) 执行 select 查询语句时，会产生一个结果集，通常使用 mysql_fetch_row( )、mysql_fetch_array( ) 和 mysql_fetch_assoc( )、mysql_fetch_object( ) 四种函数进行，我们只对常用的前两个做详细介绍。

1.mysql_fetch_row( ) 函数

mysql_fetch_row(结果集)，结果集是执行 select 查询语句后的获得的资源类型，例如上例中的 $select_result=mysql_query($select_sql,$db_conn_server) 中的 $select_result。

eg6-5: mysql_fetch_row( )

```php
<?php
// 为了避免代码重复书写，将 eg6-3.php（已经成功连接数据库）引入进来
include 'eg6-3.php';
```

$select_sql="select * from jos_content";// 查询 bsncweb 数据库中，jos_content
表中的数据

$select_result=mysql_query($select_sql,$db_conn_server); if(mysql_num_rows($select_result)){// 将影响的记录数作为判断条件，只要有记录条件就为真

　　$select_row=mysql_fetch_row($select_result);// 将取到的结果集传递给
$select_row

　　print_r($select_row);// 输出其结构

}

mysql_close($db_conn_server);// 关闭数据库连接

?>

其运行结果如下：

Array ([0] => 199 [1] => ?????? [2] => 2010-04-21-09-33-56 [3] =>

??????

◆ ?????????????????? ◆ ?????????

2009?7???
???
??? ◆

??????????????????????????????????????? ◆ ?? 棗 ????????????????????????????????????
?????????????????????????????? ◆

?????????????????????????? ◆　??????????????　◆　?????????????????????　◆
????????????????????? ◆ ?????

◆

餞餞餞餞餞餞餞餞餞餞 ?????????? ◆

◆

◆

◆

◆

[4] => 25 [5] => 90)

我们发现输出的是数组，并且在输出时所有的中文都为乱码，这时我
们需要加入一条语句 mysql_query ("SET NAMES GBk"); 解决数据库中的中文
乱码。

eg6-6: mysql_fetch_row( )

```php
<?php
// 为了避免代码重复书写，将 eg6-3.php（已经成功连接数据库）引入进来
include 'eg6-3.php';
mysql_query ("SET NAMES GBk");// 注意这个设置要根据自己的环境编码
来确定
$select_sql="select * from jos_content";// 查询 bsncweb 数据库中，jos_
content 表中的数据
$select_result=mysql_query($select_sql,$db_conn_server);
if(mysql_num_rows($select_result)){// 将影响的记录数作为判断条件，只要
有记录条件就为真
    $select_row=mysql_fetch_row($select_result);// 将取到的结果集传递给
$select_row
    print_r($select_row);// 输出其结构
}

mysql_close($db_conn_server);// 关闭数据库连接
?>
```

程序运行结果如下：

Array ([0] => 199 [1] => 保山学院研究 [2] => 2010-04-21-09-33-56 [3] =>
保山学院研究

"中国保山沿边开放试验示范区建设"问题取得阶段性成果

2009 年 7 月，胡锦涛视察云南工作时，明确提出要把云南建成中国面向西南开放的桥头堡，这是云南对外开放的重大历史机遇。走向南亚，挺进南亚，保山可谓顺天时、占地利、谋人和，无论从历史和现实基础、区位和文化优势来看，保山作为面向南亚第一市的桥头堡，是云南其他地区无法替代的。为进一步推动保山对外开放，发挥在桥头堡建设中的作用。最近，保山学院党委书记杨杰同志组织学院有关专家学者，通过深入调查研究和多方论证，认为在保山建设沿边开放试验示范区，符合中央精神和省委、省政府要求，意义重大，时机成熟，条件基本具备。

研究小组已经初步形成《关于建设中国保山沿边开放试验示范区的建议》和《关于举办中国·保山——南亚国家商品展的建议》材料，并及时报市委、市政府、市委宣传部、市委政研室、市政府研究室和保山日报社，供市委、市

› › 信息管理系统应用与开发

政府决策参考和有关部门使用。

另外研究小组已经申请云南省政府系统决策咨询研究项目"保山沿边开放试验示范区建设研究"课题。近日,党委书记杨杰同志将在学院做"建设保山沿边开放实验示范区的战略思考"学术讲座。

二〇一〇年四月二十一日？

[4] => 25 [5] => 90)

此时中文显示已经正常,我们将执行的结果集进行复制,并执行如下。

eg6-7：再执行一次取结果集

```
<?php
// 为了避免代码重复书写,将 eg6-3.php（已经成功连接数据库）引入
进来
include 'eg6-3.php';
mysql_query（"SET NAMES GBk");// 注意这个设置要根据自己的环境编码
来确定
$select_sql="select * from jos_content";// 查询 bsncweb 数据库中,jos_
content 表中的数据
$select_result=mysql_query($select_sql,$db_conn_server);
if(mysql_num_rows($select_result)){// 将影响的记录数作为判断条件,只要
有记录条件就为真
    $select_row=mysql_fetch_row($select_result);// 将取到的结果集传递给
$select_row
    $select_row=mysql_fetch_row($select_result);// 复制上句操作
    print_r( $select_row);// 输出其结构
}
echo '<br>';
echo '<br>';
echo $select_row[0].$select_row[1].$select_row[2];
mysql_close($db_conn_server);// 关闭数据库连接
?> 执行结果为:
```

Array ([0] => 196 [1] => 保山学院为青海玉树地震遇难同胞举行哀悼活动的通知 [2] => 2010-04-21-01-05-40 [3] =>

144

各系各部门：

根据《国务院办公厅关于为青海玉树地震遇难同胞举行全国哀悼活动的通知》要求，为表达全院师生员工对青海玉树地震遇难同胞的深切哀悼，2010年 4 月 21 日举行哀悼活动，下半旗志哀，全院停止公共娱乐活动，以各种方式表示哀悼。请各系各部门认真遵照执行。

保山学院

二〇一〇年四月二十日

[4] => 25 [5] => 90)

196 保山学院为青海玉树地震遇难同胞举行哀悼活动的通知 2010-04-21-01-05-40

说明：我们从上面可以看出，两次执行的结果并不一样，而两个结果是什么关系呢？

			id	title	alias	introtext
✓	✎	✗	199	保山学院研究	2010-04-21-09-33-56	\<p>\<span style="font-size: 16pt; color: #333333; l...
✓	✎	✗	196	保山学院为青海玉树地震遇难同胞举行哀悼活动的通知	2010-04-21-01-05-40	\<p>各系各部门: \</p>\<p>根据《国务院办公厅关于为青海玉树地震遇难同胞举行全国哀悼的通...
☐	✎	✗	2245	英语系学生专升本成绩	2012-07-03-15-23-54	\<p class="MsoNormal" style="margin: 0cm 0cm 0pt; t...
☐	✎	✗	2270	全系党会	2012-09-13-12-59-23	\<p style="text-indent: 217pt">\<b style="mso-bidi-f...
☐	✎	✗	378	云南省2010年选聘高校毕业生到村任职工作公告	2010	\<div>为贯彻落实党的十七大、十七届三中、四中全会和省委八届七次、八次全委会精神，...
☐	✎	✗	2205	瑞丽国际珠宝翡翠学校招聘信息	2012-06-30-12-46-54	\<p class="MsoNormal" style="margin: 0cm 0cm 0pt; t...
☐	✎	✗	2207	昆明凡思科技有限公司招聘信息	2012-06-30-12-57-36	\<p class="MsoNormal" style="margin: 0cm 0cm 0pt; t...
☐	✎	✗	2208	保山中远房地产开发有限公司招聘启事	2012-06-30-13-02-23	\<p class="MsoNormal" style="margin: 0cm 0cm 0pt; t...
☐	✎	✗	2209	保山宝峰房地产开发公司招聘启事	2012-06-30-13-10-18	\<p class="MsoNormal" style="margin: 0cm 0cm 0pt; t...
☐	✎	✗	2210	Fair Gain Int.Ltd 招聘信息	fair-gain-intltd-	\<p class="MsoNormal" style="margin: 0cm 0cm 0pt; t...
☐	✎	✗	2211	东方慧人酒店工作网招聘信息	2012-06-30-13-21-08	\<p class="MsoNormal" style="margin: 0cm 0cm 0pt; t...
☐	✎	✗	2212	保山兰都酒店管理有限责任公司	2012-06-30-13-27-39	\<p class="MsoNormal" style="margin: 0cm 0cm 0pt; t...
☐	✎	✗	2213	腾冲世纪金源大饭店	2012-06-30-13-32-03	\<p class="MsoNormal" style="margin: 0cm 0cm 0pt; t...
☐	✎	✗	2214	招聘信息	2012-06-30-13-36-37	\<p class="MsoNormal" style="margin: 0cm 0cm 0pt; t...
☐	✎	✗	2215	伊利集团液态奶事业部招聘信息	2012-06-30-13-56-07	\<p class="MsoNormal" style="margin: 0cm 0cm 0pt; t...
☐	✎	✗	2216	广东雷emin朝阳旗长信息	2012-06-30-14-05-23	\<p class="MsoNormal" style="margin: 0cm 0cm 0pt; l...
☐	✎	✗	2217	阿拉丁外语学校招聘通知	2012-06-30-14-14-03	\<p class="MsoNormal" style="margin: 0cm 0cm 0pt; l...
☐	✎	✗	2218	08新生分班情况	08	\<p class="MsoNormal" style="margin: 0cm 0cm 0pt; l...

图 6-21 数据列表

由图 2-21 可以看出，是两条相邻的记录，第一次执行时是 id=199 的记录，第二次执行时是 id=196 的记录。

每个结果的列储存在一个数组的单元中，下标从 0 开始。依次调用 mysql_fetch_row( ) 将返回结果集中的下一记录，如果没有更多行则返回。

2.mysql_fetch_array( )

和 mysql_fetch_row 的用法一样，都是从结果集中取得一条记录，不同的是 mysql_fetch_row 返回的数组中，只能以 0，1，2 等数字作为调用数组值的下标，而 mysql_fetch_array( ) 返回的数组既可以将数字作为数组下标，还可以将数据表中的字段名作为数组的下标进行调用。

其语法格式如下：

mysql_fetch_array(结果集 , 调用类型)

参数说明：

结果集，mysql_query( ) 函数产生的结果集。

调用类型，可选。规定返回哪种结果，有以下几种情况可以选择：

MYSQL_ASSOC – 数据库字段

MYSQL_NUM – 数字

MYSQL_BOTH – 默认同时产生数据库字段和数字数组

eg6-8：mysql_fetch_array( ) 的应用

```php
<?php
// 为了避免代码重复书写，将 eg6-3.php（已经成功连接数据库）引入
进来
include 'eg6-3.php';
mysql_query ("SET NAMES GBk");// 注意这个设置要根据自己的环境编码
来确定
$select_sql="select * from jos_content";// 查询 bsncweb 数据库中，jos_
content 表中的数据
$select_result=mysql_query($select_sql,$db_conn_server);
if(mysql_num_rows($select_result)){// 将影响的记录数作为判断条件，只要
有记录条件就为真
    $select_row=mysql_fetch_array($select_result);// 将取到的结果集传递给
$select_row
    print_r( $select_row);// 输出其结构
}
echo '<br>';
echo '<br>';
echo  $select_row[0].$select_row[1].$select_row[2];
echo '<br>';
echo '<br>';
echo $select_row['id'].$select_row['title'].$select_row['alias'];
mysql_close($db_conn_server);// 关闭数据库连接
?>
```

程序执行结果如下：

Array ([0] => 199 [id] => 199 [1] => 保山学院研究 [title] => 保山学院研究 [2] => 2010-04-21-09-33-56 [alias] => 2010-04-21-09-33-56 [3] =>

保山学院研究

"中国保山沿边开放试验示范区建设"问题取得阶段性成果

2009 年 7 月，胡锦涛视察云南工作时，明确提出要把云南建成中国面向西南开放的桥头堡，这是云南对外开放的重大历史机遇。走向南亚，挺进南亚，保山可谓顺天时、占地利、谋人和，无论从历史和现实基础、区位和文化优势来看，保山作为面向南亚第一市的桥头堡，是云南其他地区无法替代的。为进一步推动保山对外开放，发挥在桥头堡建设中的作用。最近，保山学院党委书记杨杰同志组织学院有关专家学者，通过深入调查研究和多方论证，认为在保山建设沿边开放试验示范区，符合中央精神和省委、省政府要求，意义重大，时机成熟，条件基本具备。

研究小组已经初步形成《关于建设中国保山沿边开放试验示范区的建议》和《关于举办中国·保山——南亚国家商品展的建议》材料，并及时报市委、市政府、市委宣传部、市委政研室、市政府研究室和保山日报社，供市委、市政府决策参考和有关部门使用。

另外研究小组已经申请云南省政府系统决策咨询研究项目"保山沿边开放试验示范区建设研究"课题。近日，党委书记杨杰同志将在学院做"建设保山沿边开放实验示范区的战略思考"学术讲座。

二〇一〇年四月二十一日

[introtext] =>

保山学院研究

"中国保山沿边开放试验示范区建设"问题取得阶段性成果

2009 年 7 月，胡锦涛总书记视察云南工作时，明确提出要把云南建成中国面向西南开放的桥头堡，这是云南对外开放的重大历史机遇。走向南亚，挺进南亚，保山可谓顺天时、占地利、谋人和，无论从历史和现实基础、区位和文化优势来看，保山作为面向南亚第一市的桥头堡，是云南其他地区无法替代的。为进一步推动保山对外开放，发挥在桥头堡建设中的作用。最近，保山学院党委书记杨杰同志组织学院有关专家学者，通过深入调查研究和多方论证，认为在保山建设沿边开放试验示范区，符合中央精神和省委、省政府要求，意义重大，时机成熟，条件基本具备。

研究小组已经初步形成《关于建设中国保山沿边开放试验示范区的建议》和《关于举办中国·保山——南亚国家商品展的建议》材料，并及时报市委、市政府、市委宣传部、市委政研室、市政府研究室和保山日报社，供市委、市政府决策参考和有关部门使用。

另外研究小组已经申请云南省政府系统决策咨询研究项目"保山沿边开放试验示范区建设研究"课题。近日，党委书记杨杰同志将在学院做"建设保山沿边开放实验示范区的战略思考"学术讲座。

二〇一〇年四月二十一日？

[4] => 25 [sectionid] => 25 [5] => 90 [catid] => 90)

199 保山学院研究 2010-04-21-09-33-56

199 保山学院研究 2010-04-21-09-33-56

说明：我们发现内容都输出了两次，是因为 mysql_fetch_array( ) 将数字和字段的数组结构都输出来了。

3.html 与 php 混用将查询的多个记录都输出来

在 html 中使用 php 语句，要有 php 语句的开始和结束的标记，并将 php 语句放入到标记中。

eg6-9：用循环的方式输出结果集中的多条记录

```
<?php
// 为了避免代码重复书写，将 eg6-3.php（已经成功连接数据库）引入进来
include 'eg6-3.php';
mysql_query ("SET NAMES GBk");// 注意这个设置要根据自己的环境编码来确定
$select_sql="select * from jos_content";// 查询 bsncweb 数据库中，jos_content 表中的数据
$select_result=mysql_query($select_sql,$db_conn_server); mysql_close($db_conn_server);// 关闭数据库连接
?>
<!DOCTYPE html PUBLIC "-//W3C//DTD XHTML 1.0 Transitional//EN"
```

```
"http://www.w3.org/TR/xhtml1/DTD/xhtml1-transitional.dtd">
    <html xmlns="http://www.w3.org/1999/xhtml">
    <head>
    <meta http-equiv="Content-Type" content="text/html; charset=GBK" />
    <title> 新闻记录 </title>
    </head>

    <body>
    <table width="800" border="1" cellspacing="0" cellpadding="0">
     <tr>
      <td> 新闻 id</td>
      <td> 新闻标题 </td>
      <td> 发布时间 </td>
     </tr>
     <?php
        while($select_row=mysql_fetch_array($select_result)){
```
// 因为要显示多行数据，所以在这用了循环，注意循环中的条件是一个赋值表达式，只要 $select_row 不为空就要执行循环体，当数据遍历结束后就为空循环结束，注意这个循环的摆放位置要根据自己程序的需要，此程序需要对行进行循环
```
     ?>
     <tr>
       <td><?php echo $select_row['id'];
```
// 用字段名作为数组的下标，在单元格中输出，并且是 php 语句所以要加上 php 标记 ?></td>
```
       <td><?php echo $select_row['title']?></td>
       <td><?php echo substr($select_row['alias'],0,10);
```
// 用 substr 取时间子串 ?></td>
```
     </tr>
     <?php }
```
//while 循环的结束，注意这个 } 是 php 的 while 的结尾，所以要在 php 标记中 ?>
```
    </table>
    </body>
    </html>
```
程序运行结果如图 6-22 所示。效果：

2215	伊利集团液态奶事业部招聘信息	2012-06-30
2216	广东省顺德朝阳棋院招聘信息	2012-06-30
2217	阿拉丁外语学校招聘通知	2012-06-30
2218	08新生分班情况	08
2219	腾冲迪斯尼外语学校在英语系招聘毕业生	2012-06-30
2220	阿拉丁英语学校在英语系招聘毕业生	2012-06-30
2221	2008年英语系招生计划	2008
2224	阿萨斯	2012-07-02
2225	外国语学院举行升国旗仪式	2012-06-28
2226	疯狂英语学校招聘工作开始	2012-06-28
2227	09年就业辅导工作系列之就业信息讲座	09
2228	09年就业辅导工作系列之劳动合同法讲座	09
2229	木咏梅讲座"童话之国——丹麦"	2012-06-28
2230	朗诵中华经典展风采	2012-06-28
2231	应届毕业生入伍服义务兵役政策五十问	2012-07-03
2232	《国家促进普通高校毕业生就业政策百问》	2012-07-03
2233	云南省鼓励创业"贷免扶补"政策问答	2012-07-03
2234	云南省鼓励创业"贷免扶补"政策问答	2012-07-03
2235	课程资源	2012-07-03
2236	禁毒防艾活动安排	2012-07-03
2237	辅导教师安排	2012-07-03
2238	专升本录取名单	2012-07-03
472	关于做好2010年保山学院"红云园丁奖"、"红河助学金"申报工作的通知	2010
2249	外国语学院进行了2012级新生入学教育	-2012
2250	外国语学院发挥学生党员先锋模范作用的措施	2012-09-09
2248	外国语学院简介	2012-09-10
2258	外国语学院简介	2012-09-10
2251	保山学院外国语学院关于发展党员工作的具体规定	2012-09-09
2254	保山学院外国语学院实习生党员管理办法	2012-09-09
2255	保山学院外国语学院党总支学生第一支部承诺书	2012-09-09
2256	外国语学院积极分子、党员活动开展方案	2012-09-09
2257	保山学院外国语学院召开新进教师岗务培训	2012-09-10
2259	保山师专英语系值周教师职责	2012-09-13
2260	班主任考核办法	2012-09-13
2261	班主任工作职责	2012-09-13
2262	2011卡拉OK比赛	2011ok
2268	08年3月-09年1月活动安排	083-091

图 6-22　浏览器端数据列表

6.2.5　用 PHP 增加数据库中的记录

通过 PHP 运行 sql 语句，实现记录的增加，增加记录的语句如下：

$insert_sql=" insert into 表名 (字段 1, 字段 2, 字段 3) values(字段 1 的值 , 字段 2 的值 , 字段 3 的值)"

eg6-10：插入一条记录

```php
<?php
```

// 为了避免代码重复书写，将 eg6-3.php（已经成功连接数据库）引入进来

include 'eg6-3.php';

mysql_query ("SET NAMES GBk");// 注意这个设置要根据自己的环境编码来确定

$select_sql="select * from jos_content";// 查询 bsncweb 数据库中，jos_content 表中的数据

$insert_sql="insert into jos_content(title,alias,introtext,sectionid,catid) values('2020 年中心组理论学习 ','2020-05-04',' 中心组理论学习 ',31,97)";// 将一条新的记录插入 jos_content 表中

mysql_query($insert_sql);// 执行插入的 sql 语句，插入一条记录

$select_result=mysql_query($select_sql,$db_conn_server);

mysql_close($db_conn_server);// 关闭数据库连接

?>

<!DOCTYPE html PUBLIC "-//W3C//DTD XHTML 1.0 Transitional//EN" "http://www.w3.org/TR/xhtml1/DTD/xhtml1-transitional.dtd">

<html xmlns="http://www.w3.org/1999/xhtml">

<head>

<meta http-equiv="Content-Type" content="text/html; charset=GBK" />

<title> 新闻记录 </title>

</head>

<body>

<table width="800" border="1" cellspacing="0" cellpadding="0">

　<tr>

　　<td> 新闻 id</td>

　　<td> 新闻标题 </td>

　　<td> 发布时间 </td>

　</tr>

　<?php

　　while($select_row=mysql_fetch_array($select_result)){// 因为要显示多行数据，所以在这用了循环，注意循环中的条件是一个赋值表达式，只要 $select_row 不为空就要执行循环体，当数据遍历结束后就为空循环结束，注意这个循环的摆放位置要根据自己程序的需要，此程序需要对行进行循环。

　　?>

　<tr>

　　<td><?php echo $select_row['id'];// 用字段名作为数组的下标，在单元格中输出，并且是 php 语句所以要加上 php 标记 ?></td>

151

<td><?php echo $select_row['title']?></td>

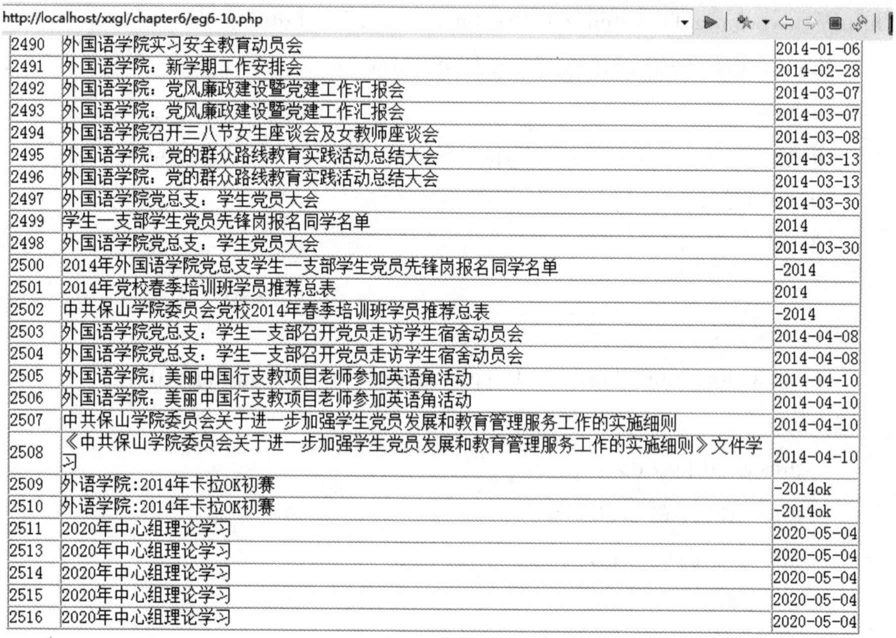

<td><?php echo substr($select_row['alias'],0,10);// 用 substr 取时间子串 ?></td>

</tr>

<?php }//while 循环的结束，注意这个 } 是 php 的 while 的结尾，所以要在 php 标记中 ?>

</table>

</body>

</html>

程序运行结果如下：

图 6-23　程序运行结果

由于运行了 5 次，所以同一条记录插入 5 条。

6.2.6　用 PHP 修改数据库中的记录

通过 PHP 执行 update 语句，完成数据更新。

UPDATE 表名 SET 字段 1=' 修改的字段的值 ', 字段 2=' 修改的字段的值 ' where 字段 =' 字段的值 '

eg6-11：修改一条记录

```php
<?php
// 为了避免代码重复书写，将 eg6-3.php（已经成功连接数据库）引入
进来
include 'eg6-3.php';
mysql_query（"SET NAMES GBk"）;// 注意这个设置要根据自己的环境编码
来确定
$select_sql="select * from jos_content";// 查询 bsncweb 数据库中，jos_content
表中的数据
$update_sql="update jos_content set title=' 修改的中心组理论学习 ', alias=
'2020-05-03' where id=2514";// 修改 id 为 2514 的文章标题
mysql_query($update_sql);// 修改 id=2514 的记录标题
$select_result=mysql_query($select_sql,$db_conn_server); mysql_close($db_
conn_server);// 关闭数据库连接
?>
<!DOCTYPE html PUBLIC "-//W3C//DTD XHTML 1.0 Transitional//EN"
"http://www.w3.org/TR/xhtml1/DTD/xhtml1-transitional.dtd">
<html xmlns="http://www.w3.org/1999/xhtml">
<head>
<meta http-equiv="Content-Type" content="text/html; charset=GBK" />
<title> 新闻记录 </title>
</head>


<body>
<table width="800" border="1" cellspacing="0" cellpadding="0">
  <tr>
    <td> 新闻 id</td>
    <td> 新闻标题 </td>
    <td> 发布时间 </td>
  </tr>
<?php
    while($select_row=mysql_fetch_array($select_result)){// 因为要显示多行数
据，所以在这用了循环，注意循环中的条件是一个赋值表达式，只要 $select_
```

row 不为空就要执行循环体，当数据遍历结束后就为空循环结束，注意这个循环的摆放位置要根据自己程序的需要，此程序需要对行进行循环

```
?>
<tr>
    <td><?php echo $select_row['id'];// 用字段名作为数组的下标，在单元格
中输出，并且是 php 语句所以要加上 php 标记 ?></td>
    <td><?php echo $select_row['title']?></td>
    <td><?php echo substr($select_row['alias'],0,10);// 用 substr 取 时 间 子
串 ?></td>
    </tr>
    <?php }//while 循环的结束，注意这个 } 是 php 的 while 的结尾，所以要
在 php 标记中 ?>
</table>
</body>
</html>
```

程序运行结果如图 6-24 所示。

http://localhost/xxgl/chapter6/eg6-11.php		
2492	外国语学院：党风廉政建设暨党建工作汇报会	2014-03-07
2493	外国语学院：党风廉政建设暨党建工作汇报会	2014-03-07
2494	外国语学院召开三八节女生座谈会及女教师座谈会	2014-03-08
2495	外国语学院：党的群众路线教育实践活动总结大会	2014-03-13
2496	外国语学院：党的群众路线教育实践活动总结大会	2014-03-13
2497	外国语学院党总支：学生党员大会	2014-03-30
2499	学生一支部学生党员先锋岗报名同学名单	2014
2498	外国语学院党总支：学生党员大会	2014-03-30
2500	2014年外国语学院党总支学生一支部学生党员先锋岗报名同学名单	-2014
2501	2014年党校春季培训班学员推荐总表	2014
2502	中共保山学院委员会党校2014年春季培训班学员推荐总表	-2014
2503	外国语学院党总支：学生一支部召开党员走访学生宿舍动员会	2014-04-08
2504	外国语学院党总支：学生一支部召开党员走访学生宿舍动员会	2014-04-08
2505	外国语学院：美丽中国行支教项目老师参加英语角活动	2014-04-10
2506	外国语学院：美丽中国行支教项目老师参加英语角活动	2014-04-10
2507	中共保山学院委员会关于进一步加强学生党员发展和教育管理服务工作的实施细则	2014-04-10
2508	《中共保山学院委员会关于进一步加强学生党员发展和教育管理服务工作的实施细则》文件学习	2014-04-10
2509	外语学院:2014年卡拉OK初赛	-2014ok
2510	外语学院:2014年卡拉OK初赛	-2014ok
2511	2020年中心组理论学习	2020-05-04
2513	2020年中心组理论学习	2020-05-04
2514	修改的中心组理论学习	2020-05-03
2515	2020年中心组理论学习	2020-05-04
2516	2020年中心组理论学习	2020-05-04
2517	2020年中心组理论学习	2020-05-04
2518	2020年中心组理论学习	2020-05-04

图 6-24 程序运行结果

id 为 2514 的标题已经修改

6.2.7　用 PHP 删除数据库中的记录

通过 PHP 将执行 delete 语句，完成数据删除。

delete from 表名 where 字段 = 字段值

eg6-13：删除数据库中的记录

```php
<?php
// 为了避免代码重复书写，将 eg6-3.php（已经成功连接数据库）引入进来
include 'eg6-3.php';
mysql_query ("SET NAMES GBk");// 注意这个设置要根据自己的环境编码
来确定
$select_sql="select * from jos_content";// 查询 bsncweb 数据库中，jos_
content 表中的数据
$delete_sql="delete from jos_content  where id=2516";// 将 id 为 2516 的文
章删除
mysql_query($delete_sql);// 删除 id=2516 的记录
$select_result=mysql_query($select_sql,$db_conn_server);
mysql_close($db_conn_server);// 关闭数据库连接
?>
<!DOCTYPE html PUBLIC "-//W3C//DTD XHTML 1.0 Transitional//EN"
"http://www.w3.org/TR/xhtml1/DTD/xhtml1-transitional.dtd">
<html xmlns="http://www.w3.org/1999/xhtml">
<head>
<meta http-equiv="Content-Type" content="text/html; charset=GBK" />
<title> 新闻记录 </title>
</head>

<body>
<table width="800" border="1" cellspacing="0" cellpadding="0">
 <tr>
  <td> 新闻 id</td>
  <td> 新闻标题 </td>
  <td> 发布时间 </td>
```

155

```
        </tr>
        <?php
```

while($select_row=mysql_fetch_array($select_result)){// 因为要显示多行数据，所以在这用了循环，注意循环中的条件是一个赋值表达式，只要 $select_row 不为空就要执行循环体，当数据遍历结束后就为空循环结束，注意这个循环的摆放位置要根据自己程序的需要，此程序需要对行进行循环

```
        ?>
        <tr>
        <td><?php echo $select_row['id'];// 用字段名作为数组的下标，在单元格
```
中输出，并且是 php 语句所以要加上 php 标记 ?></td>

```
        <td><?php echo $select_row['title']?></td>
        <td><?php echo substr($select_row['alias'],0,10);// 用 substr 取 时 间 子
```
串 ?></td>

```
        </tr>
        <?php }//while 循环的结束，注意这个 } 是 php 的 while 的结尾，所以要
```
在 php 标记中 ?>

```
        </table>
        </body>
        </html>
```

程序运行结果如图 6-25 所示。

http://localhost/xxgl/chapter6/eg6-12.php		▾ ▶ ⁕ ▾ ⇦ ⇨ ▣ ⬚
2491	外国语学院：新学期工作安排会	2014-02-28
2492	外国语学院：党风廉政建设暨党建工作汇报会	2014-03-07
2493	外国语学院：党风廉政建设暨党建工作汇报会	2014-03-07
2494	外国语学院召开三八节女生座谈会及女教师座谈会	2014-03-08
2495	外国语学院：党的群众路线教育实践活动总结大会	2014-03-13
2496	外国语学院：党的群众路线教育实践活动总结大会	2014-03-13
2497	外国语学院党总支：学生党员大会	2014-03-30
2499	学生一支部学生党员先锋岗报名同学名单	2014
2498	外国语学院党总支：学生党员大会	2014-03-30
2500	2014年外国语学院党总支学生一支部学生党员先锋岗报名同学名单	-2014
2501	2014年党校春季培训班学员推荐总表	2014
2502	中共保山学院委员会党校2014年春季培训班学员推荐总表	-2014
2503	外国语学院党总支：学生一支部召开党员走访学生宿舍动员会	2014-04-08
2504	外国语学院党总支：学生一支部召开党员走访学生宿舍动员会	2014-04-08
2505	外国语学院：美丽中国行支教项目老师参加英语角活动	2014-04-10
2506	外国语学院：美丽中国行支教项目老师参加英语角活动	2014-04-10
2507	中共保山学院委员会关于进一步加强学生党员发展和教育管理服务工作的实施细则	2014-04-10
2508	《中共保山学院委员会关于进一步加强学生党员发展和教育管理服务工作的实施细则》文件学习	2014-04-10
2509	外语学院:2014年卡拉OK初赛	-2014ok
2510	外语学院:2014年卡拉OK初赛	-2014ok
2511	2020年中心组理论学习	2020-05-04
2513	2020年中心组理论学习	2020-05-04
2514	修改的中心组理论学习	2020-05-03
2515	2020年中心组理论学习	2020-05-04
2517	2020年中心组理论学习	2020-05-04
2518	2020年中心组理论学习	2020-05-04

图 6-25　程序运行结果

id 为 2516 的记录已经删除。

第7章 综合案例

7.1 简单的文字考试系统

文字考试系统的开发背景是某某市中级人民法院招录书记员考试，根据法院招录用人要求，本考试分为两个部分，听录音打字和看图打字，要求必须现场出成绩。听录音打字现场播放 3 遍。

该系统的结构文件及其说明见表 7-1。

表 7-1 系统文件结构表

文件名称	文件说明
Fayuan_session	用来存储用户登录的 session 值
login.php	考试登录界面，有系统 logo，文字说明，考试说明，输入准考证号，考生姓名，验证码
verify.php	登录的数据验证，准考证号，姓名和验证码的对比
index.php	答题节目和文件
yzm.php	验证码文件
chengji.php	答题以后的成绩列表
rank.php	排序以后的成绩表
listen.txt	听力打字的答案
abc.txt	看图打字的答案
abc.png	看图打字的图
logo.png	考试系统的 logo

数据库的设计：数据库名称为 fayuan，里面的表只有一张即可，表名为 chengji，其结构见表 7-2。

表 7-2 chengji 表字段

字段名	类型	字段说明
sno	VARCHAR（20）	准考证号
name	VARCHAR（20）	姓名
danwei	VARCHAR（50）	报考单位
gangwei	VARCHAR（50）	报考岗位
gangweidm	VARCHAR（20）	岗位代码
score	double	笔试成绩
scorezh	double	笔试成绩折合
jscore1	double	看打成绩
jscore1zh	double	看打成绩折合
jscore2	double	听打成绩
jscore2zh	double	听打成绩折合
jsscorezj	double	技能成绩
jscorezh	double	技能成绩折合
sscore	double	综合成绩
beizhu	VARCHAR（50）	备注
ranking	int(6)	成绩排名

数据库创建结果如图 7-1 所示。

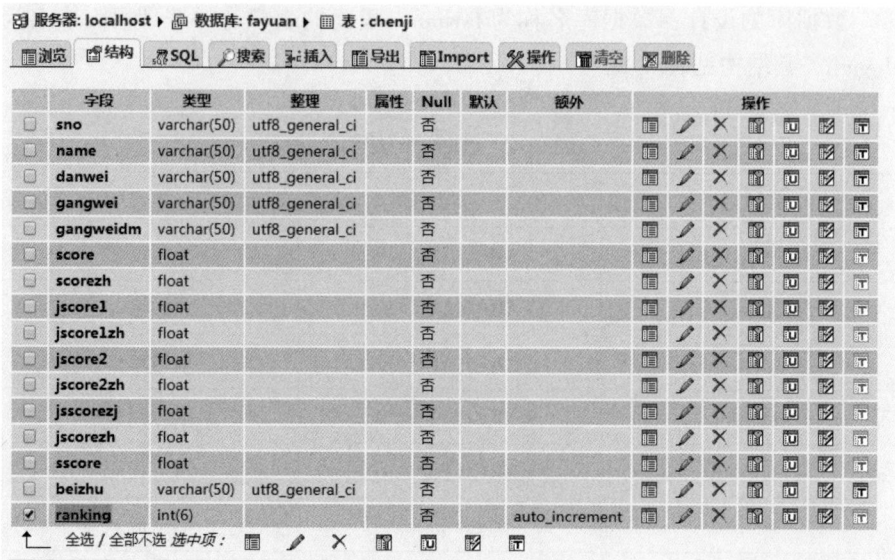

图 7-1　chenji 表中的字段

7.1.1　login.php 登录界面

<!DOCTYPE html PUBLIC "-//W3C//DTD XHTML 1.0 Transitional//EN"
"http://www.w3.org/TR/xhtml1/DTD/xhtml1-transitional.dtd">

<html xmlns="http://www.w3.org/1999/xhtml">

<head>

<meta http-equiv="Content-Type" content="text/html; charset=utf-8" />

<title>2018 年某某市法院书记员考试系统 </title>

<!-- 用 javascript 对准考证号、姓名和我已认真阅读并同意以上规定，作空的判断 -->

<script>

function pkyz( ){

　　if(document.form1.userName.value==""){

　　　　window.alert（"必须输入用户名 "）;

　　　　document.form1.userName.focus( );

　　　　return false;

　　}

　　if(document.form1.name.value==""){

```
                window.alert(" 必须输入姓名 ");
                document.form1.userPassword.focus( );
                return false;
        }
    if(document.form1.checkbox.checked==""){
                window.alert(" 请确认我已认真阅读并同意以上规定 ");
                document.form1.checkbox.focus( );
                return false;
        }


}

</script>
<style>
body{
    background-color:#ffefd7
}
*{
    margin:0 auto;
}
img{



}
</style>
</head>
<body>

<table width="1000" border="0" align="center"  valign="middle" cellpadding="4"
cellspacing="4" >
    <tr>
      <td colspan="2" align="center"><img src="logo.png"/></td>
     </tr>
```

<form action="verify.php" method="post" name="form1" id="form1"><!--将输入的值传给验证页面 verify.php，对数据信息进行验证 -->

<tr>

<td colspan="2" align="center">2020 年某某市法院系统聘任制书记员考试系统 </td>

</tr>

<tr>

<td align="right" width="500px"> 请输入你的准考证号 </td>

<td width="500px">

<input type="text" name="userName" size="40" />

</td>

</tr>

<tr>

<td align="right"> 请输入你的姓名 </td>

<td>

<input type="text" name="name" size="40" />

</td>

</tr>

<tr>

<td align="right"> 验证码 </td>

<td>

<input type="text" name="yzm" size="10" />

<img src="yzm.php"/>   </td>

</tr>

<tr>

<td colspan="2" align="center">

<input type="submit" name="submit" onclick="return pkyz( )" value=" 登录 "/><!-- onclick="return pkyz( )" 是点击时将结构提交给上面那一段 java 脚本做初步验证 -->

<input type="reset" name="reset" value=" 重置 "/>

<h2> 考生须知：</h2>

<textarea name="anwser" cols="100" rows="18">1、本次考试分两部分，第一部分是看图打字，第二部分是听录音打字，两部分完成以后统一提交

（1）在考生的机器上已经打开两个窗口，一个是考试登录的窗口，另一个是以 "2018 年保山市法院系统聘任制书记员考试" 命名的记事本，考生先用自己的准考证号和姓名登录考试系统查看试题，然后将答题内容先输入到记事本中，待听打部分结束以后会预留 1 分钟时间，由考生将所输入的文本复制到相应答题区域等待监考老师提交评分。

（2）本次考试是系统判分，要求考生所输入的文本必须与提供的图片或者录音一一对应，如有错位后面部分将不计分。

例如：图片或者录音提供的文本是 "保山市中级人民法院现设有立案、刑事、民商事、行政 (国家赔偿)、审判监督"，如果你输入的内容是 "保山市级人民法院现设有立案、刑事、民商事、行政 (国家赔偿)、审判监督" 这句话中少了一个 "中" 字，那么得分的内容为 "保山市"，后面的内容不能一一对应将得不到分数；如果你入 "保山市重级人民法院现设有立案、刑事、民商事、行政 (国家赔偿)、审判监督"，这句话中将 "中" 打成了 "重"，这种情况只是扣一个字的分数，后面的内容可以一一对应所以可以得分。

（3）考试过程中考生所输入的所有空格和换行符将忽略。

（4）做题的过程中不要刷新，一旦刷新你的答案将会被清空。

（5）注意不要点击考试界面中的提交按钮，当监考老师宣布考试结束时请立即起立，等待监考老师去提交、评分并对自己的分数进行确认。

（6）注意标点符号一定要在中文状态下的输入，不然将会影响整个成绩。

</textarea>

<input name="checkbox" type="checkbox" value="" /><font color="red"> 我已认真阅读并同意以上规定 </font>

</td>

</tr>

</form>

```
</table>
</body>
```

程序运行效果如图 7-2 所示。

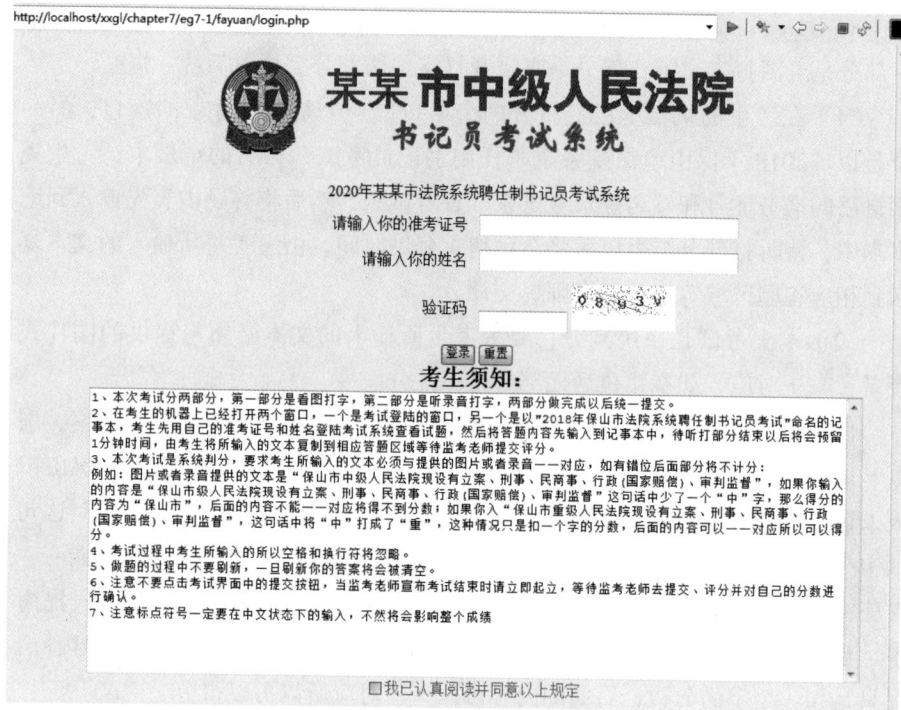

图 7-2　程序运行效果图

考试登录界面有系统 logo、文字说明、考试说明、考生姓名的空验证和请确认我已认真阅读并同意以上规定的验证、准考证号、考生姓名和验证码的传值。

2.yzm.php 验证码文件

```php
<?php
session_save_path('fayuan_session/');// 设置 session 存储的目录
session_start( );// 要使用 session，必须要先开启 session
```

// 使用这个函数时要开启 gd 库打开 php.ini，找到 ;extension=php_gd2.dll，将前面的;删除，然后重启服务，否则会报如下错误 Fatal error: Call to undefined function imagecreatetruecolor( ) in F:\wamp\www\xxgl\chapter5\eg5-11.

php on line 2

　　// 第一步：创建图片区域 imagecreatetruecolor（宽度 px，高度 px）

　　$image_area=imagecreatetruecolor(110,45);// 创建图像区域的大小 110px*45px

　　// 第二步：设置图片背景颜色

　　$image_bgcolor=imagecolorallocate($image_area,255,255,255);// 设置背景颜色 rgb(255,255,255) 白色

　　// 第三步：填充背景颜色

　　imagefill($image_area,0,0,$image_bgcolor);// 将白色的背景颜色从左上角 (0,0)，开始填充

　　$image_yzm_code="";// 定义验证码变量并赋值为空

　　for($i=0;$i<5;$i++){// 设置 5 位验证码，根据自己的系统对验证码位数的需求进行设置

　　　　$image_fontsize=9;// 设置验证码大小

　　　　$image_fontcolor=imagecolorallocate($image_area,rand(0,130),rand(0,130),rand(0,130)); // 给图片区域中的字体设置颜色，用一个范围的随机颜色 rand( ) 随机函数作为 rgb( ) 的参数。

　　　　$image_data="0123456789abcdefghijklmnopqrstuvwxyzABCDEFGHIJKLMNOPQRSTUVWXYZ";// 验证码集合，可以根据自己的系统需求来进行设置，现在是使用了数字和大小写字母

　　　　$image_yzm_content=substr($image_data,rand(0,strlen($image_data)−1),1);// 从验证码集合中每次随机取一个字符，取 5 次，开始位置随机 rand(0,strlen($image_data)−1) 从 0− 最后一个字符位置随机开始，取 1 个字符

　　　　$image_yzm_code.=$image_yzm_content;// 将取出来的 5 个字符连接到 $image_yzm_code 变量中，连接成一个字符串

　　　　// 设置验证码显示的坐标

　　　　$image_x=20*$i+rand(5,10);// 设置验证码显示 x 轴的坐标，根据图片区域和验证码的大小进行调整

　　　　$image_y=rand(5,10); // 设置验证码显示 y 轴的坐标，根据图片区域和验证码的大小进行调整

　　　　// 第四步：给图片填充字符串 imagestring

　　　　imagestring($image_area,$image_fontsize,$image_x,$image_y,$image_yzm_content,$image_fontcolor);//$image_area 图片区域 ,$image_fontsize 字符串字体大小 ,$image_x 开始填充坐标 x 轴 ,$image_y 开始填充坐标 y 轴 ,$image_yzm_content

填充的单个字符连续填充 5 次, $image_fontcolor 字符颜色

  }

  $_SESSION['yzm_code']=$image_yzm_code; // 将验证码字符串写入 $_SESSION['yzm_code'] 中，以便在 index.php 中跨页面调用

  // 增加干扰点

  for($i=0;$i<310;$i++){ // 此例中设置 310 个干扰点

   $image_piontcolor=imagecolorallocate($image_area,rand(51,210),rand(51,210),rand(51,210)); // 根据需要设置干扰点颜色

   imagesetpixel($image_area,rand(0,99),rand(0,29),$image_piontcolor);// 根据需要画干扰点，画 310 个

  }

  // 增加干扰线

  for($i=0;$i<5;$i++){

   $image_linecolor=imagecolorallocate($image_area,rand(51,210),rand(51,210),rand(51,210));// 根据需要设置干扰线颜色

   imageline($image_area,rand(0,99),rand(0,29),rand(0,99),rand(0,29),$image_linecolor);// 根据需要画干扰线，画 5 条

  }

  // 第五步：将整个页面类型设置为图片

  header('Content-Type:image/png');// 图片类型为 png

  // 第六步：生成图片

  imagepng($image_area);

  // 第七步：销毁图片

  imagedestroy($image_area);

  ?>

运行效果如下：

3.verify.php 试登录界面

试登陆界面有系统 logo、文字说明、考试说明、输入准考证号、考生姓名、验证码。

```php
<?php
session_start( );// 开启 session，注意在这条语句之前不能有任何输出，不
然会报错。
?>
<meta http-equiv="Content-Type" content="text/html; charset=utf-8" /><!--
添加页面编码，不然中文提示会出现乱码 -->
<?php
session_save_path('fayuan_session/');// 设置 session 的存储路径
echo $registration_number=$_POST['registration_number'];// 定 义 变 量
$registration_number，接受从 login.php 传递过来的准考证号的值
echo $password=$_POST['name'];// 定义变量 $password，接受从 login.php
传递过来姓名的值
$yzm=$_POST['yzm'];// 定义变量 $yzm，接受从 login.php 传递过来验证码
的值
/*if($yzm!=$_SESSION['yzm_code']){
    echo "<script type=\"text/javascript\">alert(' 验 证 码 错 误， 请 重 新 输
入 ');location.href='login.php'</script>";
    }*/
$connect_sql=mysql_connect('localhost','root','') or die(' 数据库服务链接错
误，请检查数据库服务是否启动 ');
mysql_query("set NAMES 'utf8'");
$select_sql=mysql_select_db('fayuan') or die(' 选择的数据库打开失败 ');
$yz_sql="select * from chenji where sno='$registration_number' and
name='$password'";// 写一条 sno、name 中两个字段的值与 login.php 页面中提
交的准考证号和姓名同时相等 sql 语句
$result_select=mysql_query($yz_sql);// 执行 sql 语句
$legal_num=mysql_num_rows($result_select);// 获取查询结果的记录数。如
果有记录，说明有与输入的准考证号和姓名相同的记录
if($legal_num==0){// 如果为 0，说明没有与输入的准考证号和姓名相同的
记录
    echo "<script type=\"text/javascript\">alert(' 准考证或者姓名错误，请重
新登陆 ');location.href='login.php'</script>";// 将 java 脚本与 php 混用，非法用
户跳转到登陆界面
```

167

} else{// 如果不为 0，说明有与输入的准考证号和姓名相同的记录，是合法用户，跳转到管理端的首页

$_SESSION['is_legal']=2;// 如果用户合法，定义 $_SESSION['is_legal'] 的值为 2，作为其他页面判断权限的标志

echo "<script type=\"text/javascript\">alert('恭喜你，即将进入考试系统');location.href='index.php?registration_number=$registration_number&password=$password'</script>";// 合法用户跳转到 index.php 页面，并通过超链接的方式传递 registration_number 和 password 的值给 index.php 页面中

    }

?>

页面运行结果如图 7-3 所示。

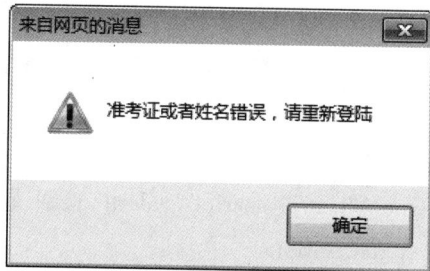

图 7-3　程序运行效果图

点击确定以后运行结果如图 7-4 所示。（跳转到 login.php 页面）。

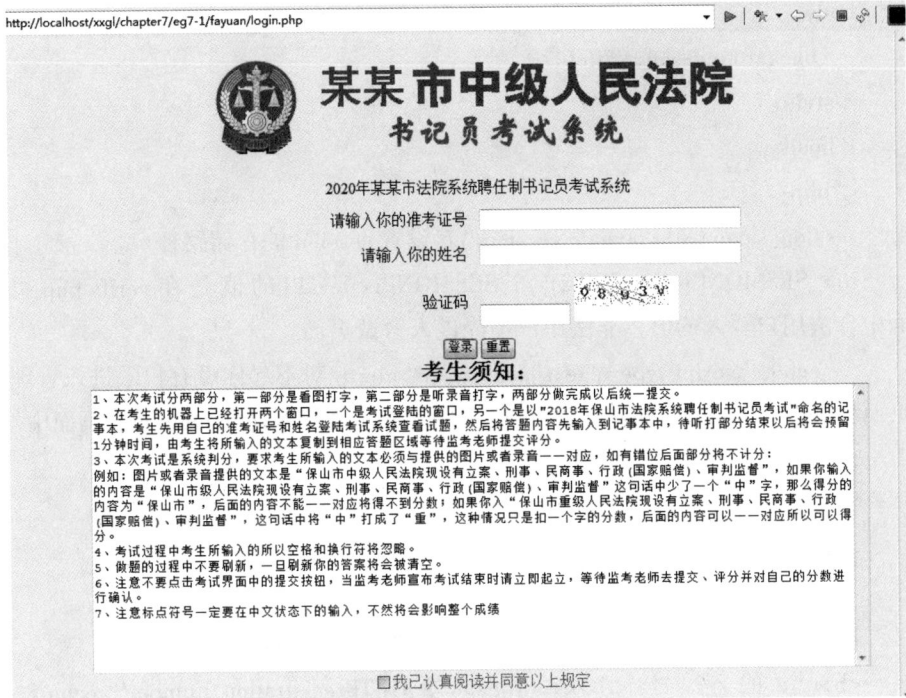

图 7-4　确定以后跳转到登录界面

3.index.php：用户答题页面

```php
<?php
session_start( );// 开启 session，注意在这条语句之前不能有任何输出，不
然会报错
?>
<!DOCTYPE html PUBLIC "-//W3C//DTD XHTML 1.0 Transitional//EN"
"http://www.w3.org/TR/xhtml1/DTD/xhtml1-transitional.dtd">
<html xmlns="http://www.w3.org/1999/xhtml">
<head>
<meta http-equiv="Content-Type" content="text/html; charset=utf-8" />
<title> 法院书记员考试系统 </title>
<style><!-- 考生答题界面的样式 -->
div{
    margin:0 300px;
}
```

```
body{
    background-color:#ffefd7;}
</style>
</head>
<?php
session_save_path('fayuan_session/');// 设置 session 的存储路径
if($_SESSION['is_legal']!=2){//$_SESSION['is_legal'] 的值是在 verify.php 页
面中合法用户写入的值，非法用户不能进入考试页面
    echo "<script type=\"text/javascript\">alert(' 对不起你没有权限进入管理
页面！ ');location.href='login.php'</script>";// 非法用户跳转到 login.php 页面中
}
?>
<div>
<img src="logo.png"/>
<form id="form1" name="form1" method="post" action="">
<b> 您 的 考 号: </b><?php $sno=$_GET['registration_number']; echo $_
GET['registration_number']?><br><!-- 在页面中显示考生的准考证号和姓名，
这两个值是 verify.php 页面中传递过来的 -->
<b> 姓名: </b><?php $name=$_GET['password']; echo $_GET['password']?><br>
<p><b> 请将下图的文字输入到答题框中时间为 10 分钟: </b></p>
<img src="abc.png"><!-- 插入考生看打的图片 -->
<h3> 第一题: 看图输入答题区域（100 分）: </h3>   <textarea name="anwser"
cols="100" rows="35"><?php echo $_POST['anwser'];// 将用户输入的答案显示到当前
页面中，以便用户修改 ?></textarea><br><!-- 用 textarea 作答题区域 -->


<p><b> 请仔细听以下录音将听到的文字输入到下面的文本框中: </b></
p><!-- 这部分是听打的内容，录音在教师机电脑上统一播放 -->
<h3> 第二题: 听录音答题区域（100 分）: </h3>   <textarea name="anwser1"
cols="100" rows="35"><?php echo $_POST['anwser1'];// 将用户输入的答案显示到
当前页面中，以便用户修改 ?></textarea><br><!-- 用 textarea 作答题区域 -->
```

```php
        <input type="submit" name="submit" value=" 提交 " /><!-- 提交考生的答
题内容 -->
    </form>
</div>
<?php
// 生成考生考试文件
function trimall($str){// 定义去除空白、制表位、换行、分段
    $qian=array(" ","    ","\t","\n","\r");
    return str_replace($qian, '', $str);// 将空白、制表位、换行、分段替换
成空
}
$b='9'.$sno.'.txt';// 定义以 9+ 准考证号的考生文件的文件名的变量
$a=$sno.'.txt';// 定义以准考证号的考生文件的文件名的变量
$fp1=$_POST['anwser'];// 定义接收看打答案的字符串的变量
$fplisten1=$_POST['answer1'];// 定义接收听打答案的字符串的变量
    $fp2=fopen($a,w);// 生成并打开以准考证号的考生文件
    fwrite($fp2,(string)trimall($_POST['anwser']));// 将看写的答案去掉空白、
制表位、换行、分段后写入以准考证号的考生文件中
    $fplisten2=fopen($b,w);// 生成并打开 9+ 以准考证号的考生文件
    fwrite($fplisten2,(string)trimall($_POST['anwser1']));// 将听写的答案去掉
空白、制表位、换行、分段后写入以 9+ 准考证号的考生文件中

?>
<?php
// 判分
// 第一部分计分
$fp=fopen('abc.txt',r);// 打开看写的标准答案
$fp2=fopen($a,r);// 打开看写的考生答案
$cnt=0;// 统计看写正确的字数
$sum=strlen((string)file_get_contents('abc.txt'));// 统计正确答案中字符的
个数
    for($i=0;$i<strlen(file_get_contents('abc.txt'));$i++){// 用 for 循环遍历正确答
案和考生的答案
```

```
        $ch1=fgetc($fp);// 一个字符一个字符读取标准答案的字符
        $ch2=fgetc($fp2);// 一个字符一个字符读取考生答案的字符
        if($ch1!=$ch2){// 比较两个字符是否相等
                $cnt++;// 如果相等就累加 1


        }
}


// 第二部分计分
$fp3=fopen('listen.txt','r');// 打开听写的标准答案
$fp4=fopen($b,'r');// 打开听写的考生答案
$cnt1=0;// 统计听写正确的字数
$sum1=strlen((string)file_get_contents('listen.txt'));// 统计正确答案中字符的
个数
for($i=0;$i<strlen((string)file_get_contents('listen.txt'));$i++){// 用 for 循环遍
历正确答案和考生的答案
        $ch3=fgetc($fp3);// 一个字符一个字符读取标准答案的字符
        $ch4=fgetc($fp4);// 一个字符一个字符读取考生答案的字符
        if($ch3!=$ch4){// 比较两个字符是否相等
                $cnt1++;// 如果相等就累加 1
        }
}


// 统计分数
if(isset($_POST['submit'])){// 判断学生是否提交答案，如果提交答案，则
为真
$connect_sql=mysql_connect('localhost','root','root') or die(' 数据库服务链接
错误，请检查数据库服务是否启动 ');
mysql_query($conn,"set NAMES 'utf8'");
$select_sql=mysql_select_db($conn,'fayuan') or die(' 选择的数据库打开
失败 ');
// 成绩表是预先导入的表，计算考生成绩，并更新 chengji 表中的笔试成
绩、笔试成绩折合、看打成绩、看打成绩折合、听打成绩、听打成绩折合、技
```

能成绩、技能成绩折合、综合成绩。字段值，其运算方法是按照某某市中级人民法院的要求设置的。

$update_sql="UPDATE chenji SET jscore1=$cj1,jscore1zh=$cj1*0.4,jscore2=$cj2,jscore2zh=$cj2*0.6,jsscorezj=$cj,jscorezh=$cj*0.4,sscore=(jscorezh+scorezh) where sno='$sno'";

mysql_query($update_sql);

if($cj>0){// 如果考生的成绩大于 0 的话，允许考生查看成绩

echo "<script type=\"text/javascript\">alert(' 恭喜您，你已经完成了考试，点击确定查看成绩！ ');location.href='chengji.php?name=$sno'</script>";// 跳转到成绩查询页面并且传递 name 的值。

}

}

?>

点击登录进入考生答题界面，如图 7-5 所示。

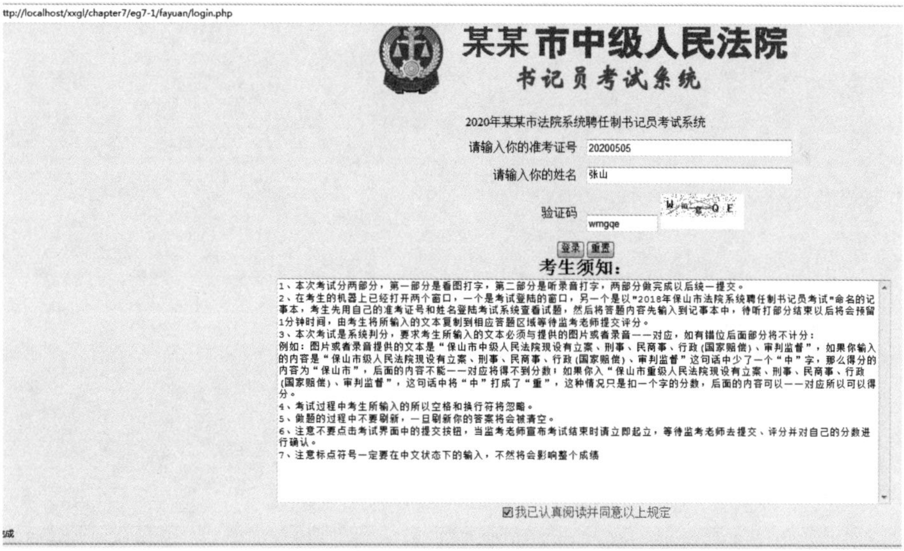

图 7-5　登录考生信息

点击确定，如图 7-6 和图 7-7 所示。

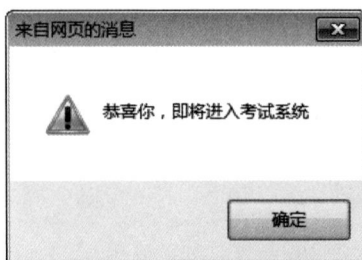

图 7-6 登录成功提示

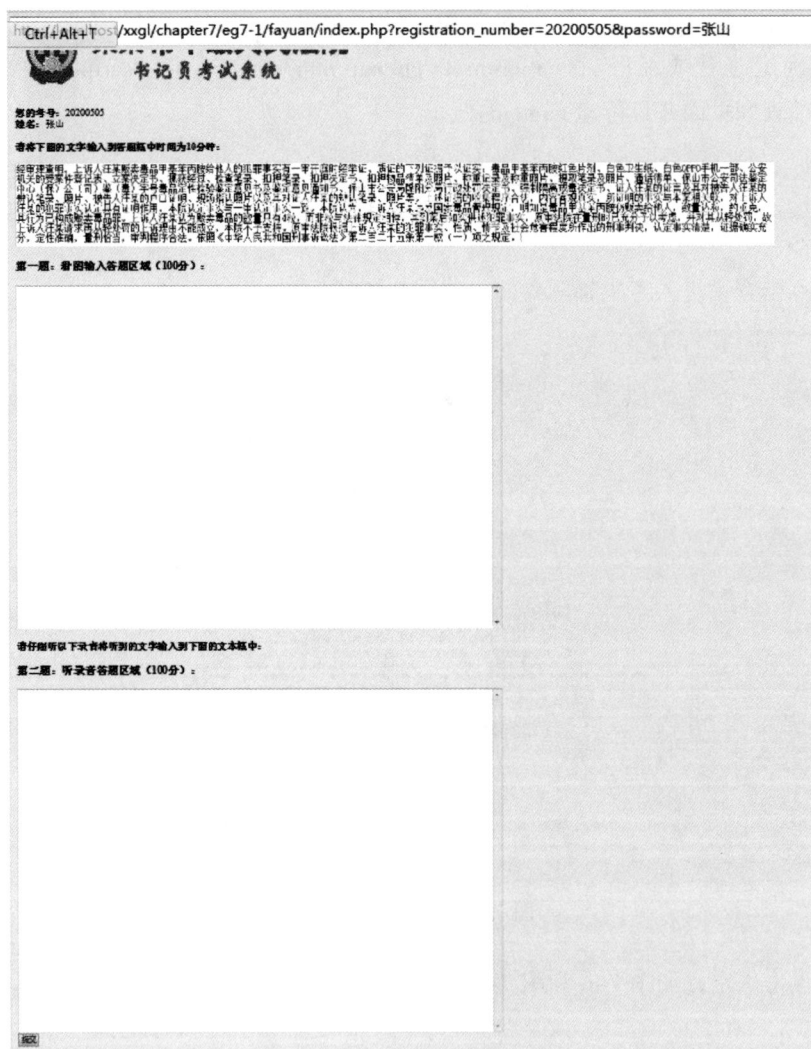

图 7-7 登录成功效果

4.chengji.php：考生成绩表

```
<!DOCTYPE html PUBLIC "-//W3C//DTD XHTML 1.0 Transitional//EN"
"http://www.w3.org/TR/xhtml1/DTD/xhtml1-transitional.dtd">
<html xmlns="http://www.w3.org/1999/xhtml">
<head>
<meta http-equiv="Content-Type" content="text/html; charset=utf-8" />
<title> 查看成绩 </title>
</head>

<?php
$a=$_GET['name'];// 获取 index.php 超链接的传过来的值
$connect_sql=mysql_connect('localhost','root','') or die(' 数据库服务链接错
误，请检查数据库服务是否启动 ');
mysql_query("set NAMES 'utf8'");
$select_sql=mysql_select_db('fayuan') or die(' 选择的数据库打开失败 ');
$select_sql="select * from chenji where sno='$a'";
$select_result=mysql_query($select_sql);
echo $a.' 您本次的考试成绩如下：';// 输出考生的准考证号
?>
<table width="1400" border="4" cellspacing="4" cellpadding="4"><!-- 用表
格布局显示考生成绩 -->
  <tr>
    <td width="125" align="center"> 准考证号 </td>
    <td width="125" align="center"> 姓名 </td>
    <td width="250" align="center"> 报考单位 </td>
    <td width="125" align="center"> 报考岗位 </td>
    <td width="125" align="center"> 岗位代码 </td>
    <td width="125" align="center"> 笔试成绩 </td>
    <td width="125" align="center"> 笔试成绩折合 </td>
    <td width="125" align="center"> 看打成绩 </td>
    <td width="125" align="center"> 看打成绩折合 </td>
    <td width="125" align="center"> 听打成绩 </td>
    <td width="125" align="center"> 听打成绩折合 </td>
```

```
            <td width="125" align="center"> 技能成绩 </td>
            <td width="125" align="center"> 技能成绩折合 </td>
          <td width="125" align="center"> 综合成绩 </td>
          <td width="320" align="center"> 备注 </td>
      </tr>
      <?php while($row=mysql_fetch_array($select_result)){// 获得数据库中考生
的成绩 ?>
      <tr>
        <td align="center"><?php echo $row['sno'];// 获取准考证号 ?></td>
        <td align="center"><?php echo $row['name'];// 获取姓名 ?></td>
        <td align="center"><?php echo $row['danwei'];// 获取单位 ?></td>
        <td align="center"><?php echo $row['gangwei'];// 获取报考岗位 ?></td>
        <td align="center"><?php echo $row['gangweidm']?></td>
        <td align="center"><?php echo $row['score']?></td>
        <td align="center"><?php echo $row['scorezh']?></td>
        <td align="center"><?php echo $row['jscore1']?></td>
          <td align="center"><?php echo $row['jscore1zh']?></td>
        <td align="center"><?php echo $row['jscore2']?></td>
        <td align="center"><?php echo $row['jscore2zh']?></td>
        <td align="center"><?php echo $row['jsscorezj']?></td>
        <td align="center"><?php echo $row['jscorezh']?></td>
        <td align="center"><?php echo $row['sscore']?></td>
        <td align="center"><?php echo $row['beizhu']?></td>
      </tr>
    <?php }?>
    </table>
```

在如下页面输入答案，如图 7-8 所示。

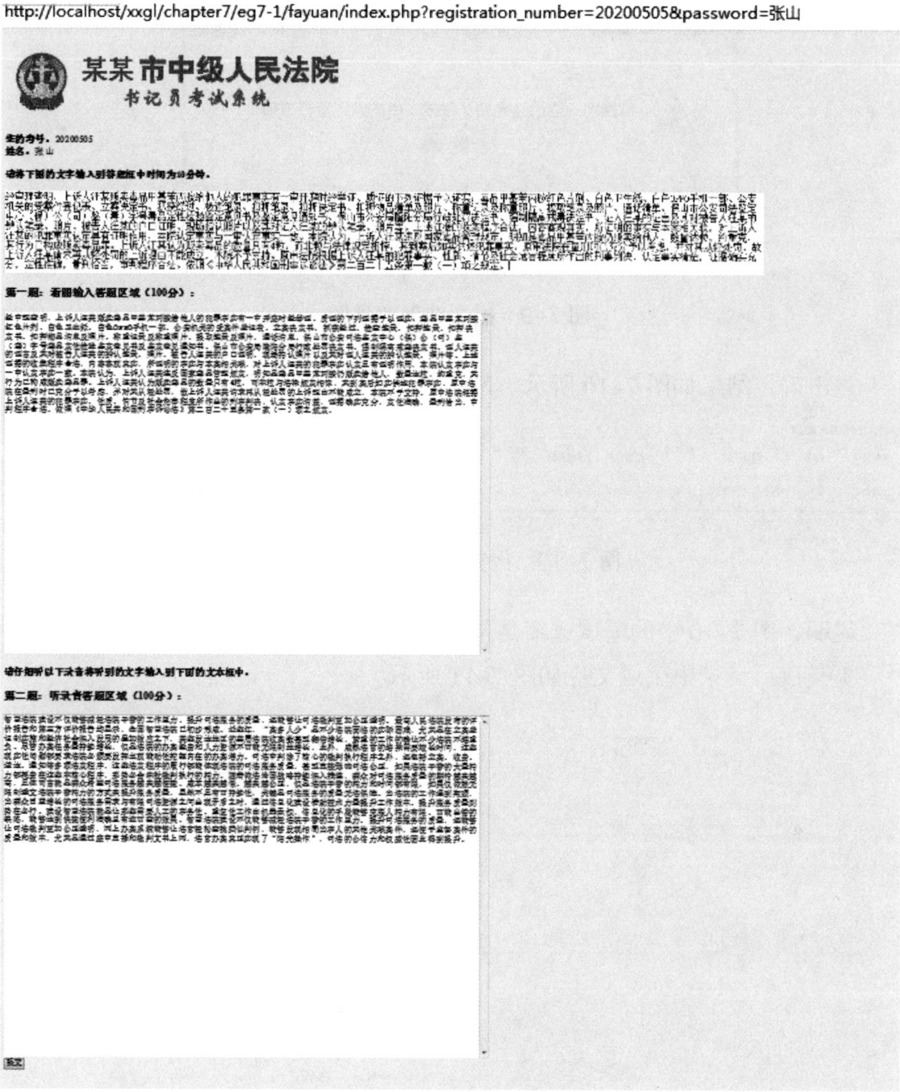
http://localhost/xxgl/chapter7/eg7-1/fayuan/index.php?registration_number=20200505&password=张山
某某市中级人民法院
书记员考试系统

图 7–8　输入答案效果图

点击提交结果如图 7–9 所示。

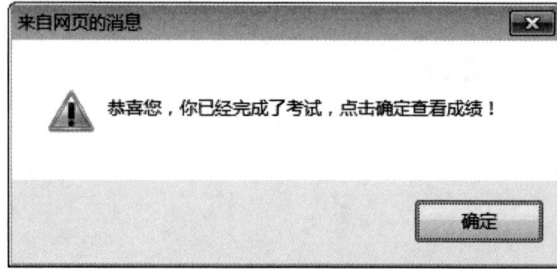

图 7-9　提交结果效果图

点击确定结果如图 7-10 所示。

20200505您本次的考试成绩如下：

准考证号	姓名	报考单位	报考岗位	岗位代码	笔试成绩	笔试成绩折合	看打成绩	看打成绩折合	听打成绩	听打成绩折合	技能成绩	技能成绩折合	综合成绩	备注
20200505	张山	腾冲市人民法院	岗位1	052201	74.5	22.35	100	40	100	60	100	40	62.35	技能测试成绩不低于60

图 7-10　提交成功后的成绩表

说明，图 7-10 中的笔试成绩是预先上传的。

提交以后目录中生成文件如图 7-11 所示。

```
fayuan
    fayuan_session
        sess_f3bc2d3579a4dac
        sess_fd1b1ccf9155231
    session
    .txt
    18070500101.txt
    18070500130.txt
    18070500602.txt
    18070501129.txt
    18070502230.txt
    20200505.txt
    9.txt
    918070500101.txt
    918070500130.txt
    918070500602.txt
    918070501129.txt
    918070502230.txt
    920200505.txt
    abc.png
    abc.txt
    abcd.png
    abcde.png
    chengji.php
    index.php
    listen.txt
    login.php
    logo.png
    rank.php
    tingli.txt
    verify.php
    yzm.php
```

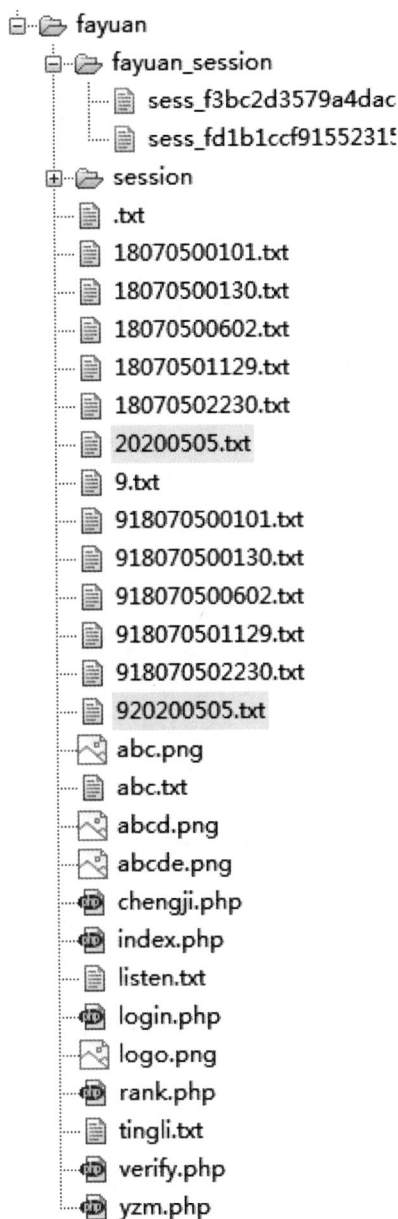

图 7-11　程序文件目录图

图 7-11 选中的 20200505.txt（看写的答案）和 920200505.txt（听写的答案），内容如图 7-12 和图 7-13 所示。

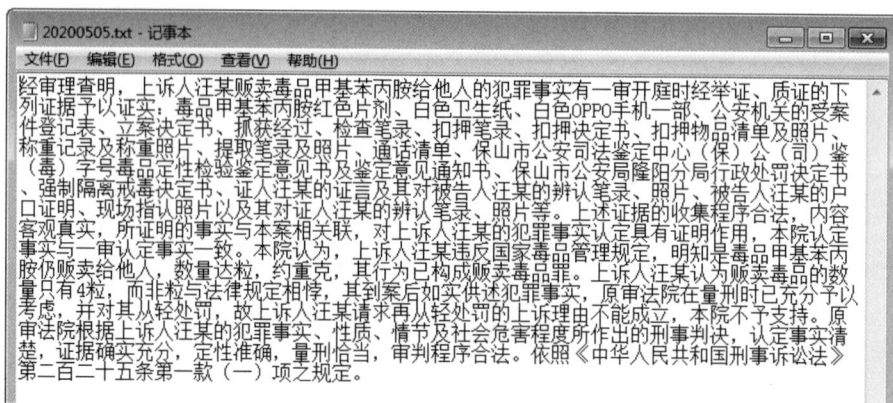

图 7-12　看写答案

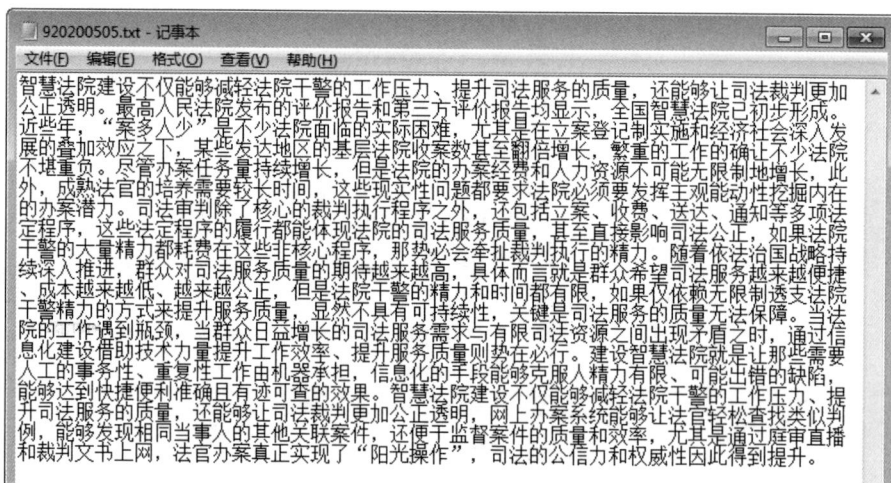

图 7-13　听写答案

5.rank.php：查看排名

```
<!DOCTYPE html PUBLIC "-//W3C//DTD XHTML 1.0 Transitional//EN"
"http://www.w3.org/TR/xhtml1/DTD/xhtml1-transitional.dtd">
<html xmlns="http://www.w3.org/1999/xhtml">
<head>
<meta http-equiv="Content-Type" content="text/html; charset=utf-8" />
<title> 法院书记员考试成绩排名 </title>
<style>
div{
```

```
        margin:0 300px;
    }
    </style>
    </head>
    <?php
    $connect_sql=mysql_connect('localhost','root','') or die(' 数据库服务链接错
误，请检查数据库服务是否启动 ');
    mysql_query("set NAMES 'utf8'");
    $select_sql=mysql_select_db('fayuan') or die(' 选择的数据库打开失败 ');
    $pm_sql="select * from chenji order by  danwei desc,gangwei desc, sscore
desc";// 以报考单位、岗位和综合成绩降序排列
    $pm_result=mysql_query($pm_sql);


    ?>
    以综合成绩排名如下：
    <table width="1400" border="4" cellspacing="4" cellpadding="4">
     <tr>
      <td width="125" align="center"> 准考证号 </td>
      <td width="125" align="center"> 姓名 </td>
      <td width="250" align="center"> 报考单位 </td>
      <td width="125" align="center"> 报考岗位 </td>
      <td width="125" align="center"> 岗位代码 </td>
      <td width="125" align="center"> 笔试成绩 </td>
      <td width="125" align="center"> 笔试成绩折合 </td>
      <td width="125" align="center"> 看打成绩 </td>
      <td width="125" align="center"> 看打成绩折合 </td>
      <td width="125" align="center"> 听打成绩 </td>
      <td width="125" align="center"> 听打成绩折合 </td>
      <td width="125" align="center"> 技能成绩 </td>
      <td width="125" align="center"> 技能成绩折合 </td>
      <td width="125" align="center"> 综合成绩 </td>
      <td width="320" align="center"> 备注 </td>
     </tr>
```

```php
<?php while($row=mysql_fetch_array($pm_result)){?>
<tr>
  <td align="center"><?php echo $row['sno']?></td>
  <td align="center"><?php echo $row['name']?></td>
  <td align="center"><?php echo $row['danwei']?></td>
  <td align="center"><?php echo $row['gangwei']?></td>
  <td align="center"><?php echo $row['gangweidm']?></td>
  <td align="center"><?php echo $row['score']?></td>
  <td align="center"><?php echo $row['scorezh']?></td>
  <td align="center"><?php echo $row['jscore1']?></td>
  <td align="center"><?php echo $row['jscore1zh']?></td>
  <td align="center"><?php echo $row['jscore2']?></td>
  <td align="center"><?php echo $row['jscore2zh']?></td>
  <td align="center"><?php echo $row['jsscorezj']?></td>
  <td align="center"><?php echo $row['jscorezh']?></td>
  <td align="center"><?php echo $row['sscore']?></td>
  <td align="center"><?php echo $row['beizhu']?></td>
</tr>
<?php }?>
</table>
```

程序运行结果如图 7-14 所示。

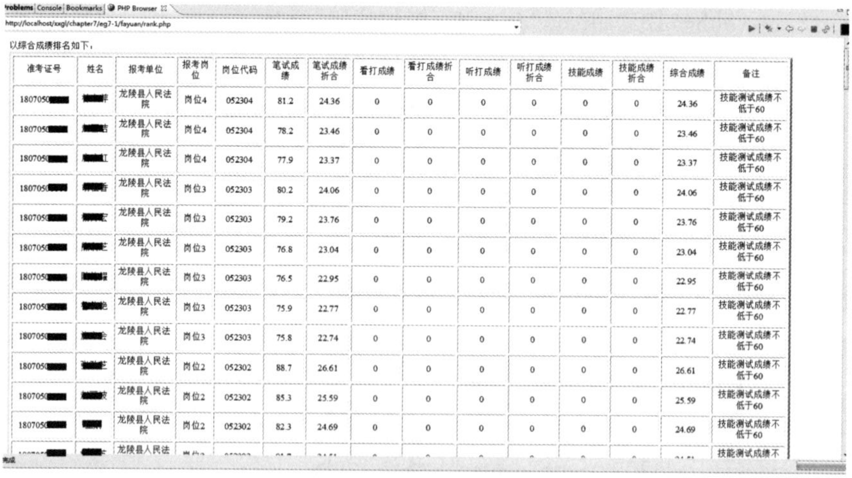

图 7-14 排名以后成绩表

7.2　某某高校宿舍管理中心系统

（1）高校宿舍管理系统，是一个比较复杂的综合信息管理系统，本系统是根据保山学院的宿舍管理系统的需求进行编写的。按角色需求分析如下。

（2）超级管理员，具备所有其他角色权限，并且能够管理其他角色。

（3）宿舍管理单位，负责分配楼栋栋长、宿管员。

（4）分管学生工作校领导，负责查看楼栋、宿舍和学生的情况。

（5）二级学院分管学生工作领导，负责查看本学院的楼栋、宿舍和学生的情况。

（6）辅导员，为学生分配宿舍、注销宿舍，查看本学院的楼栋、宿舍和学生的情况。

（7）班主任，负责为学生分配宿舍、床号，查看本班的楼栋、宿舍和学生的情况。

（8）楼栋栋长，负责管理 2~3 栋楼的宿舍管理员，查看本栋、宿管员和学生现状，设备报修。

（8）宿管员，负责查房、设备报修，查看本栋楼学生现状。

（9）网站内容管理员，负责网站的新闻、公告等的更新、修改、删除工作。

7.2.1　数据库的设计

数据库名称为：sushe，里面有若干张表，见表 7-3。

表 7-3　宿舍管理系统中数据库中的表

表　名	表说明
sushe_users_list	用户表
sushe_role_list	用户角色表
sushe_student	学生表
sushe_administrator	管理员列表
sushe_ class_adviser;	班主任

表　名	表说明
sushe_assistant	辅导员表
sushe_college	二级学院
sushe_college_leader	分管领导
sushe_buiding_leader	栋长
sushe_houseparent	宿管员
sushe_building	楼栋
sushe_room	宿舍
sushe_com_leader	分管宿舍的单位
sushe_leader	校领导
sushe_news_content	新闻、公告等内容表
sushe_categories	新闻、公告等类型表
sushe_device	设备表
sushe_book	留言本
sushe_images	图片
sushe_weblinks	友情链接
sushe_session	session 表
sushe_menu	菜单表
sushe_downloads	下载表
sushe_contact	联系我们表

表创建完以后结果如图 7-15 所示。

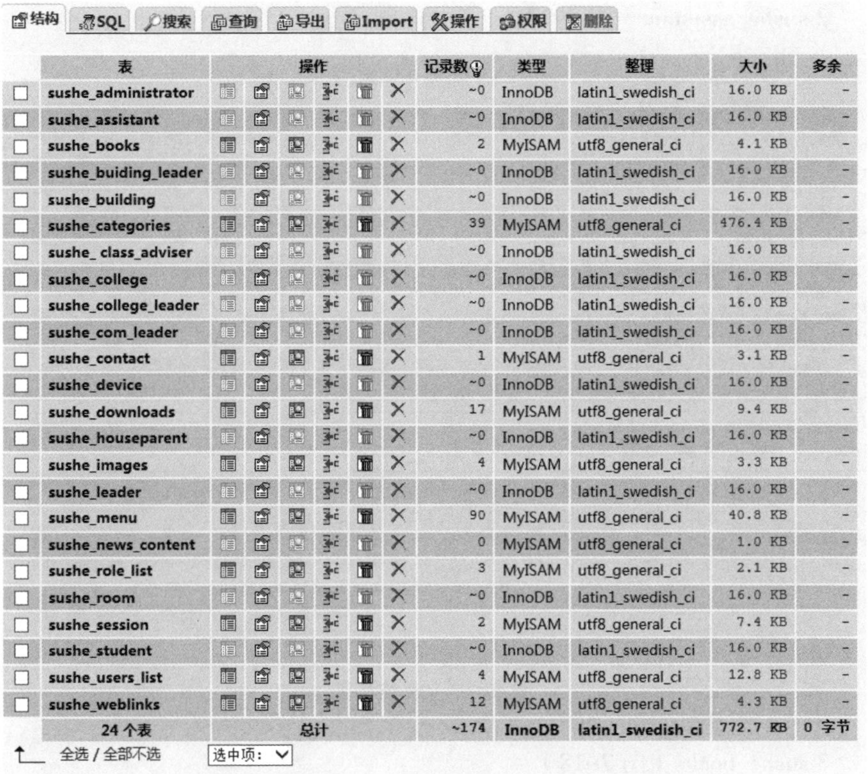

图 7-15　表创建完成结果

下面将每张表的具体情况做一下简单的说明。

1.sushe_administrator（图 7-16）

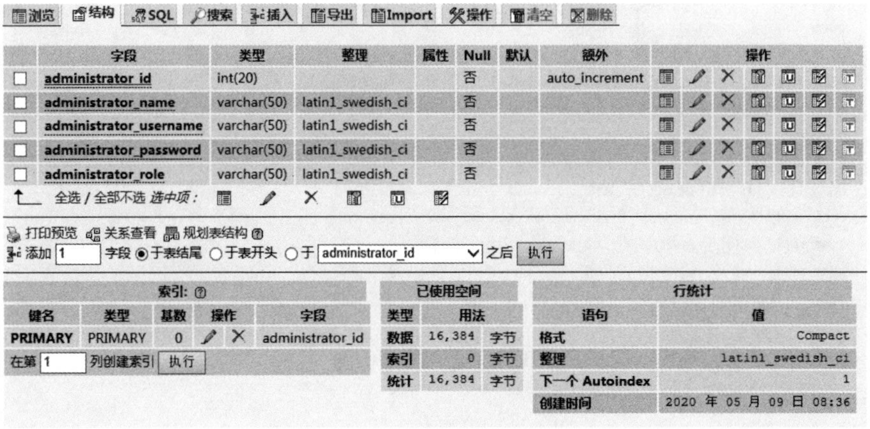

图 7-16　表结构图

2.sushe_assistant（图 7-17）

	字段	类型	整理	属性	Null	默认	额外	操作
□	assistant_id	int(20)			否		auto_increment	
□	assistant_name	varchar(50)	latin1_swedish_ci		否			
□	assistant_username	varchar(50)	latin1_swedish_ci		否			
□	assistant_password	varchar(50)	latin1_swedish_ci		否			
□	assistant_collge	varchar(50)	latin1_swedish_ci		否			
□	assistant_classname	varchar(50)	latin1_swedish_ci		否			
□	assistant_major	varchar(50)	latin1_swedish_ci		否			
□	assistant_role	varchar(50)	latin1_swedish_ci		否			
□	assistant_tel	varchar(50)	latin1_swedish_ci		否			
□	assistant_addr	varchar(50)	latin1_swedish_ci		否			

全选 / 全部不选 选中项：

添加 1 字段 ⦿于表结尾 ○于表开头 ○于 assistant_id 之后 执行

索引：

键名	类型	基数	操作	字段
PRIMARY	PRIMARY	0	✎ ✕	assistant_id

在第 1 列创建索引 执行

已使用空间

类型	用法	
数据	16,384	字节
索引	0	字节
统计	16,384	字节

行统计

语句	值
格式	Compact
整理	latin1_swedish_ci
下一个 Autoindex	1
创建时间	2020 年 05 月 09 日 08:47

图 7-17　表结构图

3.sushe_books（图 7-18）

	字段	类型	整理	属性	Null	默认	额外	操作
□	id	int(11)			否		auto_increment	
□	book_title	varchar(255)	utf8_general_ci		否			
□	book_dicr	varchar(255)	utf8_general_ci		否			
□	book_image	varchar(255)	utf8_general_ci		否			
□	book_kind	varchar(50)	utf8_general_ci		否			
□	image_position	varchar(30)	utf8_general_ci		否			
□	book_detail	text	utf8_general_ci		否			
□	book_published	varchar(50)	utf8_unicode_ci		否	0		
□	book_editor	varchar(50)	utf8_general_ci		是	NULL		
□	book_access	varchar(50)	utf8_unicode_ci		否			
□	hit_count	int(11)			否	0		
□	book_params	text	utf8_general_ci		否			
□	reply_book_id	varchar(50)	utf8_unicode_ci		否			
□	book_reply	text	utf8_unicode_ci		否			
□	book_reply_editor	varchar(50)	utf8_unicode_ci		否			
□	book_reply_time	varchar(50)	utf8_unicode_ci		否			
□	book_reply_state	varchar(50)	utf8_unicode_ci		否	提交审核		

图 7-18　表结构图

4.sushe_buiding_leader（图 7–19）

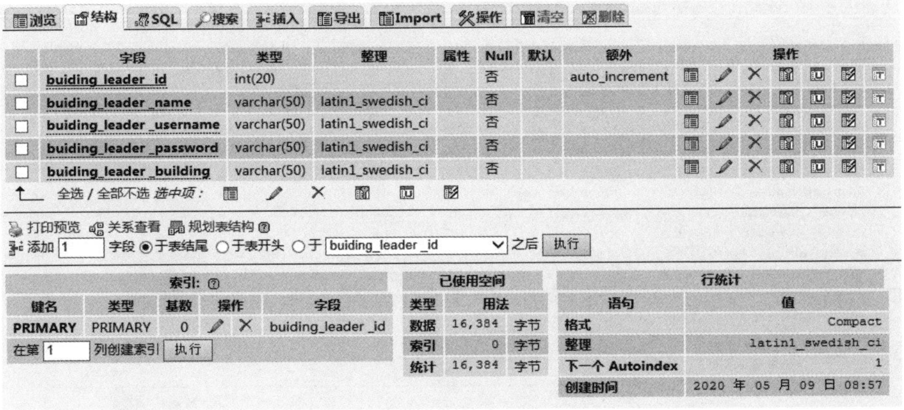

	字段	类型	整理	属性	Null	默认	额外	操作
☐	buiding_leader_id	int(20)			否		auto_increment	
☐	buiding_leader_name	varchar(50)	latin1_swedish_ci		否			
☐	buiding_leader_username	varchar(50)	latin1_swedish_ci		否			
☐	buiding_leader_password	varchar(50)	latin1_swedish_ci		否			
☐	buiding_leader_building	varchar(50)	latin1_swedish_ci		否			

↑_ 全选 / 全部不选 选中项： 📑 ✏ ✕ 📄 🔠 📊

📰 打印预览 ⇧⇩ 关系查看 🔲 规划表结构 ⑦

📑 添加 1 字段 ● 于表结尾 ○ 于表开头 ○ 于 buiding_leader_id ▾ 之后 执行

索引：⑦				
键名	类型	基数	操作	字段
PRIMARY	PRIMARY	0	✏ ✕	buiding_leader_id

在第 1 列创建索引 执行

已使用空间		
类型	用法	
数据	16,384	字节
索引	0	字节
统计	16,384	字节

行统计		
语句	值	
格式		Compact
整理		latin1_swedish_ci
下一个 Autoindex		1
创建时间		2020 年 05 月 09 日 08:57

图 7–19　表结构图

5.sushe_building（图 7–20）

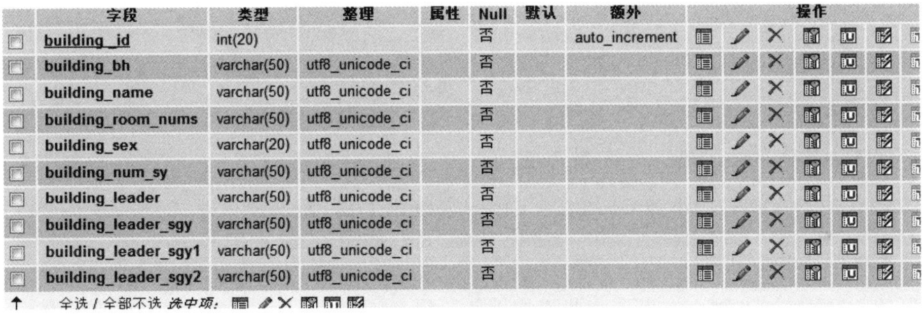

	字段	类型	整理	属性	Null	默认	额外	操作
☐	building_id	int(20)			否		auto_increment	
☐	building_bh	varchar(50)	utf8_unicode_ci		否			
☐	building_name	varchar(50)	utf8_unicode_ci		否			
☐	building_room_nums	varchar(50)	utf8_unicode_ci		否			
☐	building_sex	varchar(20)	utf8_unicode_ci		否			
☐	building_num_sy	varchar(50)	utf8_unicode_ci		否			
☐	building_leader	varchar(50)	utf8_unicode_ci		否			
☐	building_leader_sgy	varchar(50)	utf8_unicode_ci		否			
☐	building_leader_sgy1	varchar(50)	utf8_unicode_ci		否			
☐	building_leader_sgy2	varchar(50)	utf8_unicode_ci		否			

↑　全选 / 全部不选 选中项： 📑 ✏ ✕ 📄 🔠 📊

图 7–20　表结构图

6.sushe_categories（图 7-21）

字段	类型	整理	属性	Null	默认	额外	操作
id	int(11)			否		auto_increment	
category_title	varchar(255)	utf8_general_ci		否			
category_name	varchar(255)	utf8_general_ci		否			
category_alias	varchar(255)	utf8_general_ci		否			
category_image	varchar(255)	utf8_general_ci		否			
category_section	varchar(50)	utf8_general_ci		否			
image_position	varchar(30)	utf8_general_ci		否			
category_description	text	utf8_general_ci		否			
category_published	tinyint(1)			否	0		
checked_out	int(11)		UNSIGNED	否	0		
checked_out_time	datetime			否	0000-00-00 00:00:00		
category_editor	varchar(50)	utf8_general_ci		是	NULL		

全选 / 全部不选 选中项：

打印预览　规划表结构 ⑦
添加 1 字段 ⦿ 于表结尾 ○ 于表开头 ○ 于 id ▽ 之后 执行

索引: ⑦				
键名	类型	基数	操作	字段
PRIMARY	PRIMARY	39		id
cat_idx	INDEX	无		category_section
				category_published
idx_checkout	INDEX	无		checked_out

在第 1 列创建索引 执行

已使用空间		
类型	用法	
数据	483,764	字节
索引	4,096	字节
统计	487,860	字节

行统计	
语句	值
格式	动态
整理	utf8_general_ci
行数	39
行长度 ø	12,404
行大小 ø	12,509 字节
下一个 Autoindex	236
创建时间	2020 年 05 月 06 日 15:57
最后更新时间	2020 年 05 月 06 日 15:57

图 7-21　表结构图

7.sushe_class_adviser（图 7-22）

字段	类型	整理	属性	Null	默认	额外	操作
class_adviser_id	int(20)			否		auto_increment	
class_adviser_name	varchar(50)	latin1_swedish_ci		否			
class_adviser_username	varchar(50)	latin1_swedish_ci		否			
class_adviser_password	varchar(50)	latin1_swedish_ci		否			
class_adviser_collge	varchar(50)	latin1_swedish_ci		否			
class_adviser_classname	varchar(50)	latin1_swedish_ci		否			
class_adviser_major	varchar(50)	latin1_swedish_ci		否			
class_adviser_role	varchar(50)	latin1_swedish_ci		否			
class_adviser_tel	varchar(50)	latin1_swedish_ci		否			
class_adviser_addr	varchar(50)	latin1_swedish_ci		否			

全选 / 全部不选 选中项：

打印预览　关系查看　规划表结构 ⑦
添加 1 字段 ⦿ 于表结尾 ○ 于表开头 ○ 于 class_adviser_id ▽ 之后 执行

索引: ⑦				
键名	类型	基数	操作	字段
PRIMARY	PRIMARY	0		class_adviser_id

在第 1 列创建索引 执行

已使用空间		
类型	用法	
数据	16,384	字节
索引	0	字节
统计	16,384	字节

行统计	
语句	值
格式	Compact
整理	latin1_swedish_ci
下一个 Autoindex	1
创建时间	2020 年 05 月 09 日 08:44

图 7-22　表结构图

8.sushe_college（图 7-23）

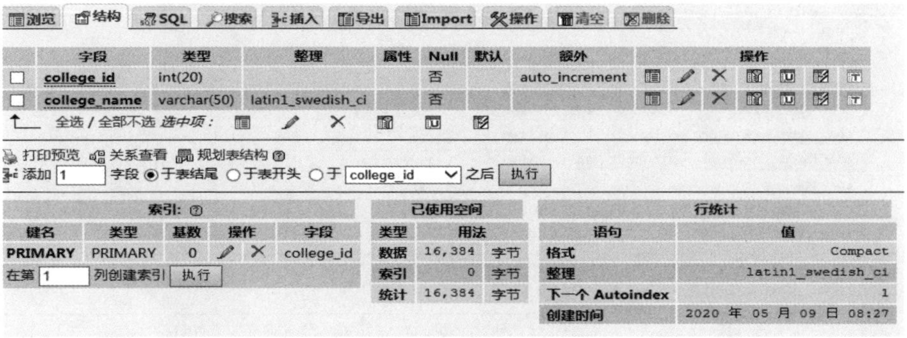

图 7-23　表结构图

9.sushe_college_leader（图 7-24）

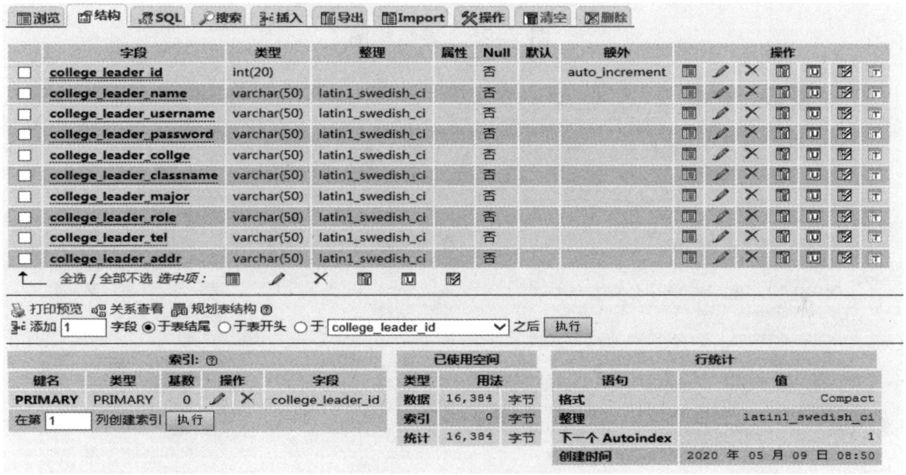

图 7-24　表结构图

10.sushe_com_leader（图 7–25）

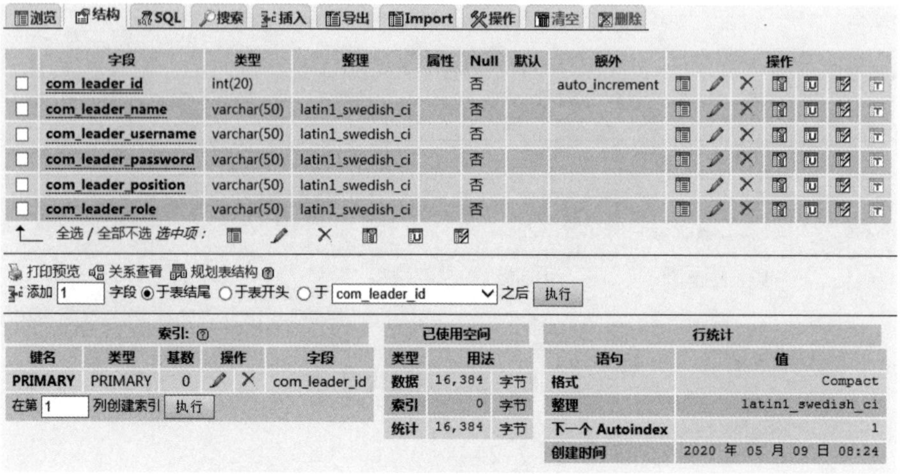

图 7-25　表结构图

11.sushe_contact（图 7–26）

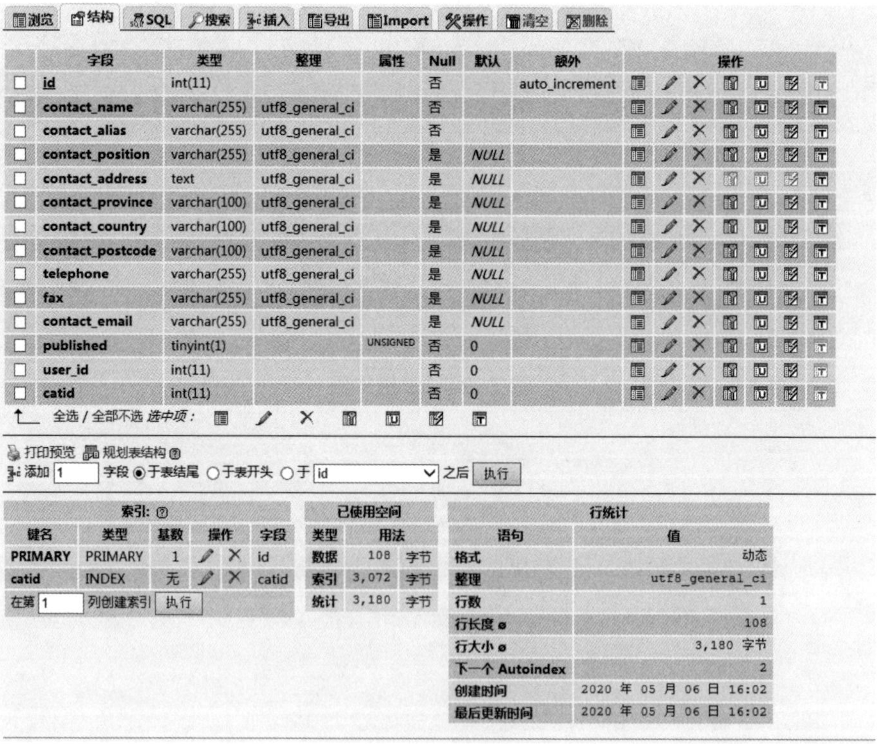

图 7-26　表结构图

12.sushe_device（图 7-27）

	字段	类型	整理	属性	Null	默认	额外	操作
	device_id	int(20)			否		auto_increment	
	device_name	varchar(50)	utf8_unicode_ci		否			
	device_modelnumber	varchar(100)	utf8_unicode_ci		否			
	device_building_place	varchar(50)	utf8_unicode_ci		否			
	device_kind	varchar(50)	utf8_unicode_ci		否			
	device_room_place	varchar(50)	utf8_unicode_ci		否			
	device_fault	varchar(500)	utf8_unicode_ci		否	无		
	device_submitted	varchar(50)	utf8_unicode_ci		否	无		
	device_deal	varchar(50)	utf8_unicode_ci		否	正常		

↑ 全选 / 全部不选 选中项:

图 7-27 表结构图

13.sushe_downloads（图 7-28）

📄浏览 🔧结构 🔍SQL 🔍搜索 ➕插入 📤导出 📥Import 🔧操作 🗑清空 ✕删除

	字段	类型	整理	属性	Null	默认	额外	操作
	id	int(10)			否		auto_increment	
	downloads_name	text	utf8_general_ci		否			
	downloads_displayname	text	utf8_general_ci		否			
	downloads_filesize	bigint(19)			否	0		
	downloads_introtext	mediumtext	utf8_general_ci		是	NULL		
	downloads_fulltext	mediumtext	utf8_general_ci		是	NULL		
	downloads	int(10)			否	0		
	downloads_published	tinyint(4)			否	0		
	downloads_created_time	datetime			否	0000-00-00 00:00:00		
	downloads_created_by	int(10)			否	0		
	downloads_modified_time	datetime			否	0000-00-00 00:00:00		
	downloads_modified_by	int(10)			否	0		

↑ 全选 / 全部不选 选中项:

🖨打印预览 📊规划表结构 ⑦

添加 [1] 字段 ⦿于表结尾 ○于表开头 ○于 [id ▾] 之后 [执行]

索引: ⑦

键名	类型	基数	操作	字段
PRIMARY	PRIMARY	17	✏ ✕	id
filesize	INDEX	无	✏ ✕	downloads_filesize
downloads	INDEX	无	✏ ✕	downloads
published	INDEX	无	✏ ✕	downloads_published
created_time	INDEX	无	✏ ✕	downloads_created_time
modified_time	INDEX	无	✏ ✕	downloads_modified_time

在第 [1] 列创建索引 [执行]

已使用空间

类型	用法
数据	2,468 字节
索引	7,168 字节
统计	9,636 字节

行统计

语句	值
格式	动态
整理	utf8_general_ci
行数	17
行长度 ø	145
行大小 ø	567 字节
下一个 Autoindex	26
创建时间	2020 年 05 月 06 日 16:12
最后更新时间	2020 年 05 月 06 日 16:12

图 7-28 表结构图

14. sushe_houseparent (图 7-29)

字段	类型	整理	属性	Null	默认	额外	操作
houseparent_id	int(20)			否		auto_increment	
houseparent_num	int(20)			否			
houseparent_name	varchar(50)	latin1_swedish_ci		否			
houseparent_role	varchar(50)	latin1_swedish_ci		否			
houseparent_username	varchar(50)	latin1_swedish_ci		否			
houseparent_password	varchar(50)	latin1_swedish_ci		否			
houseparent_building_leader	varchar(50)	latin1_swedish_ci		否			

全选 / 全部不选 选中项：

打印预览 关系查看 规划表结构
添加 1 字段 ⦿于表结尾 ○于表开头 ○于 houseparent_id 之后 执行

索引：⑦

键名	类型	基数	操作	字段
PRIMARY	PRIMARY	0	✎ ✕	houseparent_id

在第 1 列创建索引 执行

已使用空间

类型	用法
数据	16,384 字节
索引	0 字节
统计	16,384 字节

行统计

语句	值
格式	Compact
整理	latin1_swedish_ci
下一个 Autoindex	1
创建时间	2020 年 05 月 09 日 08:10

图 7-29　表结构图

15. sushe_images (图 7-30)

字段	类型	整理	属性	Null	默认	额外	操作
id	int(11)			否		auto_increment	
images_id	int(11)			否	0		
images_type	varchar(30)	utf8_general_ci		否	banner		
images_name	varchar(255)	utf8_general_ci		否			
images_imageurl	varchar(100)	utf8_general_ci		否			
images_date	datetime			是	NULL		
images_catid	int(10)		UNSIGNED	否	0		
images_description	text	utf8_general_ci		否			
images_publish_up	datetime			否	0000-00-00 00:00:00		
images_publish_down	datetime			否	0000-00-00 00:00:00		

全选 / 全部不选 选中项：

打印预览 规划表结构
添加 1 字段 ⦿于表结尾 ○于表开头 ○于 id 之后 执行

索引：⑦

键名	类型	基数	操作	字段
PRIMARY	PRIMARY	4	✎ ✕	id
idx_banner_catid	INDEX	无	✎ ✕	images_catid

在第 1 列创建索引 执行

已使用空间

类型	用法
数据	288 字节
索引	3,072 字节
统计	3,360 字节

行统计

语句	值
格式	动态
整理	utf8_general_ci
行数	4
行长度 ø	72
行大小 ø	840 字节
下一个 Autoindex	14
创建时间	2020 年 05 月 06 日 16:18
最后更新时间	2020 年 05 月 06 日 16:18

图 7-30　表结构图

16.sushe_leader（图 7–31）

图 7-31　表结构图

17.sushe_menu（图 7–32）

图 7-32　表结构图

18.sushe_news_content（图 7-33）

	字段	类型	整理	属性	Null	默认	额外	操作						
☐	content_id	int(11)		UNSIGNED	否		auto_increment							
☐	content_title	varchar(255)	utf8_general_ci		否									
☐	content_kind	varchar(255)	utf8_general_ci		否									
☐	content_editor	varchar(255)	utf8_general_ci		否									
☐	content_introtext	mediumtext	utf8_general_ci		否									
☐	content_fulltext	mediumtext	utf8_general_ci		否									
☐	content_state	varchar(50)	utf8_general_ci		否	0								
☐	content_sectionid	int(11)		UNSIGNED	否	0								
☐	content_mask	int(11)		UNSIGNED	否	0								
☐	content_catid	int(11)		UNSIGNED	否	0								
☐	content_created	datetime			否	0000-00-00 00:00:00								
☐	content_created_by	int(11)		UNSIGNED	否	0								
☐	content_created_by_alias	varchar(255)	utf8_general_ci		否									
☐	content_modified	datetime			否	0000-00-00 00:00:00								
☐	content_modified_by	int(11)		UNSIGNED	否	0								
☐	content_checked_out	int(11)		UNSIGNED	否	0								
☐	content_checked_out_time	datetime			否	0000-00-00 00:00:00								
☐	content_publish_up	datetime			否	0000-00-00 00:00:00								
☐	content_publish_down	datetime			否	0000-00-00 00:00:00								
☐	content_images	text	utf8_general_ci		否									
☐	content_urls	text	utf8_general_ci		否									
☐	content_attribs	text	utf8_general_ci		否									
☐	content_version	int(11)		UNSIGNED	否	1								
☐	content_parentid	int(11)		UNSIGNED	否	0								
☐	content_ordering	int(11)			否									
☐	content_metakey	text	utf8_general_ci		否									
☐	content_metadesc	text	utf8_general_ci		否									
☐	content_access	int(11)		UNSIGNED	否	0								
☐	content_hits	int(11)		UNSIGNED	否	0								
☐	content_metadata	text	utf8_general_ci		否									

图 7-33　表结构图

19.sushe_role_list（图 7-34）

| | 浏览 | 结构 | SQL | 搜索 | 插入 | 导出 | Import | 操作 | 清空 | 删除 |

	字段	类型	整理	属性	Null	默认	额外	操作						
☐	**role_id**	tinyint(3)		UNSIGNED	否	0								
☐	**role_name**	varchar(50)	utf8_general_ci		否									

↑ 全选 / 全部不选 选中项：

🖶 打印预览　💾 规划表结构 ⑦

添加 1 字段 ⦿于表结尾 ○于表开头 ○于 [role_id ▾] 之后 [执行]

索引: ⑦						已使用空间		行统计	
键名	类型	基数	操作	字段	类型	用法	语句	值
PRIMARY	PRIMARY	3	✎ ✕	role_id	数据	60 字节	格式	动态
在第 1 列创建索引 [执行]					索引	2,048 字节	整理	utf8_general_ci
					统计	2,108 字节	行数	3
							行长度 ⌀	20
							行大小 ⌀	703 字节
							创建时间	2020 年 05 月 09 日 13:50
							最后更新时间	2020 年 05 月 09 日 13:50

图 7-34　表结构图

20.sushe_room（图 7-35）

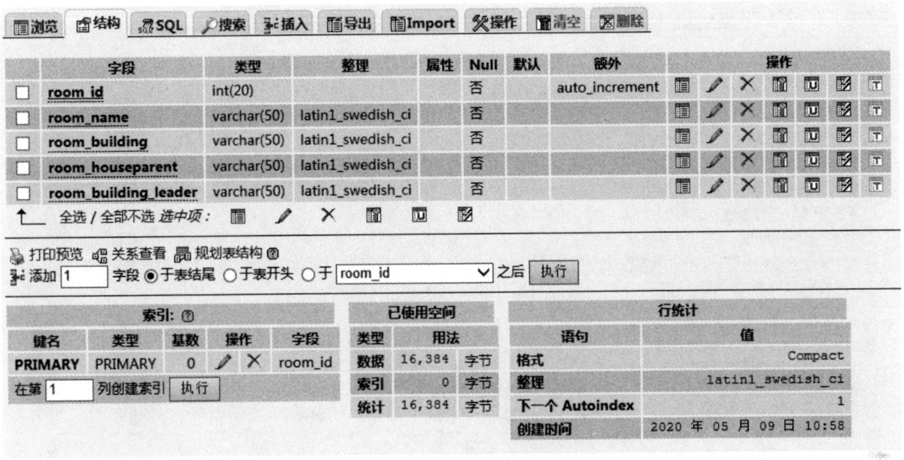

图 7-35　表结构图

21.sushe_session（图 7-36）

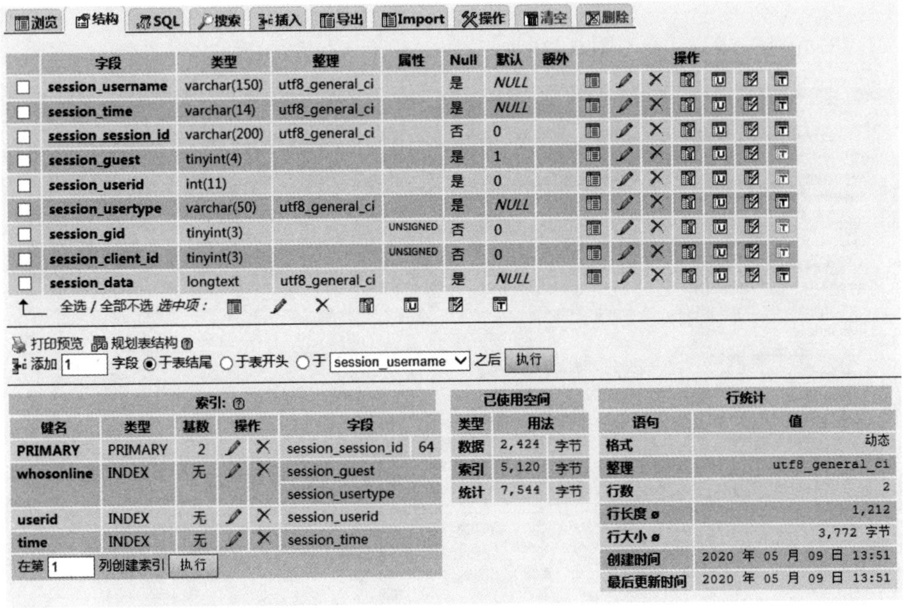

图 7-36　表结构图

22.sushe_student（图 7–37）

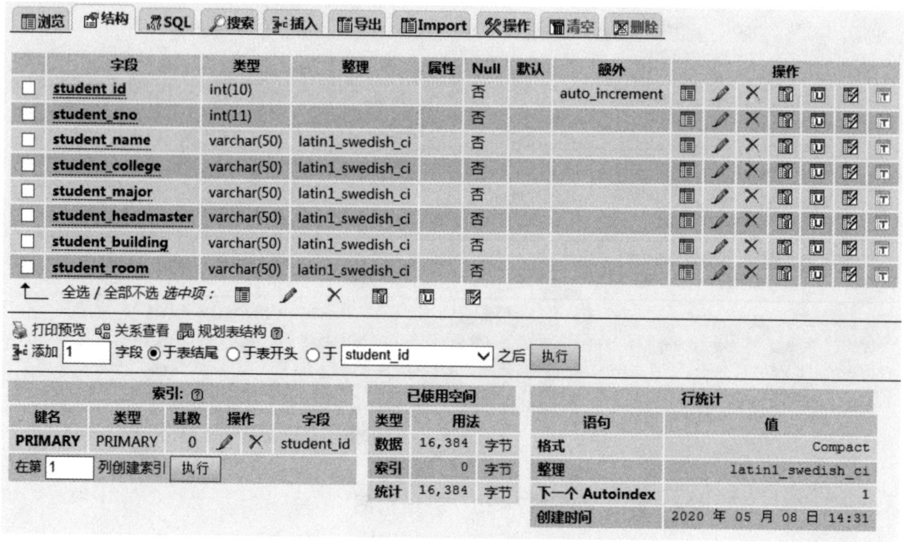

浏览 结构 SQL 搜索 插入 导出 Import 操作 清空 删除

字段	类型	整理	属性	Null	默认	额外	操作
student_id	int(10)			否		auto_increment	
student_sno	int(11)			否			
student_name	varchar(50)	latin1_swedish_ci		否			
student_college	varchar(50)	latin1_swedish_ci		否			
student_major	varchar(50)	latin1_swedish_ci		否			
student_headmaster	varchar(50)	latin1_swedish_ci		否			
student_building	varchar(50)	latin1_swedish_ci		否			
student_room	varchar(50)	latin1_swedish_ci		否			

全选 / 全部不选 *选中项：*

打印预览 关系查看 规划表结构

添加 1 字段 ◉于表结尾 ○于表开头 ○于 student_id 之后 执行

索引：

键名	类型	基数	操作	字段
PRIMARY	PRIMARY	0		student_id

在第 1 列创建索引 执行

已使用空间

类型	用法	
数据	16,384	字节
索引	0	字节
统计	16,384	字节

行统计

语句	值
格式	Compact
整理	latin1_swedish_ci
下一个 Autoindex	1
创建时间	2020 年 05 月 08 日 14:31

图 7–37　表结构图

23.sushe_users_list（图 7–38）

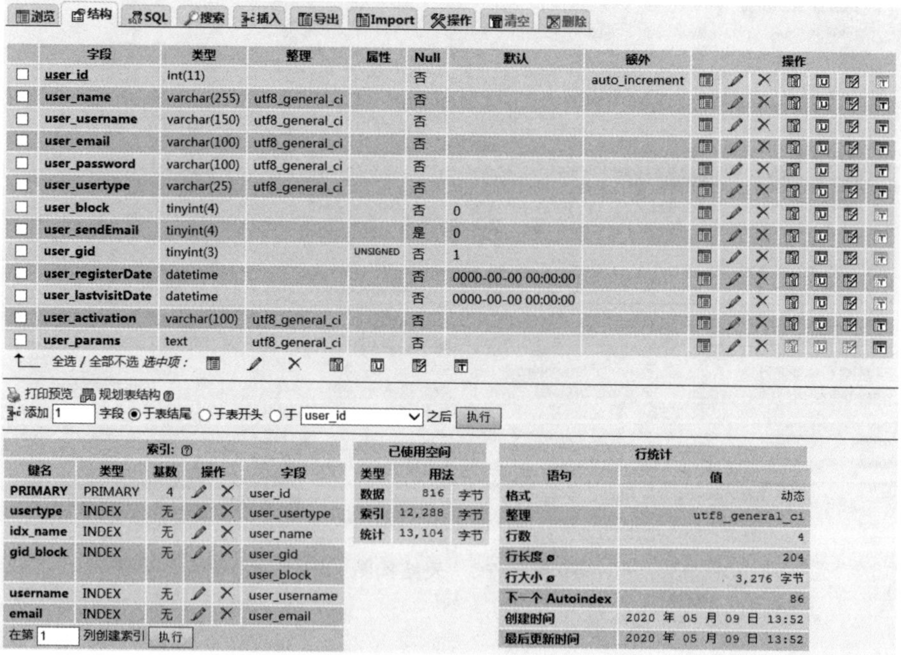

浏览 结构 SQL 搜索 插入 导出 Import 操作 清空 删除

字段	类型	整理	属性	Null	默认	额外	操作
user_id	int(11)			否		auto_increment	
user_name	varchar(255)	utf8_general_ci		否			
user_username	varchar(150)	utf8_general_ci		否			
user_email	varchar(100)	utf8_general_ci		否			
user_password	varchar(100)	utf8_general_ci		否			
user_usertype	varchar(25)	utf8_general_ci		否			
user_block	tinyint(4)			否	0		
user_sendEmail	tinyint(4)			是	0		
user_gid	tinyint(3)		UNSIGNED	否	1		
user_registerDate	datetime			否	0000-00-00 00:00:00		
user_lastvisitDate	datetime			否	0000-00-00 00:00:00		
user_activation	varchar(100)	utf8_general_ci		否			
user_params	text	utf8_general_ci		否			

全选 / 全部不选 *选中项：*

打印预览 规划表结构

添加 1 字段 ◉于表结尾 ○于表开头 ○于 user_id 之后 执行

索引：

键名	类型	基数	操作	字段
PRIMARY	PRIMARY	4		user_id
usertype	INDEX	无		user_usertype
idx_name	INDEX	无		user_name
gid_block	INDEX	无		user_gid user_block
username	INDEX	无		user_username
email	INDEX	无		user_email

在第 1 列创建索引 执行

已使用空间

类型	用法	
数据	816	字节
索引	12,288	字节
统计	13,104	字节

行统计

语句	值
格式	动态
整理	utf8_general_ci
行数	4
行长度 ø	204
行大小 ø	3,276 字节
下一个 Autoindex	86
创建时间	2020 年 05 月 09 日 13:52
最后更新时间	2020 年 05 月 09 日 13:52

图 7–38　表结构图

24.sushe_weblinks（图 7-39）

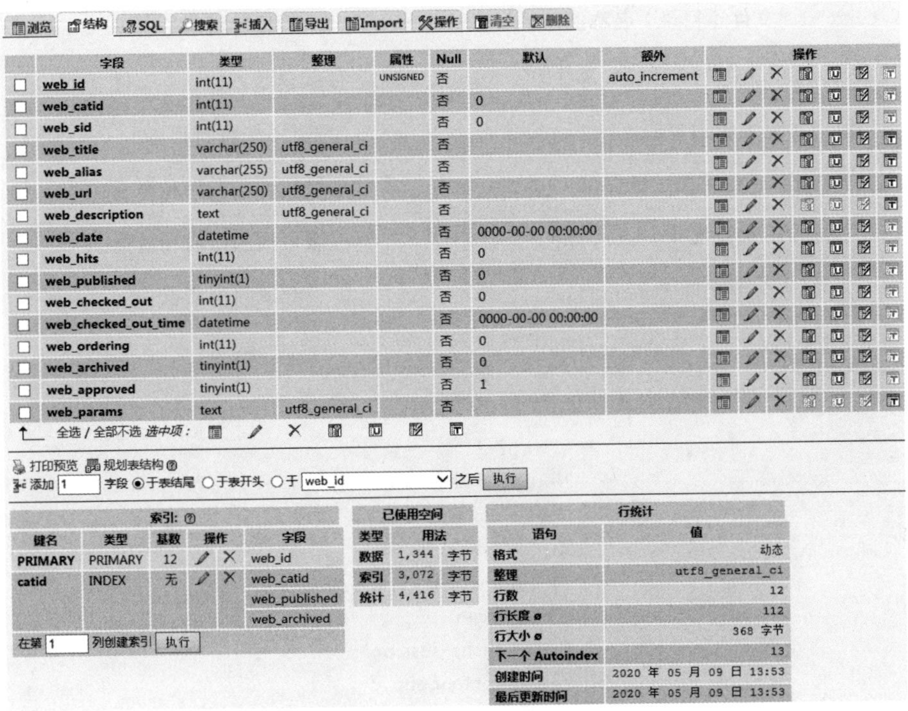

图 7-39 表结构图

7.2.2 宿舍管理系统的目录及文件设计

新闻、公告、活动信息等内容信息管理员负责管理宿舍管理中心前台展示的信息。

该系统的整体结构文件及其说明见表 7-4。

表 7-4 宿舍管理系统整体结构表

文件（目录）名称	文件说明
数据库等配置文件目录（config）	存储配置文件
后台文件目录（administrator）	后台管理的相关文件和目录
图片文件目录（images）	存放图片文件
css 目录（css）	存储的后台和前台的样式文件

文件（目录）名称	文件说明
login 目录（登录后台文件）	存放登录、验证等文件
前台首页主逻辑页面（index.php）	首页面的布局和显示
前台二级页面（kind.php）	二级页面的布局和显示
前台三级页面（content.php）	三级页面的布局和显示
前台菜单文件（menu.php）	存放前台菜单
Session 文件（sushe_session）	存放 session 文件

宿舍管理系统结构文件如图 7-40 所示。

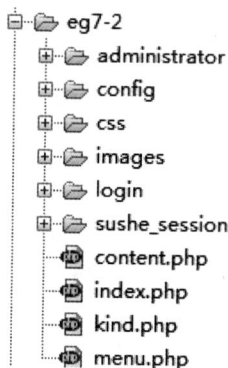

图 7-40　程序文件结构图

该系统的后台（administrator）结构文件及其说明见表 7-5。

表 7-5　宿舍管理系统后台文件结构表

文件（目录）名称	文件说明
留言簿管理目录（book）	留言簿管理的文件
楼栋管理目录（building）	楼栋管理的文件
联系我们管理目录（contact）	联系我们管理的文件
设备管理目录（device）	设备管理的文件
菜单管理目录（menu）	菜单管理的文件
人员管理目录（people）	后台用户管理的文件

续　表

文件（目录）名称	文件说明
友情链接管理目录（weblink）	友情链接管理的文件
后台管理主逻辑页面（index.php）	后台布局、框架及显示
后台（welcome.php）	进入后台的欢迎页

此系统设计得比较完整，并且比较复杂。由于篇幅有限，开发的过程我们将一个功能一个功能地进行编写，在编写某一个功能时会调用或者修改其他的文件，并且对于重复的写法会省略。

7.2.3　后台登录与验证

登录

第一步：新建 config 目录并打开，在此目录中新建配置文件 sushe_config.php，对数据库进行配置，其内容如下：

<meta http-equiv="Content-Type" content="text/html; charset=utf-8" /><!--给页面指定编码为 utf-8-->

<?php

// 数据库配置文件

$sushe_connect_sql=mysql_connect('localhost','root','') or die(' 数据库服务器链接错误，请检查数据库是否启动 ');

mysql_query("set NAMES 'utf8'");// 本系统中页面和数据库的编码标准皆为 utf-8，所以在这里需要此语句解决数据库中的中文调用问题

$sushe_select_sql=mysql_select_db('sushe') or die(' 选择的数据库打开失败 ');

?>

第二步：完成数据配置以后，新建 login 目录，在目录中新建 login.php，其内容如下：

<!DOCTYPE html PUBLIC "-//W3C//DTD XHTML 1.0 Transitional//EN" "http://www.w3.org/TR/xhtml1/DTD/xhtml1-transitional.dtd">

<html xmlns="http://www.w3.org/1999/xhtml">

<head>

<meta http-equiv="Content-Type" content="text/html; charset=utf-8" />

```
<link rel="stylesheet" href="../css/system.css" type="text/css"/><!-- 插入 css
```
目录中 system.css 样式表，对表单的样式进行控制 -->
```
<title> 保山学院宿舍管理系统 </title>

</head>

<body>
<table width="1100" border="0" align="center">
 <tr>
   <td colspan="2" valign="middle" height="140px"><img src="../images/
logo.png"><font size="25px"></font></td>
   </tr>

   <form name="form1" action="login_yz.php" method="post" ><!-- 将数据传
```
到验证页面，提交方式采用 post-->
```
   <tr>
   <td width="260" align="right"> 用户名： </td>
   <td width="824" align="left">
   <input type="text" name="user_username"  size="40"
maxlength="40"/><font color="red">*</font>

   </td>
   </tr>
   <tr>
   <td align="right"> 密      码： </td>
   <td align="left"><input type="password" name="user_password"
size="40" maxlength="40"/><font color="red">*</font></td>
   </tr>
   <tr>
```

<td align="right"> 权   限：</td><!-- 将用户的所有权限罗列，待判断 -->

<td align="left">

<select name="user_usertype" size="1">

<option value=" 超级管理员 "> 超级管理员 </option>

<option value=" 校领导 "> 校领导 </option>

<option value=" 栋长 "> 栋长 </option>

<option value=" 宿管员 "> 宿管员 </option>

 <option value=" 二级学院领导 "> 二级学院领导 </option>

 <option value=" 行健公司管理员 "> 行健公司管理员 </option>

 <option value=" 班主任 "> 班主任 </option>

 <option value=" 辅导员 "> 辅导员 </option>

 <option value=" 网站内容管理员 "> 网站内容管理员 </option>

</select>

</td>

</tr>

<tr>

 <td align="right"> 验证码：</td>

 <td align="left"><input class="yzm" type="text" name="yzm" size="40" maxlength="40"/><font class="redstar" color="red">*</font></td>

 </tr>

 <tr>

 <td colspan="2" align="center">

<tr>

 <td align="right"></td>

 <td align="left"><input class="login-reset" type="submit" name="submit" value=" 登录 "/>

 <input class="login-reset" type="reset" name="reset" value=" 重 置 "/></td>

 </tr>

 </td>

 </tr>

```
    </form>
  </table>
  </body>
  </html>
```

第三步：新建 css 目录，并在目录中新建 system.css 样式表，其内容如下：

```css
input{
    border: 1px solid green;/* 控制 input 边框和颜色 */
    width:230px;/* 控制 input 宽度 */
    height:25px;/* 控制 input 高度 */
    margin:10px 0 10px 0;/* 控制 input 上下间距 */
}
.yzm{
    width:100px;/* 控制验证码 input 宽度，使用 class 引用样式 */
}
select{
    border: 1px solid green;/* 控制 select 表单的边框和颜色 */
    width:105px;/* 控制宽度 */
    height:25px;/* 控制高度 */
}
.login-reset{/* 控制登录和重置两个按钮的样式，用 class 调用 */
    border: 1px solid green;
    width:115px;
    height:25px;
}
.redstar{/* 对红色的星进行控制，用 class 调用 */
  margin:0px 0px 10px 2px;
}
```

整个登录界面的效果如图 7-41 所示。

图 7-41　系统登录界面

至此，登录界面完成。

第四步：在 login 目录中新建 login_yz.php 文件，在其中接收 login.php 中传递过来的值，其代码如下：

```php
<?php
session_start( );// 开启 session，注意在这条语句之前不能有任何输出，不
然会报错
?>
<meta http-equiv="Content-Type" content="text/html; charset=utf-8" /><!--
添加页面编码，不然中文提示会出现乱码 -->
<?php
session_save_path('../sushe_session/');// 设置 session 的存储路径，上一级目
录下的 sushe_session
// 接收 login.php 传递过来的值
echo $user_username=$_POST['user_username'];// 定义变量 $user_username,
接受从 login.php 传递过来的用户名的值并输出
echo $user_password=$_POST['user_password'];// 定义变量 $user_password,
接受从 login.php 传递过来的密码的值并输出
echo $user_usertype=$_POST['user_usertype'];// 定义变量 $user_usertype, 接
受从 login.php 传递过来的用户权限的值并输出
echo $yzm=$_POST['yzm'];// 定义变量 $yzm，接受从 login.php 传递过来的
验证码的值并输出
```

?>

在登录界面输入如图 7-42 所示内容。

图 7-42　系统登录

点击登录运行结果如下：

admin123456 行健公司管理员 yzm1

说明页面之间的值能够正常传递。

第五步：在 sushe 数据库的 sushe_users_list 表中，手工添加 9 条记录，一个角色增加一条，以备登录测试使用。以下是记录的基本内容；user_password 的值为 md5(123)，即是对 123 进行 md5 加密的结果。见表 7-6

表 7-6　宿舍管理系统用户列表

user_id	user_name	user_username	user_email	user_password	user_usertype
1	李军华	admin	3iamlichangqi@gmail.com	202cb962ac59075b964b07152d234b70	超级管理员
2	刘军	liujun	478158987@qq.com	202cb962ac59075b964b07152d234b70	行健公司管理员
3	杨军	yangjun	sk@163.com	202cb962ac59075b964b07152d234b70	分管学生工作校领导
4	段军	duanjun	lyf@163.com	202cb962ac59075b964b07152d234b70	二级学院领导
5	黄俊	huangjun	lyf11@163.com	202cb962ac59075b964b07152d234b70	辅导员
6	余军	yujun	lyf44@163.com	202cb962ac59075b964b07152d234b70	班主任
7	马军	majun	lyfgg@163.com	202cb962ac59075b964b07152d234b70	楼栋栋长
8	宝军	baojun	lyf456@163.com	202cb962ac59075b964b07152d234b70	宿管员
9	内容管理员	admin_content	lyf111@163.com	202cb962ac59075b964b07152d234b70	网站内容管理员

第六步：在 login 目录中创建 yzm.php，其内容如下：

```php
<?php
session_save_path('../sushe_session/');// 设置 session 存储的目录
session_start( );// 要使用 session，必须要先开启 session
```

// 使用这个函数时要开启 gd 库打开 php.ini，找到 ;extension=php_gd2.dll，将前面的 ; 删除，然后重启服务，否则会报如下错误 Fatal error: Call to undefined function imagecreatetruecolor( ) in F:\wamp\www\xxgl\chapter5\eg5-11.php on line 2

// 第一步：创建图片区域 imagecreatetruecolor（宽度 px，高度 px）

`$image_area=imagecreatetruecolor(110,25);`// 创建图像区域的大小 110px*25px，注意大小要与登录验证码的输入框的高度要一致

// 第二步：设置图片背景颜色

`$image_bgcolor=imagecolorallocate($image_area,255,255,255);`// 设置背景颜色 rgb(255,255,255) 白色

// 第三步：填充背景颜色

`imagefill($image_area,0,0,$image_bgcolor);`// 将白色的背景颜色从左上角 (0,0)，开始填充

`$image_yzm_code="";`// 定义验证码变量并赋值为空

`for($i=0;$i<5;$i++){`// 设置 5 位验证码，根据自己的系统对验证码位数的需求进行设置

`$image_fontsize=9;`// 设置验证码大小

`$image_fontcolor=imagecolorallocate($image_area,rand(0,130),rand(0,130),rand(0,130));` // 给图片区域中的字体设置颜色，用一个范围的随机颜色 rand( ) 随机函数作为 rgb( ) 的参数。

`$image_data="0123456789abcdefghijklmnopqrstuvwxyzABCDEFGHIJKLMNOPQRSTUVWXYZ";`// 验证码集合，可以根据自己的系统需求来进行设置，现在是使用了数字和大小写字母

`$image_yzm_content=substr($image_data,rand(0,strlen($image_data)-1),1);`// 从验证码集合中每次随机取一个字符，取 5 次，开始位置随机 rand(0,strlen($image_data)-1) 从 0 到最后一个字符位置随机开始，取 1 个字符

`$image_yzm_code.=$image_yzm_content;`// 将取出来的 5 个字符连接到 $image_yzm_code 变量中，连接成一个字符串

// 设置验证码显示的坐标

$image_x=20*$i+rand(5,10);// 设置验证码显示 x 轴的坐标，根据自己图片区域和验证码的大小进行调整

$image_y=rand(5,10); // 设置验证码显示 y 轴的坐标，根据自己图片区域和验证码的大小进行调整

// 第四步：给图片填充字符串 imagestring

imagestring($image_area,$image_fontsize,$image_x,$image_y,$image_yzm_content,$image_fontcolor);//$image_area 图片区域 ,$image_fontsize 字符串字体大小 ,$image_x 开始填充坐标 x 轴 ,$image_y 开始填充坐标 y 轴 ,$image_yzm_content 填充的单个字符连续填充 5 次 ,$image_fontcolor 字符颜色

}

$_SESSION['yzm_code']=$image_yzm_code;// 将验证码字符串写入 $_SESSION['yzm_code'] 中，以便在 index.php 中跨页面调用

// 增加干扰点

for($i=0;$i<310;$i++){ // 此例中设置 310 个干扰点

$image_piontcolor=imagecolorallocate($image_area,rand(51,210),rand(51,210),rand(51,210));　　// 根据需要设置干扰点颜色

imagesetpixel($image_area,rand(0,99),rand(0,29),$image_piontcolor);// 根据需要画干扰点，画 310 个

}

// 增加干扰线

for($i=0;$i<5;$i++){

$image_linecolor=imagecolorallocate($image_area,rand(51,210),rand(51,210),rand(51,210));// 根据需要设置干扰线颜色

imageline($image_area,rand(0,99),rand(0,29),rand(0,99),rand(0,29),$image_linecolor);// 根据需要画干扰线，画 5 条

}

// 第五步：将整个页面类型设置为图片

header('Content-Type:image/png');// 图片类型为 png

// 第六步：生成图片

imagepng($image_area);

// 第七步：销毁图片

imagedestroy($image_area);

?>

运行效果如下：

Bb0192

第七步：修改 login.php 页面，将验证码引入登录界面中。

修改以下代码：

```
<tr>
   <td align="right"> 验证码：</td>
    <td align="left"><input class="yzm" type="text" name="yzm"  size="40" maxlength="40"/><font class="redstar" color="red">*</font> </td>
   </tr>
```

为：

```
<tr>
   <td align="right"> 验证码：</td>
    <td align="left"><input class="yzm" type="text" name="yzm"  size="40" maxlength="40"/><font class="redstar" color="red">*</font> <img src="yzm.php"/></td>
   </tr>
```

保存运行效果，如图 7-43 所示。

图 7-43　加入验证码的登录界面

第八步：在 config 目录下，新建 sushe_config.php

其内容如下：

```
<meta http-equiv="Content-Type" content="text/html; charset=utf-8" /><!--
给页面指定编码为 utf-8-->
```

```php
<?php
// 数据库配置文件
    $sushe_connect_sql=mysql_connect('localhost','root','') or die(' 数据库服务
器链接错误，请检查数据库是否启动 ');
    mysql_query( "set NAMES 'utf8'");// 本系统中页面和数据库的编码标准皆
为 utf-8,所以在这里需要此语句解决数据库中的中文调用问题
    $sushe_select_sql=mysql_select_db('sushe') or die(' 选择的数据库打开
失败 ');
?>
```

修改 login 目录中的 login_yz.php 文件对登录的用户名、密码和验证码进行验证，其内容如下：

```php
<?php
session_save_path('../sushe_session/');// 设置 session 的存储路径，上一级目
录下的 sushe_session
session_start( );// 开启 session，注意在这条语句之前不能有任何输出，不
然会报错
?>
```

```
<meta http-equiv="Content-Type" content="text/html; charset=utf-8" /><!--
添加页面编码，不然中文提示会出现乱码 -->
```

```php
<?php
// 接收 login.php 的传递过来的值
echo $_SESSION['yzm_code'];
echo $user_username=$_POST['user_username'];// 定义变量 $user_username,
接受从 login.php 传递过来的用户名的值
echo $user_password=$_POST['user_password'];// 定义变量 $user_password,
接受从 login.php 传递过来密码的值
echo $user_usertype=$_POST['user_usertype'];// 定义变量 $user_usertype, 接
受从 login.php 传递过来用户权限的值
echo $yzm=$_POST['yzm'];// 定义变量 $yzm, 接受从 login.php 传递过来验证
```

码的值

$user_password_md5=md5($user_password);// 因为数据库中的面密码是通过 md5 的方式进行加密的，所以在这对传递过来的值进行加密

/*if($yzm!=$_SESSION['yzm_code']){

    echo "<script type=\"text/javascript\">alert(' 验证码错误，请重新输入 '); location.href='login.php'</script>";

    }*/

include '../config/sushe_config.php';// 引入数据库配置文件

echo $yz_sql="select * from sushe_users_list where user_username='$user_username' and user_password='$user_password_md5' and user_usertype='$user_usertype' and user_activation=' 激活 '";// 写一条 user_username、user_password、user_usertype 中三个字段的值与 login.php 页面中提交的值同时相等的 sql 语句

$result_select=mysql_query($yz_sql);// 执行 sql 语句

$legal_num=mysql_num_rows($result_select);// 获取查询结果的记录数。如果有记录，说明有与输入的用户名、密码和权限相同的记录

if($legal_num==0){// 如果为 0，说明没有 user_username、user_password、user_usertype 中三个字段的值与 login.php 页面中提交的值同时相等的记录

    echo "<script type=\"text/javascript\">alert(' 用户名、密码、权限选择错误或者账号未激活，请重新登录 ');location.href='login.php'</script>";// 将 java 脚本与 php 混用，非法用户跳转到登录界面，注意里面的双引号用了 "\" 转义，不然无效。

} else{// 如果不为 0，说明有 user_username、user_password、user_usertype 中三个字段的值与 login.php 页面中提交的值同时相等的记录，跳转到管理端的首页

    echo $_SESSION['is_legal']=2;// 如果用户存在即合法，定义 $_SESSION ['is_legal'] 的值为 2，作为其他页面判断权限的标志

    echo $_SESSION['user']=$user_username;

    echo "<script type=\"text/javascript\">alert('1 恭喜你，即将进入宿舍管理管理系统后台 ');location.href='../administrator/index.php?user_username= $user_username&user_password=$user_password&user_usertype=$user_usertype'</script>";// 合法用户跳转到 index.php 页面，并通过超链接 (get) 的方式传递 registration_number 和 password 的值给 index.php 页面中备用

    }

?>

运行本页面的结果如图 7-44 所示。

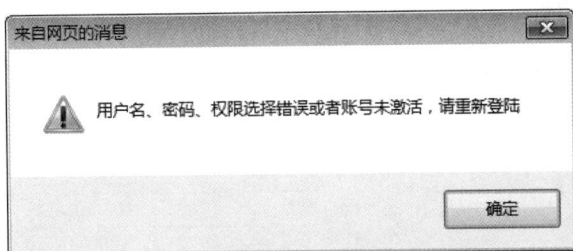

图 7-44　登录信息错误提示

因为没有输入任何信息所以运行本页面时，弹出如图 7-44 所示。提示，点击确定跳转到 login.php 页面。输入错误的用户信息如图 7-45 所示。

图 7-45　输入错误的登录信息

点击确定，如图 7-46 所示。

admin1111234超级管理员x5wru select * from sushe_users_list where user_username='admin111' and user_password='81dc9bdb52d04dc20036dbd8313ed055' and user_usertype='超级管理员'0

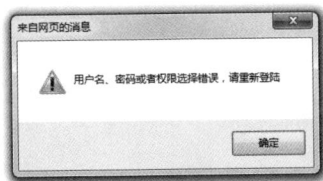

图 7-46　登录错误提示

弹窗提示信息错误，并输出我们输入的内容，说明内容能够正确传递，

211

等调试完成以后可以将输出取消。输入正确的内容如图 7-47 所示。

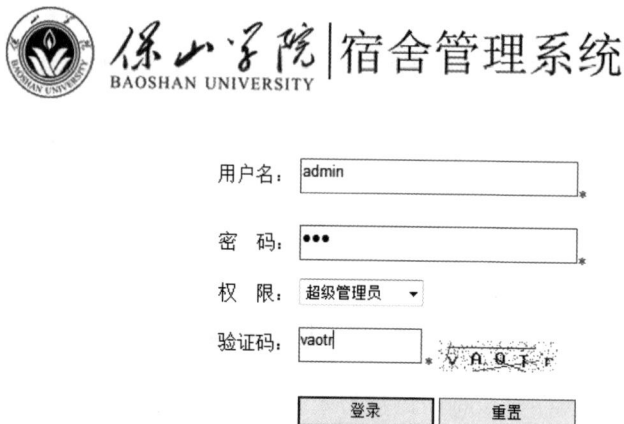

图 7-47　输入正确的登录信息

页面弹出欢迎的提示，点击确定跳转到 administrator 目录下的 index.php
页面中。图 7-48 所示。

admin123超级管理员vaotr select * from sushe_users_list where user_username='admin' and user_password='202cb962ac59075b964b07152d234b70' and user_usertype='超级管理员'1

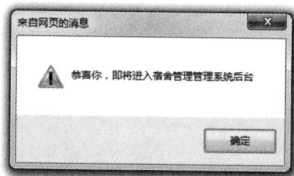

图 7-48　登录成功提示

由于此页面还没有创建，所以提示该页面无法显示。如图 7-49 所示。

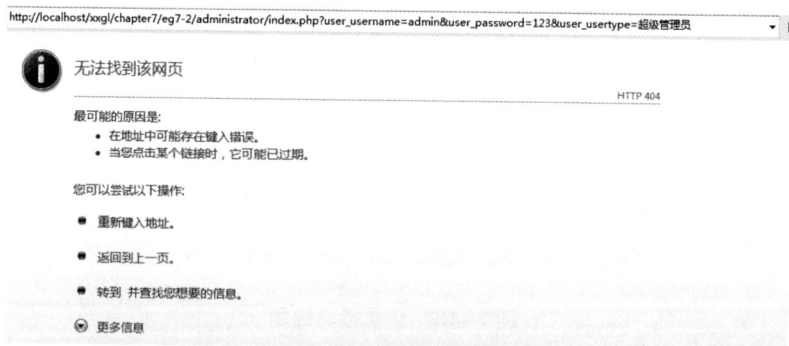

图 7-49　登录成功后跳转的页面

到此整个登录界面全部完成。

7.2.4 后台管理页面

第一步：在 administrator 目录中新建 index.php，并对其内容进行编写，如下：

```php
<?php
session_save_path('../sushe_session/');
session_start( );
if($_SESSION['is_legal']!=2){
    echo "<script type=\"text/javascript\">alert(' 对不起你没有权限进入管理
页面！ ');location.href='../login/login.php'</script>";
}else{
    echo ' 欢迎管理员 '.$_SESSION['user'];
}
?>
<!DOCTYPE html PUBLIC "-//W3C//DTD XHTML 1.0 Transitional//EN"
"http://www.w3.org/TR/xhtml1/DTD/xhtml1-transitional.dtd">
<html xmlns="http://www.w3.org/1999/xhtml">
<head>
<meta http-equiv="Content-Type" content="text/html; charset=utf-8" />
<title> 保山学院宿舍管理系统后台 </title>
</head>

<!-- 本例中使用表格和框架对后台管理页面进行编写 -->
<table width="1100" border="0" align="center" cellpadding="4"
cellspacing="4">
  <tr>
    <td colspan="2" align="center" height="166">
    <table width="1100" height="156" border="0" align="left">
     <tr>
        <td height="33" colspan="8" align="right"><p> 内容首页  学生管理
首页 修改个人信息 注销 </p><!-- 天头链接添加 -->
        </td>
```

```
      </tr>
      <tr>
        <td height="90" colspan="8" align="left"><p><img src="../images/
logo.png">后台管理系统 </p><!-- 后台 logo-->
        </td>
      </tr>
      <tr>


        <td width="80" height="23" align="center" valign="middle"><a
href="content/content.php" target="left_kj"> 内容管理 </a> </td><!-- 一级管理
菜单，其对应的文件为链接的文件并将其内容显示在名称为 left_kj 左侧框架
中 -->
        <td width="80" align="center" valign="middle"><a href="building/
building.php" target="left_kj"> 楼栋管理 </a></td>
        <td width="80" align="center" valign="middle"><a href="device/
device.php" target="left_kj"> 设备管理 </a></td>
        <td width="80" align="center" valign="middle"><a href="peple/peple.
php" target="left_kj"> 人员管理 </a></td>
        <td width="80" align="center" valign="middle"><a href="book/book.
php" target="left_kj"> 留言本管理 </a> </td>
        <td width="80" align="center" valign="middle"><a href="menu/menu.
php" target="left_kj"> 菜单管理 </a></td>
        <td width="100" align="center" valign="middle"><a href="weblink/
weblink.php" target="left_kj"> 友情链接管理 </a> </td>
        <td width="100" align="center" valign="middle"><a href="contact/
contactus.php" target="left_kj"> 联系我们管理 </a></td>
      </tr>
    </table></td>
  </tr>
  <tr>
    <td width="138" align="center"  valign="top" style="margin-left:20px">
    <iframe name="left_kj" width="100%" height="500px" src="content/
content.php" ></iframe><!-- 定义左侧框架并指定其默认显示的内容为 src 属
```

性值 content/content.php-->

</td>

<td width="976">

<iframe name="center_kj" width="100%" height="500px" src="welcome.php"></iframe><!-- 定义中间框架并指定其默认显示的内容为 src 属性值 welcome.php-->

</td>

</tr>

<tr>

<td colspan="2" align="center" height="110px">版权所有保山学院 地址：云南省保山市隆阳区远征路 16 号 联系电话：0875-286****</td>

</tr>

</table>

第二步：在 administrator 目录中，新建 book(留言本)、building(楼栋)、contact(联系我们)、content(内容)、device(设备)、downloads(下载)、menu(菜单)、peple(人员管理)、weblink(友情链接)9 个目录。

第三步：在 administrator 目录中新建一个名为 welcome.php 的文件，对其内容编辑如下：

<!DOCTYPE html PUBLIC "-//W3C//DTD XHTML 1.0 Transitional//EN" "http://www.w3.org/TR/xhtml1/DTD/xhtml1-transitional.dtd">

<html xmlns="http://www.w3.org/1999/xhtml">

<head>

<meta http-equiv="Content-Type" content="text/html; charset=utf-8" />

<title> 内容管理 </title>

</head>

<body>

<?php

echo ' 欢迎 '.$_SESSION['user'].' 登 录 后 台 , 请认真阅读后台管理须知 '.'
';// 输出欢迎词，并将记录在 $_SESSION['user'] 中的值输出来。

?>

<hr>

<!-- 对系统后台操作权限做说明 -->

<p>

本后台权限如下：

超级管理员，具备所有其他角色权限，并且能够管理其他角色。

宿舍管理单位，负责分配楼栋栋长、宿管员。

分管学生工作校领导，查看楼栋、宿舍和学生的情况。

二级学院分管学生工作领导，查看本学院的楼栋、宿舍和学生的情况。

辅导员，为学生分配宿舍、注销宿舍，查看本学院的楼栋、宿舍和学生的情况。

班主任，为学生分配宿舍、床号，查看本班的楼栋、宿舍和学生的情况。

楼栋栋长，管理 2~3 栋楼的宿舍管理员（纪律、考勤、文件传递），查看本栋、宿管员和学生现状。

宿管员，查房、记录（晚归、未归上报、违规电器上报、报修、收超额水电费（水：3 立方 / 人、电：5 度 / 人）），查看本栋楼学生现状。

</p>

</body>

</html>

第四步：在 administrator/content 目录中新建一个名为 content.php 的文件，是内容管理的左侧菜单，其内容如下：

<!DOCTYPE html PUBLIC "-//W3C//DTD XHTML 1.0 Transitional//EN" "http://www.w3.org/TR/xhtml1/DTD/xhtml1-transitional.dtd">

<html xmlns="http://www.w3.org/1999/xhtml">

<head>

<meta http-equiv="Content-Type" content="text/html; charset=utf-8" />

<title> 内容管理 </title>

</head>

<body>

<table height="308">

```
    <tr>
      <td><a href="browse.php" target="center_kj"> 查看内容 </a></td><!--
其内容显示在框架 center_kj 中 -->
    </tr>
    <tr>
      <td><a href="main.php" target="center_kj"> 添加内容 </a></td>
    </tr>


    <tr>
      <td><a href="modify.php" target="center_kj"> 修改内容 </a></td>
    </tr>


     <tr>
      <td><a href="delete.php" target="center_kj"> 删除内容 </a></td>
    </tr>


    <tr>
      <td><a href="directory.php" target="center_kj"> 添加分类 </a></td>
    </tr>
    <tr>
      <td><a href="javascript:if(window.confirm(' 是否确定要退出？ ')) location.
href='loginout.php'">退出系统 </a></td><!-- 用 java 脚本写一个退出的页面 -->
    </tr>
    </table>
  </body>
</html>
```

这时运行 index.php 效果和点击内容管理的一样，如图 7-50 所示。

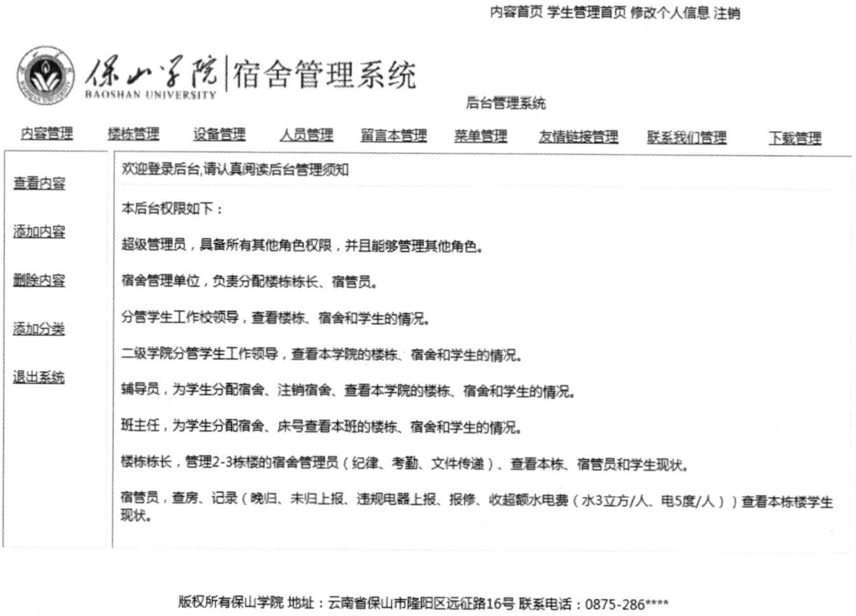

图 7-50　后台操作界面

第五步：在 administrator/book 目录中新建一个名为 book.php 的文件，是留言本管理的左侧菜单，其内容如下：

```
<!DOCTYPE html PUBLIC "-//W3C//DTD XHTML 1.0 Transitional//EN"
"http://www.w3.org/TR/xhtml1/DTD/xhtml1-transitional.dtd">
<html xmlns="http://www.w3.org/1999/xhtml">
<head>
<meta http-equiv="Content-Type" content="text/html; charset=utf-8" />
<title> 留言簿管理 </title>
</head>

<body>
<table height="308">
    <tr>
    <td><a href="main.php" target="center_kj"> 查看 | 回复 | 审核 | 删除留言 </a></td>
    </tr>
```

```
<tr>

<td><a href="main.php" target="center_kj"> 添加留言 </a></td>

</tr>


<tr>

<td><a href="loginout.php"> 退出系统 </a></td>

</tr>

</table>

</body>

</html>
```

运行 index.php，并点击菜单中的留言本管理，运行效果如图 7-51 所示。

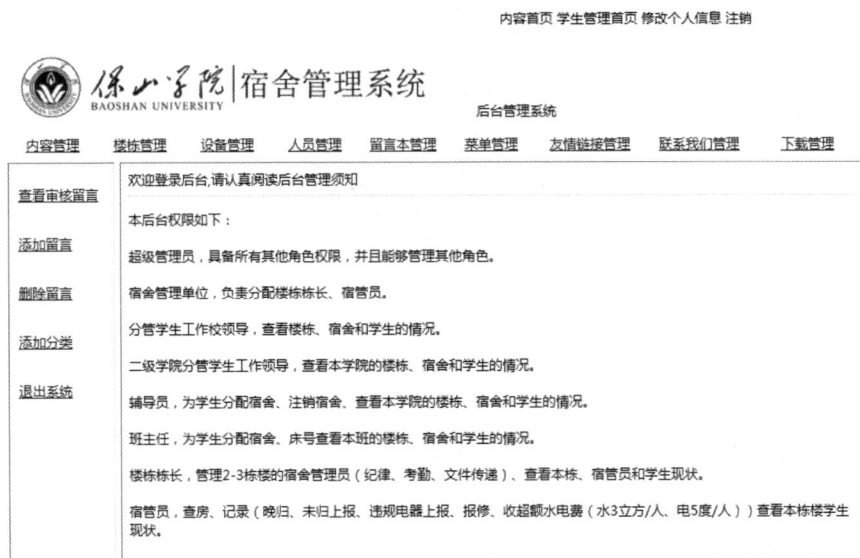

图 7-51　留言本管理界面

第六步：在 administrator/building 目录中新建一个名为 building.php 的文件，是楼栋管理的左侧菜单，其内容如下：

```
<!DOCTYPE html PUBLIC "-//W3C//DTD XHTML 1.0 Transitional//EN"
"http://www.w3.org/TR/xhtml1/DTD/xhtml1-transitional.dtd">

<html xmlns="http://www.w3.org/1999/xhtml">
```

```
<head>
<meta http-equiv="Content-Type" content="text/html; charset=utf-8" />
<title> 楼栋管理 </title>
</head>

<body>
<table height="308">
   <tr>
   <td><a href="main.php" target="center_kj"> 查看楼栋情况 </a></td>
   </tr>

   <tr>
   <td><a href="main.php" target="center_kj"> 添加楼栋 </a></td>
   </tr>
   <?php if($_SESSION['userpower']=='super'){?>
   <tr>
   <td><a href="modify.php" target="center_kj"> 修改楼栋 </a></td>
   </tr>
   <?php }?>
    <tr>
   <td><a href="delete.php" target="center_kj"> 删除楼栋 </a></td>
   </tr>


   <tr>
   <td><a href="directory.php" target="center_kj"> 分配宿管员 </a></td>
   </tr>
  <tr>
   <td><a href="loginout.php"> 退出系统 </a></td>
   </tr>
   </table>

</body>
</html>
```

运行 index.php，并点击菜单中的楼栋管理，运行效果如图 7-52 所示。

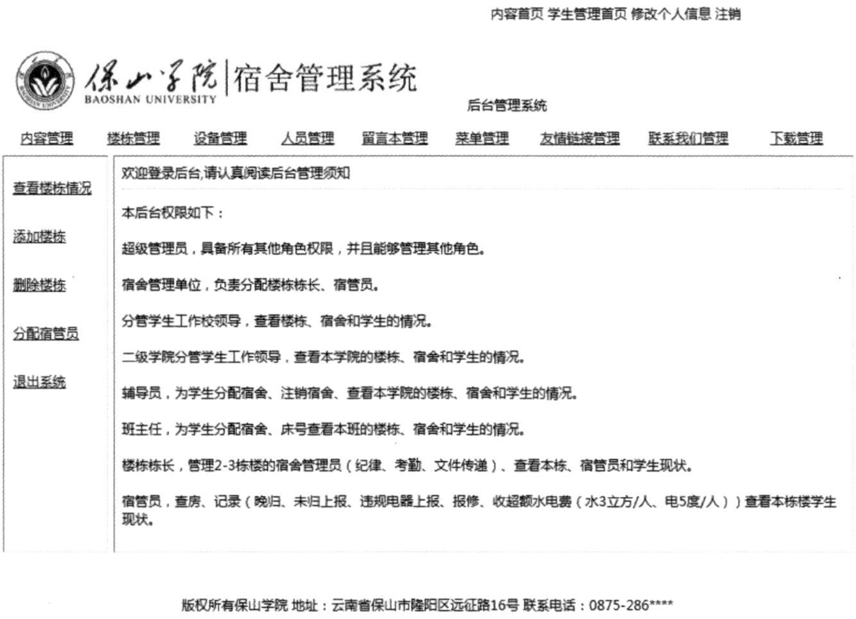

内容首页 学生管理首页 修改个人信息 注销

保山学院 | 宿舍管理系统
BAOSHAN UNIVERSITY

后台管理系统

内容管理　楼栋管理　设备管理　人员管理　留言本管理　菜单管理　友情链接管理　联系我们管理　　　下载管理

查看楼栋情况	欢迎登录后台,请认真阅读后台管理须知
	本后台权限如下：
添加楼栋	超级管理员，具备所有其他角色权限，并且能够管理其他角色。
删除楼栋	宿舍管理单位，负责分配楼栋栋长、宿管员。
	分管学生工作校领导，查看楼栋、宿舍和学生的情况。
分配宿管员	二级学院分管学生工作领导，查看本学院的楼栋、宿舍和学生的情况。
退出系统	辅导员，为学生分配宿舍、注销宿舍、查看本学院的楼栋、宿舍和学生的情况。
	班主任，为学生分配宿舍、床号查看本班的楼栋、宿舍和学生的情况。
	楼栋栋长，管理2-3栋楼的宿舍管理员（纪律、考勤、文件传递）、查看本栋、宿管员和学生现状。
	宿管员，查房、记录（晚归、未归上报、违规电器上报、报修、收超额水电费（水3立方/人、电5度/人））查看本栋楼学生现状。

版权所有保山学院 地址：云南省保山市隆阳区远征路16号 联系电话：0875-286****

图 7-52　楼栋管理界面

第七步：在 administrator/contact 目录中新建一个名为 contactus.php 的文件，是联系我们的左侧菜单，其内容如下：

```
<!DOCTYPE html PUBLIC "-//W3C//DTD XHTML 1.0 Transitional//EN"
"http://www.w3.org/TR/xhtml1/DTD/xhtml1-transitional.dtd">
<html xmlns="http://www.w3.org/1999/xhtml">
<head>
<meta http-equiv="Content-Type" content="text/html; charset=utf-8" />
<title> 联系我们管理 </title>
</head>
<body>
<table height="308">
  <tr>
  <td><a href="main.php" target="center_kj"> 查看联系 </a></td>
  </tr>
  <tr>
  <td><a href="main.php" target="center_kj"> 添加联系 </a></td>
```

221

```
        </tr>
        <?php if($_SESSION['userpower']=='super'){?>
        <tr>
        <td><a href="modify.php" target="center_kj"> 修改联系 </a></td>
        </tr>
        <?php }?>
         <tr>
        <td><a href="delete.php" target="center_kj"> 删除联系 </a></td>
        </tr>


        <tr>
         <td><a href="loginout.php"> 退出系统 </a></td>
        </tr>
        </table>
    </body>
</html>
```

运行index.php，并点击菜单中的联系我们管理，运行效果如图7-53所示。

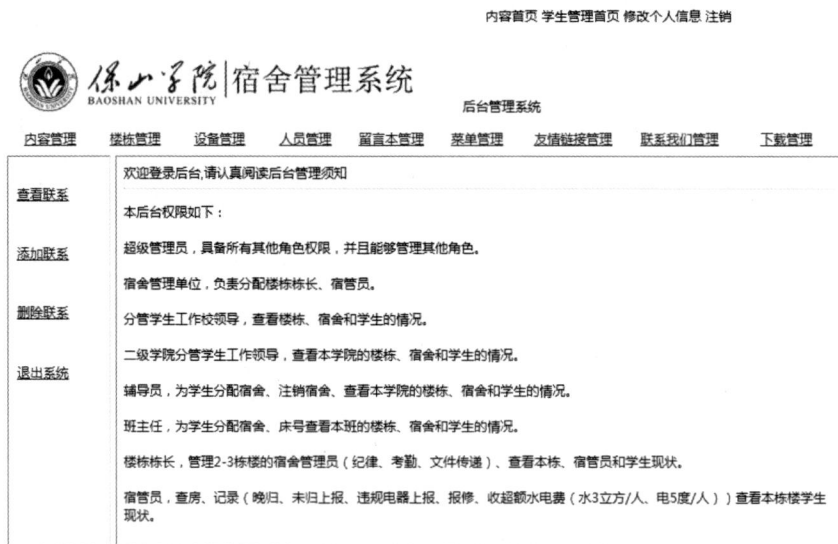

图 7-53　联系我们管理界面

222

后面的效果和写法都一样，笔者就不一一赘述了。至此后台页面效果完成。

7.2.5　后台登录控制

第一步：打开 login 目录中的 login_yz.php，增加 session 的值，并进行后台登录权限的判断。具体页面如下：

```php
<?php
session_save_path('../sushe_session/');// 设置 session 的存储路径，上一级目录下的 sushe_session
session_start( );// 开启 session，注意在这条语句之前不能有任何输出，不然会报错
?>
<meta http-equiv="Content-Type" content="text/html; charset=utf-8" /><!-- 添加页面编码，不然中文提示会出现乱码 -->
<?php
// 接收 login.php 的传递过来的值
echo $_SESSION['yzm_code'];
echo $user_username=$_POST['user_username'];// 定义变量 $user_username，接受从 login.php 传递过来的用户名的值
echo $user_password=$_POST['user_password'];// 定义变量 $user_password，接受从 login.php 传递过来密码的值
echo $user_usertype=$_POST['user_usertype'];// 定义变量 $user_usertype，接受从 login.php 传递过来用户权限的值
echo $yzm=$_POST['yzm'];// 定义变量 $yzm，接受从 login.php 传递过来验证码的值
$user_password_md5=md5($user_password);// 因为数据库中的面密码是通过 md5 的方式进行加密的，所以在这对传递过来的值进行加密
/*if($yzm!=$_SESSION['yzm_code']){
    echo "<script type=\"text/javascript\">alert(' 验证码错误，请重新输入 ');location.href='login.php'</script>";
}*/
include '../config/sushe_config.php';// 引入数据库配置文件
echo $yz_sql="select * from sushe_users_list where user_username='$user_
```

username' and user_password='$user_password_md5' and user_usertype='$user_usertype'";// 写一条 user_username、user_password、user_usertype 中三个字段的值与 login.php 页面中提交的值同时相等的 sql 语句

$result_select=mysql_query($yz_sql);// 执行 sql 语句

echo $legal_num=mysql_num_rows($result_select);// 获取查询结果的记录数。如果有记录，说明有与输入的用户名、密码和权限相同的记录

if($legal_num==0){// 如果为 0，说明没有 user_username、user_password、user_usertype 中三个字段的值与 login.php 页面中提交的值同时相等的记录

echo "<script type=\"text/javascript\">alert(' 用户名、密码或者权限选择错误，请重新登录 ');location.href='login.php'</script>";// 将 java 脚本与 php 混用，非法用户跳转到登录界面

} else{// 如果不为 0，说明有 user_username、user_password、user_usertype 中三个字段的值与 login.php 页面中提交的值同时相等的记录，跳转到管理端的首页

echo $_SESSION['is_legal']=2;// 如果用户合法，定义 $_SESSION['is_legal'] 的值为 2，作为其他页面判断权限的标志

echo $_SESSION['user']=$user_username;

echo "<script type=\"text/javascript\">alert('1 恭喜你，即将进入宿舍管理管理系统后台 ');location.href='../administrator/index.php?user_username= $user_username&user_password=$user_password&user_usertype=$user_usertype'</script>";// 合法用户跳转到 index.php 页面，并通过超链接的方式传递 registration_number 和 password 的值给 index.php 页面中

}

?>

第二步：打开 administrator 目录中的 index.php 页面，在其开头部分加上一段 php 语句，对登录权限进行判断，其内容如下：

<?php

session_save_path('../sushe_session/');

session_start( );

if($_SESSION['is_legal']!=2){

echo "<script type=\"text/javascript\">alert(' 对不起你没有权限进入管理页面！ ');location.href='../login/login.php'</script>";

}else{

```
    echo ' 欢迎管理员 '.$_SESSION['user'];
  }
  ?>
<!DOCTYPE html PUBLIC "-//W3C//DTD XHTML 1.0 Transitional//EN"
"http://www.w3.org/TR/xhtml1/DTD/xhtml1-transitional.dtd">
<html xmlns="http://www.w3.org/1999/xhtml">
<head>
<meta http-equiv="Content-Type" content="text/html; charset=utf-8" />
<title> 保山学院宿舍管理系统后台 </title>
</head>
<!-- 本例中使用表格和框架对后台管理页面进行编写 -->
<table width="1100" border="0" align="center" cellpadding="4"
cellspacing="4">
  <tr>
   <td colspan="2" align="center" height="166">
    <table width="1100" height="156" border="0" align="left">
     <tr>
       <td height="33" colspan="8" align="right"><p> 内容首页　学生管理
首页 修改个人信息 注销 </p><!-- 天头链接添加 -->
       </td>
     </tr>
      <tr>
        <td height="90" colspan="8" align="left"><p><img src="../images/
logo.png"> 后台管理系统 </p><!-- 后台 logo-->
       </td>
     </tr>
      <tr>
        <td width="80" height="23" align="center" valign="middle"><a
href="content/content.php" target="left_kj"> 内容管理 </a> </td><!-- 一级管理
菜单，其对应的文件为链接的文件并将其内容显示在名称为 left_kj 左侧框架
中 -->
        <td width="80" align="center" valign="middle"><a href="building/
building.php" target="left_kj"> 楼栋管理 </a></td>
```

```
        <td width="80" align="center" valign="middle"><a href="device/
device.php" target="left_kj"> 设备管理 </a></td>
        <td width="80" align="center" valign="middle"><a href="peple/peple.
php" target="left_kj"> 人员管理 </a></td>
        <td width="80" align="center" valign="middle"><a href="book/book.
php" target="left_kj"> 留言本管理 </a> </td>
        <td width="80" align="center" valign="middle"><a href="menu/menu.
php" target="left_kj"> 菜单管理 </a></td>
        <td width="100" align="center" valign="middle"><a href="weblink/
weblink.php" target="left_kj"> 友情链接管理 </a> </td>
        <td width="100" align="center" valign="middle"><a href="contact/
contactus.php" target="left_kj"> 联系我们管理 </a></td>
      </tr>
    </table></td>
  </tr>
  <tr>
    <td width="138" align="center"  valign="top" style="margin-left:20px">
    <iframe name="left_kj" width="100%" height="500px" src="content/
content.php"></iframe><!-- 定义左侧框架并指定其默认显示的内容为 src 属性
值 content/content.php-->

    </td>
    <td width="976">
    <iframe name="center_kj" width="100%" height="500px" src="welcome.
php"></iframe><!-- 定义中间框架并指定其默认显示的内容为 src 属性值
welcome.php-->
    </td>
  </tr>
  <tr>
    <td colspan="2" align="center" height="110px">版权所有保山学院 地址：
云南省保山市隆阳区远征路 16 号 联系电话：0875-286****</td>
  </tr>
</table>
```

第三步：登录测试，输入以下错误信息，如图 7-54 所示。

图 7-54　登录测试

点击登录。提示错误，点击确定返回登录界面。如图 7-55 所示。

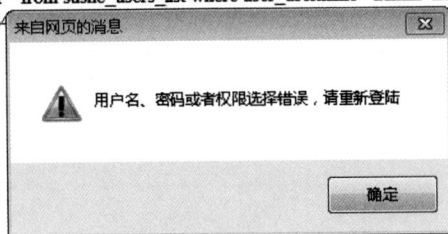

图 7-55　登录错误测试结果

输入正确的登录信息，如图 7-56 所示。

图 7-56　登录测试

点击确定，如图 7-57 所示。进入后台主页面，其效果如图 7-58 所示。

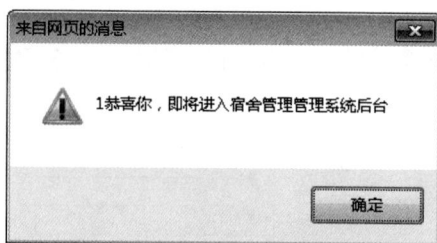

图 7-57　登录成功测试结果

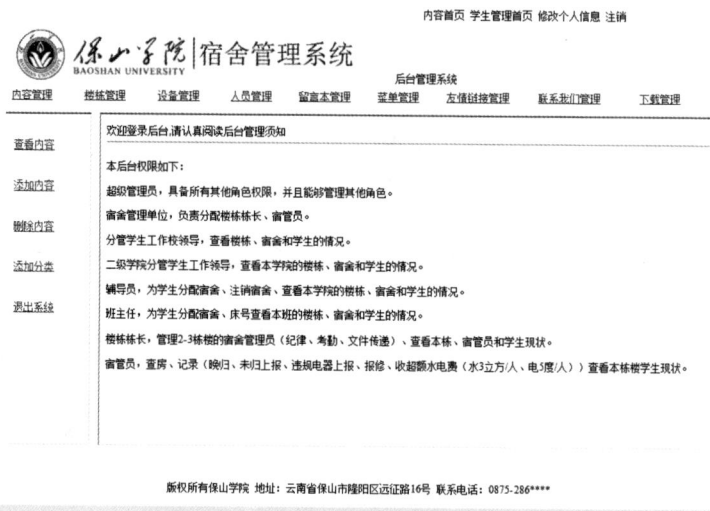

图 7-58　登录成功以后进入管理界面

后台登录的初步判断完成。

7.2.6　人员管理

1. 查看管理员

查看管理员，主要是查看管理员的信息，其主要是对表 sushe_users_list 进行查询。其具体内容如下：

```php
<?php
session_save_path('../../sushe_session/');
session_start( );
if($_SESSION['is_legal']!=2){// 防止非法用户登录
```

```
        echo "<script type=\"text/javascript\">alert(' 对不起你没有权限进入管理
页面！ ');location.href='../../login/login.php'</script>";
    }
?>
<!DOCTYPE html PUBLIC "-//W3C//DTD XHTML 1.0 Transitional//EN"
"http://www.w3.org/TR/xhtml1/DTD/xhtml1-transitional.dtd">
<html xmlns="http://www.w3.org/1999/xhtml">
<head>
<meta http-equiv="Content-Type" content="text/html; charset=utf-8" />
<title> 管理员浏览 </title>
<!-- 表格的边框颜色进行设置 -->
<style>
td{
    border:1px solid #0F0;


    }
</style>


</head>


<body>
<?php
include '../../config/sushe_config.php';
$user_sql="select * from sushe_users_list";
$sushe_result=mysql_query($user_sql);
?>
<table width="976" height="70" border="1" align="center">
  <tr bgcolor="#6a99e2">
    <td height="32" align="center" bgcolor="#6a99e2"> 用户 id</td>
    <td align="center" bgcolor="#6a99e2"> 用户名 </td>
    <td align="center" bgcolor="#6a99e2"> 电子邮件 </td>
    <td align="center" bgcolor="#6a99e2"> 用户角色 </td>
    <td align="center" bgcolor="#6a99e2"> 添加时间 </td>
```

```
<td align="center" bgcolor="#6a99e2"> 修改时间 </td>
<td align="center" bgcolor="#6a99e2"> 激活状态 </td>
</tr>
<?php
while($user_row=mysql_fetch_array($sushe_result)){
?>
<tr bgcolor="#e4e4e4">
<td align="center"><?php echo $user_row['user_name']?></td>
<td align="center"><?php echo $user_row['user_username']?></td>
<td align="center"><?php echo $user_row['user_email']?></td>
<td align="center"><?php echo $user_row['user_usertype']?></td>
<td align="center"><?php echo $user_row['user_registerDate']?></td>
<td align="center"><?php echo $user_row['user_lastvisitDate']?></td>
<td align="center"><?php echo $user_row['user_activation']?></td>
</tr>
<?php }?>
</table>
</body>
</html>
```

在后台点击人员管理，在左侧点击查看管理员。如图 7-59 所示。

图 7-59 查看管理员界面

2. 添加管理员

添加管理员，主要是根据需要添加管理员，其主要是对表 sushe_users_list 进行插入。

第一步：修改 css 目录中的 system.css，添加以下样式，以备添加表单中进行样式调用。

.activate{

    width:15px;/* 控制激活 input 宽度，使用 class 引用样式 */

    border: 0px solid green;

}

第二步：在 peple 目录新建 add.php，其具体内容如下：

<?php

session_save_path('../../sushe_session/');

session_start( );

if($_SESSION['is_legal']!=2){// 凡是后台的管理页面都必须做权限的判断

    echo "<script type=\"text/javascript\">alert(' 对不起你没有权限进入管理页面！');location.href='../login/login.php'</script>";

    }else{

```
        echo ' 欢迎管理员 '.$_SESSION['user'];
    }
    include '../../config/sushe_config.php';
    ?>
    <!DOCTYPE html PUBLIC "-//W3C//DTD XHTML 1.0 Transitional//EN"
"http://www.w3.org/TR/xhtml1/DTD/xhtml1-transitional.dtd">
    <html xmlns="http://www.w3.org/1999/xhtml">
    <head>
    <meta http-equiv="Content-Type" content="text/html; charset=utf-8" />
    <link rel="stylesheet" href="../../css/system.css" type="text/css"/><!-- 插入
css 目录中 system.css 样式表 , 对表单的样式进行控制 -->
    <title> 用户添加 </title>
    </head>
    <body>
    <table width="960" border="0" align="center">
      <form name="add" action="add_sql.php" method="post" ><!-- 将数据传到
验证页面 , 提交方式采用 post, 将数据提交到 add_sql.php 文件中 -->
      <tr>
       <td width="200" align="right"> 用户名 : </td>
       <td width="750" align="left">
        <input type="text" name="user_username"  size="40" maxlength="40"/><font
color="red">*</font>
       </td>
      <tr>
       <td width="200" align="right"> 真实姓名 : </td>
        <td width="750" align="left">
        <input type="text" name="user_name"  size="40" maxlength="40"/><font
color="red">*</font>
       </td>
      </tr>
      <tr>
       <td width="200" align="right"> 邮      箱 : </td>
        <td width="750" align="left">
```

```
<input type="text" name="user_email"  size="40" maxlength="40"/><font
color="red">*</font>
```

```
</td>
</tr>
<tr>
 <td align="right"> 密      码: </td>
 <td align="left"><input type="password" name="user_password"  size="40"
maxlength="40"/><font color="red">*</font></td>
</tr>
 <tr>
  <td align="right"> 密码确认: </td>
  <td align="left"><input type="password" name="re_user_password"  size="40"
maxlength="40"/><font color="red">*</font></td>
 </tr>
 <tr>
  <td align="right"> 权      限: </td><!-- 将用户
的所有权限罗列，待判断 -->
  <td align="left">
  <select name="user_usertype" size="1">
  <option value=" 超级管理员 "> 超级管理员 </option>
  <option value=" 校领导 "> 校领导 </option>
  <option value=" 栋长 "> 栋长 </option>
  <option value=" 宿管员 "> 宿管员 </option>
   <option value=" 二级学院领导 "> 二级学院领导 </option>
   <option value=" 行健公司管理员 "> 行健公司管理员 </option>
   <option value=" 班主任 "> 班主任 </option>
    <option value=" 辅导员 "> 辅导员 </option>
    <option value=" 网站内容管理员 "> 网站内容管理员 </option>
  </select>
  </td>
  </tr>
```

233

```
<tr>
<td align="right"> 是否激活 : </td><!-- 将激活状态罗列 -->
<td align="left">
  <input class="activate" id="yes" type="radio" name="user_activation"
value=" 激活 " />

<label for="yes"> 激活 </label>

<input class="activate" id="no" type="radio" name="user_activation"
checked="true" value=" 不激活 " /><!-- 默认账号不激活 -->

<label for="no"> 不激活 </label>

</td>
</tr>
<tr>
<td align="right"> 验证码 : </td>
<td align="left"><input class="yzm" type="text" name="yzm"  size="40"
maxlength="40"/><font class="redstar" color="red">*</font> <img src="../../login/
yzm.php"/></td>
</tr>
<tr>
<td colspan="2" align="center">
<tr>
<td align="right"></td>
<td align="left"><input class="login-reset" type="submit" name="add"
value=" 完成 " onclick="return pkyz( )"/>

<input class="login-reset" type="reset" name="reset" value=" 重 置 "/></
td>
</tr>
</td>
```

```
    </tr>
  </form>
</table>
</body>
</html>
```

运行效果如图 7-60 所示。

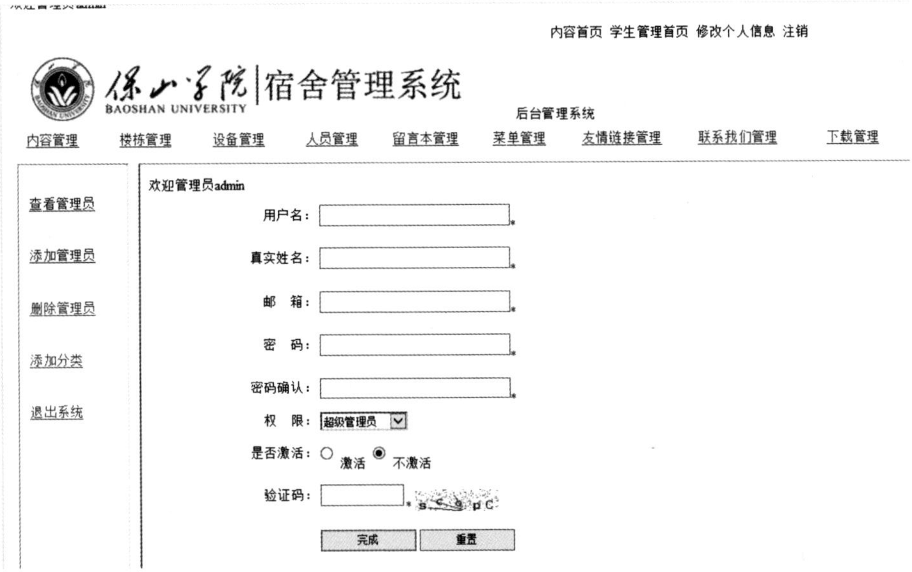

图 7-60　添加管理员界面

第三步：在 peple 目录新建 add_sql.php，其作用是将 add.php 提交过来的数据写入数据库中。其具体内容如下：

```php
<?php // 此页面是对提交过来的数据进行插入
session_save_path('../../sushe_session/');
session_start( );
if($_SESSION['is_legal']!=2){// 凡是后台的管理页面都必须做权限的判断
    echo "<script type=\"text/javascript\">alert(' 对不起你没有权限进入管理页面！ ');location.href='../login/login.php'</script>";
}else{
    echo ' 欢迎管理员 '.$_SESSION['user'];
}
include '../../config/sushe_config.php';
```

$user_username=$_POST['user_username'];// 用 post 的方式接收 add.php 传递过来的值

$user_name=$_POST['user_name'];

$user_email=$_POST['user_email'];

$user_password=md5($_POST['user_password']);// 对输入的密码进行加密

$re_user_password=md5($_POST['re_user_password']);// 对第二次输入的密码进行加密

$user_usertype=$_POST['user_usertype'];

$user_activation=$_POST['user_activation'];

$user_registerDate=date('Y-m-d',time( ));// 将当前时间传入变量

$user_sql="select * from sushe_users_list";// 数据查询语句

$is_username_equal=0;// 赋初始值为 0，用来判断新建用户是否与已有用户的重复

$sushe_result=mysql_query($user_sql);

while($row=mysql_fetch_array($sushe_result)){

　　if($user_username==$row['user_username'])

　　{

　　　　$is_username_equal=1;// 通过循环的方式进行一一比对，如果有重复将其值赋为 1

　　　　break;

　　}

}

$add_sql="insert into sushe_users_list(user_username,user_name,user_email,user_password,user_usertype,user_registerDate,user_activation)values('$user_username','$user_name','$user_email','$user_password','$user_usertype','$user_registerDate','$user_activation')";// 写插入语句

　　if(isset($_POST['add']) && $user_username!=''){// 当点击提交和用户名不为空时进入 if 分支

　　　　if($is_username_equal==0) // 没有重复用户名时进入 if 分子

　　　　{

　　　　if($user_password==$re_user_password){// 两次输入的密码一致、没有与已有数据中用户名重复，并且用户名不为空这三个条件同时满足时，执行插

236

入的 sql 语句

```
                mysql_query($add_sql);
                echo "<script type=\"text/javascript\">alert(' 用户添加成功，即
将跳转到查看页面！ ');location.href='browse.php'</script>";// 插入成功以后提示
用户，用跳转到 browse.php 页面，查看用户列表
        }else{
                echo "<script type=\"text/javascript\">alert(' 两次输入的密码不
一致，请重新输入！ ');location.href='add.php'</script>";// 当输入的两次密码不
一致时，给用户提示并且跳转到 add.php 页面

        }


        }else{
        echo "<script type=\"text/javascript\">alert(' 你输入的用户名已经存在，
请重新输入！ ');location.href='add.php'</script>";// 当输入的用户名已经存在时，
给用户提示并且跳转到 add.php 页面


        }
    }else{
        echo "<script type=\"text/javascript\">alert(' 您输入的信息为空，请重新
输入！ ');location.href='add.php'</script>";// 当输入的用户名为空时，给用户提
示并且跳转到 add.php 页面
    }
    ?>
```

第四步：测试增加管理员的效果测试。

测试 1，输入已有用户名，点击完成。如图 7-61 所示。

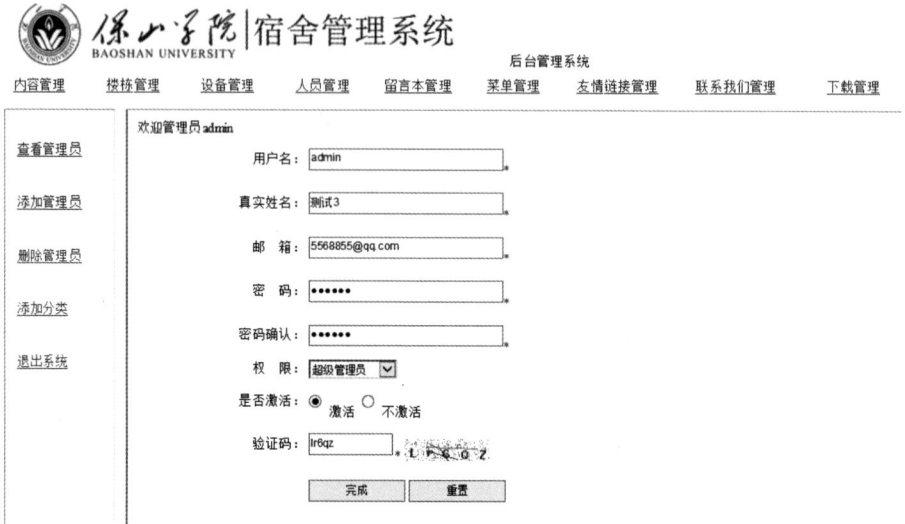

图 7-61　当添加的用户已经存在时

点击确定，跳转到 add.php 页面。如图 7-62 所示。

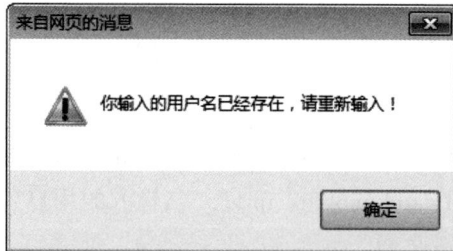

图 7-62　当添加的用户已经存在时的提示

测试 2：两次输入的密码不一致，点击完成，如图 7-63 所示。

238

图 7-63 添加管理员时两次密码不一致

点击确定，跳转到 add.php 页面。如图 7-64 所示。

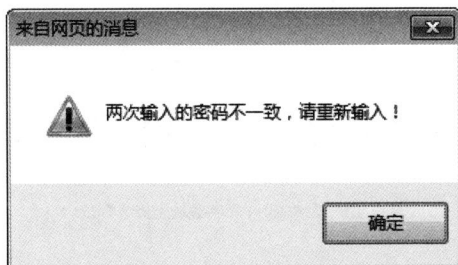

图 7-64 添加管理员时两次密码不一致时提示

测试 3：什么都不输入，点击确定，跳转到 add.php 页面。如图 7-65 所示。

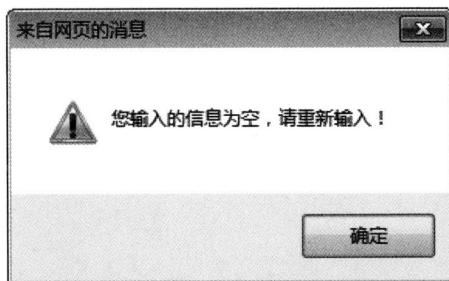

图 7-65 什么都不输入时的提示

测试 4：输入合法信息，点击完成。如图 7-66 所示。

图 7-66　输入合法信息

点击确定，跳转到 browse.php，如图 7-67 所示。查看用户列表，其效果如图 7-68 所示。

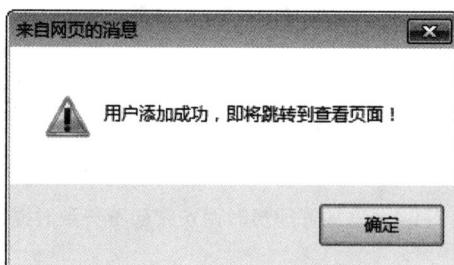

图 7-67　添加成功时的提示

图 7-68　添加成功后管理员列表

3. 修改管理员

第一步：修改 peple 目录中 peple.php 文件中 " 修改管理员 " 的链接为 modify.php.

第二步：在 peple 目录中新建 modify.php，其内容如下：

```php
<?php
session_save_path('../../sushe_session/');
session_start( );
if($_SESSION['is_legal']!=2){// 防止非法用户登录
    echo "<script type=\"text/javascript\">alert(' 对不起你没有权限进入管理
页面！ ');location.href='../../login/login.php'</script>";
}
?>
<!DOCTYPE html PUBLIC "-//W3C//DTD XHTML 1.0 Transitional//EN"
"http://www.w3.org/TR/xhtml1/DTD/xhtml1-transitional.dtd">
<html xmlns="http://www.w3.org/1999/xhtml">
<head>
<meta http-equiv="Content-Type" content="text/html; charset=utf-8" />
<title> 修改管理员 </title>
<!-- 对表格的边框颜色进行设置 -->
<style>
```

```
td{
    border:1px solid #0F0;


}
</style>


</head>


<body>
<?php
include '../../config/sushe_config.php';
$user_sql="select * from sushe_users_list";
$sushe_result=mysql_query($user_sql);
?>
<table width="976" height="70" border="1" align="center">
  <tr bgcolor="#6a99e2">
    <td height="32" align="center" bgcolor="#6a99e2"> 用户姓名 </td>
    <td align="center" bgcolor="#6a99e2"> 用户名 </td>
    <td align="center" bgcolor="#6a99e2"> 电子邮件 </td>
    <td align="center" bgcolor="#6a99e2"> 用户角色 </td>
    <td align="center" bgcolor="#6a99e2"> 添加时间 </td>
    <td align="center" bgcolor="#6a99e2"> 修改时间 </td>
    <td align="center" bgcolor="#6a99e2"> 激活状态 </td>
    <td align="center" bgcolor="#6a99e2"> 操作 </td>
  </tr>
<?php
while($user_row=mysql_fetch_array($sushe_result)){
?>
<tr bgcolor="#e4e4e4">
    <td align="center"><?php echo $user_row['user_name']?></td>
    <td align="center"><?php echo $user_row['user_username']?></td>
    <td align="center"><?php echo $user_row['user_email']?></td>
    <td align="center"><?php echo $user_row['user_usertype']?></td>
```

```
<td align="center"><?php echo $user_row['user_registerDate']?></td>

<td align="center"><?php echo $user_row['user_lastvisitDate']?></td>

<td align="center"><?php echo $user_row['user_activation']?></td>

<td align="center"><a href="modify_form.php?user_id=<?php echo $user_
row['user_id']?>"> 修改 </a></td><!-- 将修改的超链接改为 modify_form.php,
```
并将 user_id 变量的值通过 get 方式传递给 modify_form.php 页面
```
    -->

</tr>

<?php }?>

</table>

</body>

</html>
```

运行效果如图 7-69 所示。

图 7-69　添加了修改链接的管理员列表

注意观察浏览器状态栏的地址中变量的传值，传递的是用户的 id。

第三步：在 peple 目录中新建 modify_form.php 文件用来修改用户数据，其
内容如下：

```
<?php

session_save_path('../../sushe_session/');

session_start( );

if($_SESSION['is_legal']!=2){// 凡是后台的管理页面都必须做权限的判断

    echo "<script type=\"text/javascript\">alert(' 对不起你没有权限进入管理
```

页面！ ');location.href='../login/login.php'</script>";

    }else{

       echo ' 欢迎管理员 '.$_SESSION['user'];

    }

    include '../../config/sushe_config.php';

    $user_id=$_GET['user_id'];// 接收传递过来的值

    $user_sql="select * from sushe_users_list where user_id='$user_id'";// 以 接
收过来的值为查询条件

    $sushe_result=mysql_query($user_sql);

    $row=mysql_fetch_array($sushe_result);

    ?>

    <!DOCTYPE html PUBLIC "-//W3C//DTD XHTML 1.0 Transitional//EN"
"http://www.w3.org/TR/xhtml1/DTD/xhtml1-transitional.dtd">

    <html xmlns="http://www.w3.org/1999/xhtml">

    <head>

    <meta http-equiv="Content-Type" content="text/html; charset=utf-8" />

    <link rel="stylesheet" href="../../css/system.css" type="text/css"/><!-- 插 入
css 目录中 system.css 样式表 , 对表单的样式进行控制 -->

    <title> 管理员修改 </title>

    </head>

    <body>

    <table width="960" border="0" align="center">

      <form name="modify" action="modify_sql.php" method="post" ><!-- 将 数
据传到验证页面，提交方式采用 post, 将数据提交到 modify_sql.php 文件中 -->

      <tr>

      <td width="200" align="right"> 用户名 : </td>

      <td width="750" align="left">

      <input type="text" name="user_username" value="<?php echo $row['user_

username']?>" size="40" maxlength="40" readonly/><font color="red">*</font><!-- 将传递过来用户名的值显示在表单中, 用户名不可更改, 所以增加 readonly 属性, 设置表单为只读 -->

        </td>
        <tr>
         <td width="200" align="right"> 真实姓名: </td>
         <td width="750" align="left">
         <input type="text" name="user_name" value="<?php echo $row['user_name']?>" size="40" maxlength="40"/><font color="red">*</font><!-- 将传递过来的姓名的值显示在表单中 -->

        </td>
        </tr>
        <tr>
         <td width="200" align="right"> 邮   箱: </td>
         <td width="750" align="left">
         <input type="text" name="user_email" value="<?php echo $row['user_email']?>" size="40" maxlength="40"/><font color="red">*</font><!-- 将传递过来的邮箱的值显示在表单中 -->

        </td>
        </tr>
        <tr>
         <td align="right"> 密   码: </td>
         <td align="left"><input type="password" name="user_password" value="<?php echo $row['user_password']?>" size="40" maxlength="40"/><font color="red">*</font></td><!-- 将传递过来的密码的值显示在表单中 -->
        </tr>
        <tr>
         <td align="right"> 密码确认: </td>
         <td align="left"><input type="password" name="re_user_password" value="<?php echo $row['user_password']?>" size="40" maxlength="40"/><font color="red">*</font></

td><!-- 将传递过来的密码的值显示在表单中 -->

  </tr>

  <tr>

   <td align="right"> 权   限：</td><!-- 将用户
的所有权限罗列，待判断 -->

   <td align="left">

   <select name="user_usertype" size="1">

   <option value="<?php echo $row['user_usertype']?>"><?php echo $row['user_
usertype']?></option><!-- 将传递过来的权限的值显示在表单中 -->

   <option value=" 超级管理员 "> 超级管理员 </option>

   <option value=" 校领导 "> 校领导 </option>

   <option value=" 栋长 "> 栋长 </option>

   <option value=" 宿管员 "> 宿管员 </option>

   <option value=" 二级学院领导 "> 二级学院领导 </option>

   <option value=" 行健公司管理员 "> 行健公司管理员 </option>

   <option value=" 班主任 "> 班主任 </option>

   <option value=" 辅导员 "> 辅导员 </option>

   <option value=" 网站内容管理员 "> 网站内容管理员 </option>

  </select>

  </td>

  </tr>

  <tr>

  <td align="right"> 是否激活：</td><!-- 将用户激活状态罗列 -->

  <td align="left">

  <input class="activate" id="yes" type="radio" name="user_activation" checked="true"
value=" 激活 " /><!-- 默认账号激活 -->

  <label for="yes"> 激活 </label>

  <input class="activate" id="no" type="radio" name="user_activation"
value=" 不激活 " />

246

```
<label for="no"> 不激活 </label>

</td>
</tr>
<tr>
<td align="right"> 验证码：</td>
<td align="left"><input class="yzm" type="text" name="yzm"  size="40"
maxlength="40"/><font class="redstar" color="red">*</font> <img src="../../login/
yzm.php"/></td>
</tr>
<tr>
<td colspan="2" align="center">
<tr>
<td align="right"></td>
<td align="left"><input class="login-reset" type="submit" name="modify"
value=" 修改 "/>

<input class="login-reset" type="reset" name="reset" value=" 重  置 "/></
td>
</tr>
</td>
</tr>
</form>
</table>
</body>
</html>
```

点击用户 admin 后面修改链接，其运行界面如图 7-70 所示。

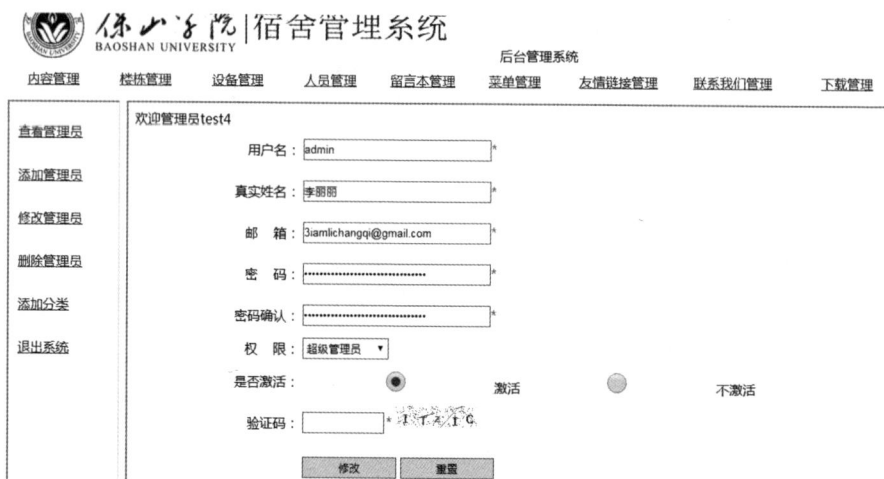

图 7-70　修改界面

第四步：在 peple 目录中新建 modify_sql.php，用来接受以上页面传递过来的值，并完成数据更新，其页面内容为：

```php
<?php // 此页面是对提交过来的数据进行更新
session_save_path('../../sushe_session/');
session_start( );
if($_SESSION['is_legal']!=2){// 凡是后台的管理页面都必须做权限的判断
    echo "<script type=\"text/javascript\">alert(' 对不起你没有权限进入管理页面！ ');location.href='../login/login.php'</script>";
}else{
    echo ' 欢迎管理员 '.$_SESSION['user'];
}
include '../../config/sushe_config.php';
$user_username=$_POST['user_username'];// 用 post 的方式接收 modify_form.php 传递过来的值
$user_name=$_POST['user_name'];
$user_email=$_POST['user_email'];
$user_password=md5($_POST['user_password']);// 对输入的密码进行加密
$re_user_password=md5($_POST['re_user_password']);// 对第二次输入的密码进行加密
$user_usertype=$_POST['user_usertype'];
```

$user_activation=$_POST['user_activation'];

$user_lastvisitDate=date('Y-m-d',time( ));// 将当前时间传入变量

$user_sql="select * from sushe_users_list where user_username='$user_username'";// 数据查询语句

$sushe_result=mysql_query($user_sql);

$row=mysql_fetch_array($sushe_result);

$sql1="UPDATE sushe_users_list SET user_name='$user_name',user_email='$user_email',user_password='$user_password',user_usertype='$user_usertype',user_activation='$user_activation',user_lastvisitDate='$user_lastvisitDate' where user_username='$user_username'";// 更新数据含密码

$sql2="UPDATE sushe_users_list SET user_name='$user_name',user_email='$user_email',user_usertype='$user_usertype',user_activation='$user_activation',user_lastvisitDate='$user_lastvisitDate' where user_username='$user_username'";// 更新数据不含密码

if($_POST['user_password']==$row['user_password'] || $user_password==$row['user_password']){// 密码没有改变的话，不对密码进行更新

　　mysql_query($sql2);

　　echo "<script type=\"text/javascript\">alert(' 管理员信息更新成功，即将跳转到查看页面！ ');location.href='browse.php'</script>";// 更新成功以后提示用户，跳转到 browse.php 页面，查看用户列表

}else if($user_password==$re_user_password){// 密码有变化并且两次的两次输入的密码一致，对密码进行更新

　　mysql_query($sql1);

　　echo "<script type=\"text/javascript\">alert(' 管理员信息更新成功，即将跳转到查看页面！ ');location.href='browse.php'</script>";// 更新成功以后提示用户，跳转到 browse.php 页面，查看用户列表

}else{

　　echo "<script type=\"text/javascript\">alert(' 两次输入的密码不一致，请重新输入，请重新操作！ ');location.href='modify.php'</script>";// 两次密码输入不一致，跳转到 modify.php 页面，重新进行修改

}

?>

第五步：测试 1，修改姓名为李德华，点击修改。如图 7-71 所示。

内容管理	促销管理	议会管理	人员管理	单产品管理	米果管理	反馈销售管理	状态栏信息管理	下载管理

查看管理员　　　　欢迎管理员test4

添加管理员　　　　　　用户名：admin　　　　　　　　＊

修改管理员　　　　　　真实姓名：李德华　　　　　　　　＊

删除管理员　　　　　　邮　箱：3iamlichangqi@gmail.com　＊

添加分类　　　　　　　密　码：●●●●●●●●●●●　　　　＊

　　　　　　　　　　　密码确认：●●●●●●●●●●●　　　＊

退出系统　　　　　　　权　限：超级管理员　▼

　　　　　　　　　　　是否激活：　　●　　激活　　　○　　不激活

　　　　　　　　　　　验证码：itzic　＊ITZIC

　　　　　　　　　　　　修改　　重置

图 7-71　修改界面

点击确定跳转到 browse.php 页面，如图 7-72 所示。

localhost 显示

管理员信息更新成功，即将跳转到查看页面！

确定

图 7-72　修改成功提示

修改成功。如图 7-73 所示。

	用户姓名	用户名	电子邮件	用户角色	添加时间	修改时间	激活状态
查看管理员	李德华	admin	3iamlichangqi@gmail.com	超级管理员	2020-05-10 07:59:34	2020-05-16 00:00:00	激活
添加管理员	刘军	liujun	478158987@qq.com	行健公司管理员	2020-05-10 06:48:41	2013-09-11 00:29:28	激活
修改管理员	杨军	yangjun	sk@163.com	校领导	2020-05-10 07:21:08	2017-11-21 02:28:19	激活
删除管理员	段军	duanjun	lyf@163.com	二级学院领导	2020-05-10 11:19:18	2012-11-08 11:19:36	激活
添加分类	黄俊	huangjun	lyf11@163.com	辅导员	2020-05-10 00:00:00	0000-00-00 00:00:00	激活
退出系统	余军	yujun	lyf44@163.com	班主任	2020-05-10 00:00:00	0000-00-00 00:00:00	激活
	马军	majun	lyfgg@163.com	楼栋栋长	2020-05-10 00:00:00	0000-00-00 00:00:00	激活

图 7-73　修改成功后管理员列表

第六步：测试2，输入两次的密码不一致，点击修改。如图 7-74 和图 7-75 所示。

250

图 7-74　修改时密码和密码确认不一致

图 7-75　修改错误提示

点击确定，跳转到 modify.php 页面。如图 7-76 所示。

用户姓名	用户名	电子邮件	用户角色	添加时间	修改时间	激活状态	操作
李德华	admin	3iamlichangqi@gmail.com	超级管理员	2020-05-10 07:59:34	2020-05-16 00:00:00	激活	修改
刘军	liujun	478158987@qq.com	行健公司管理员	2020-05-10 06:48:41	2013-09-11 00:29:28	激活	修改
杨军	yangjun	sk@163.com	校领导	2020-05-10 07:21:08	2017-11-21 02:28:19	激活	修改
段军	duanjun	lyf@163.com	二级学院领导	2020-05-10 11:19:18	2012-11-08 11:19:36	激活	修改
黄俊	huangjun	lyf11@163.com	辅导员	2020-05-10 00:00:00	0000-00-00 00:00:00	激活	修改
余军	yujun	lyf44@163.com	班主任	2020-05-10 00:00:00	0000-00-00 00:00:00	激活	修改
马军	majun	lyfgg@163.com	楼栋栋长	2020-05-10 00:00:00	0000-00-00 00:00:00	激活	修改
宝军	baojun	lyf456@163.com	宿管员	2020-05-10 00:00:00	0000-00-00 00:00:00	激活	修改
容管理员	admin_content	lyf111@163.com	网站内容管理员	2020-05-10 00:00:00	0000-00-00 00:00:00	激活	修改
刘钧钧	liujunjun	56044229@qq.com	超级管理员	0000-00-00 00:00:00	0000-00-00 00:00:00	激活	修改
测试12	test1	556555@qq.com	栋长	0000-00-00 00:00:00	2020-05-16 00:00:00	激活	修改
测试2	test2	5555	超级管理员	0000-00-00 00:00:00	0000-00-00 00:00:00	激活	修改
测试4	test4	6655545@qq.com	宿管员	2020-05-15 00:00:00	0000-00-00 00:00:00	激活	修改

图 7-76　修改失败后的管理员列表

4. 删除管理员

第一步：修改 peple.php 中的删除用户的链接为 delete.php，在目录 peple 中新建一个 delete.php 文件，其内容如下：

```php
<?php
session_save_path('../../sushe_session/');
session_start( );
if($_SESSION['is_legal']!=2){// 防止非法用户登录
    echo "<script type=\"text/javascript\">alert(' 对不起你没有权限进入管理
页面！ ');location.href='../../login/login.php'</script>";
}
?>
<!DOCTYPE html PUBLIC "-//W3C//DTD XHTML 1.0 Transitional//EN"
"http://www.w3.org/TR/xhtml1/DTD/xhtml1-transitional.dtd">
<html xmlns="http://www.w3.org/1999/xhtml">
<head>
<meta http-equiv="Content-Type" content="text/html; charset=utf-8" />
<title> 删除管理员 </title>
<!-- 对表格的边框颜色进行设置 -->
<style>
td{
    border:1px solid #0F0;
    }
</style>
</head>

<body>
<?php
include '../../config/sushe_config.php';
$user_sql="select * from sushe_users_list";
$sushe_result=mysql_query($user_sql);
?>
<table width="976" height="70" border="1" align="center">
  <tr bgcolor="#6a99e2">
```

```
<td height="32" align="center" bgcolor="#6a99e2"> 用户姓名 </td>
<td align="center" bgcolor="#6a99e2"> 用户名 </td>
<td align="center" bgcolor="#6a99e2"> 电子邮件 </td>
<td align="center" bgcolor="#6a99e2"> 用户角色 </td>
<td align="center" bgcolor="#6a99e2"> 添加时间 </td>
<td align="center" bgcolor="#6a99e2"> 修改时间 </td>
<td align="center" bgcolor="#6a99e2"> 激活状态 </td>
 <td align="center" bgcolor="#6a99e2"> 操作 </td>
</tr>
<?php
while($user_row=mysql_fetch_array($sushe_result)){
?>
<tr bgcolor="#e4e4e4">
 <td align="center"><?php echo $user_row['user_name']?></td>
 <td align="center"><?php echo $user_row['user_username']?></td>
 <td align="center"><?php echo $user_row['user_email']?></td>
 <td align="center"><?php echo $user_row['user_usertype']?></td>
 <td align="center"><?php echo $user_row['user_registerDate']?></td>
 <td align="center"><?php echo $user_row['user_lastvisitDate']?></td>
 <td align="center"><?php echo $user_row['user_activation']?></td>
    <td align="center"><a href="delete_sql.php?user_id=<?php echo $user_row['user_id']?>"> 删除 </a></td><!-- 将删除的超链接改为 delete_sql.php，并
将 user_id 变量的值通过 get 方式传递给 modify_sql.php 页面
    -->
 </tr>
 <?php }?>
</table>
</body>
</html>
```

其运行效果如图 7-77 所示。

| 内容管理 | 楼栋管理 | 设备管理 | 人员管理 | 留言本管理 | 菜单管理 | 友情链接管理 | 联系我们管理 | 下载管理 |

	用户姓名	用户名	电子邮件	用户角色	添加时间	修改时间	激活状态	操作
查看管理员	李德华	admin	3iamlichangqi@gmail.com	超级管理员	2020-05-10 07:59:34	2020-05-16 00:00:00	激活	删除
添加管理员	刘军	liujun	478158987@qq.com	行健公司管理员	2020-05-10 06:48:41	2013-09-11 00:29:28	激活	删除
	杨军	yangjun	sk@163.com	校领导	2020-05-10 07:21:08	2017-11-21 02:28:19	激活	删除
修改管理员	段军	duanjun	lyf@163.com	二级学院领导	2020-05-10 11:19:18	2012-11-08 11:19:36	激活	删除
删除管理员	黄俊	huangjun	lyf11@163.com	辅导员	2020-05-10 00:00:00	0000-00-00 00:00:00	激活	删除
	余军	yujun	lyf44@163.com	班主任	2020-05-10 00:00:00	0000-00-00 00:00:00	激活	删除
添加分类	马军	majun	lyfgg@163.com	楼栋栋长	2020-05-10 00:00:00	0000-00-00 00:00:00	激活	删除
退出系统	宝军	baojun	lyf456@163.com	宿舍员	2020-05-10 00:00:00	0000-00-00 00:00:00	激活	删除
	容管理员	admin_content	lyf111@163.com	网站内容管理员	2020-05-10 00:00:00	0000-00-00 00:00:00	激活	删除
	刘钧钧	liujunjun	56044229@qq.com		0000-00-00 00:00:00	0000-00-00 00:00:00	激活	删除
	测试12	test1	556555@qq.com	栋长	0000-00-00 00:00:00	2020-05-16 00:00:00	激活	删除
	测试2	test2	5555	超级管理员	0000-00-00 00:00:00	0000-00-00 00:00:00	激活	删除
	测试4	test4	6655545@qq.com	宿管员	2020-05-15 00:00:00	0000-00-00 00:00:00	激活	删除

图 7-77　管理员列表

第二步：在 peple 目录中新建 delete_sql.php，用来删除数据库的记录，其内容如下：

<?php // 此页面是对提交过来的数据进行更新

session_save_path('../../sushe_session/');

session_start( );

if($_SESSION['is_legal']!=2){// 凡是后台的管理页面都必须做权限的判断

　　echo "<script type=\"text/javascript\">alert(' 对不起你没有权限进入管理页面！ ');location.href='../login/login.php'</script>";

}else{

　　echo ' 欢迎管理员 '.$_SESSION['user'];

}

include '../../config/sushe_config.php';

$user_id=$_GET['user_id'];// 用 get 的方式接收 delete.php 传递过来的值

// 用 id 查询数据

$user_sql="select * from sushe_users_list where user_id=$user_id";// 数据查询语句

$sushe_result=mysql_query($user_sql);

$row=mysql_fetch_array($sushe_result);

$user_type=$row['user_usertype'];// 获取其权限，重点筛查权限为 "超级管理员 " 的记录。

$user_type_sql="select * from sushe_users_list where user_usertype='$user_type'";// 查找此权限的 sql 语句

$user_type_sql_result=mysql_query($user_type_sql);// 执行 sql 语句

$row_num=mysql_num_rows($user_type_sql_result);// 查询出来的条目数

$delete_sql="delete from sushe_users_list where user_id='$user_id'";// 编 写删除 user_id 等于传递过来的值的记录

　　if($user_type==" 超级管理员 " && $row_num==1){// 当要删除的记录为超级管理员并且只有一条记录了，不允许删除

　　　　echo "<script type=\"text/javascript\">alert(' 对不起你要删除的记录是超级管理员并且只有一个了，不能删除！ ');location.href='delete.php'</script>";// 不允许删除，跳转到 delete.php 页面，进行操作

　　}else{

　　　　mysql_query($delete_sql);

　　　　echo "<script type=\"text/javascript\">alert(' 删　除　成　功！ ');location.href='browse.php'</script>";// 删除成功，跳转到 browse.php 页面，进行查看

　　}

　　?>

　　第三步：测试 1，删除一个超级管理员 ""刘钧钧"，在刘钧钧后面删除链接。如图 7-78 所示。

内容管理	栏目管理	设备管理	人员管理	留言本管理	菜单管理	反信链接管理	联系我们管理	下载管理

	用户姓名	用户名	电子邮件	用户角色	添加时间	修改时间	激活状态	操作
查看管理员	李德华	admin	3iamlichangqi@gmail.com	超级管理员	2020-05-10 07:59:34	2020-05-16 00:00:00	激活	删除
添加管理员	刘军	liujun	478158987@qq.com	行健公司管理员	2020-05-10 06:48:41	2013-09-11 00:29:28	激活	删除
	杨军	yangjun	sk@163.com	校领导	2020-05-10 07:21:08	2017-11-21 02:28:19	激活	删除
修改管理员	段军	duanjun	lyf@163.com	二级学院领导	2020-05-10 11:19:18	2012-11-08 11:19:36	激活	删除
	黄俊	huangjun	lyf11@163.com	辅导员	2020-05-10 00:00:00	0000-00-00 00:00:00	激活	删除
删除管理员	余军	yujun	lyf44@163.com	班主任	2020-05-10 00:00:00	0000-00-00 00:00:00	激活	删除
	马军	majun	lyfgg@163.com	楼栋栋长	2020-05-10 00:00:00	0000-00-00 00:00:00	激活	删除
添加分类	宝军	baojun	lyf456@163.com	宿管员	2020-05-10 00:00:00	0000-00-00 00:00:00	激活	删除
退出系统	容管理员	admin_content	lyf111@163.com	网站内容管理员	2020-05-10 00:00:00	0000-00-00 00:00:00	激活	删除
	刘钧钧	liujunjun	56044229@qq.com	超级管理员	0000-00-00 00:00:00	0000-00-00 00:00:00	激活	删除
	测试12	test1	556555@qq.com	栋长	0000-00-00 00:00:00	2020-05-16 00:00:00	激活	删除
	测试4	test4	6655545@qq.com	宿管员	2020-05-15 00:00:00	0000-00-00 00:00:00	激活	删除

图 7-78　管理员列表

点击删除并确定，如图 7-79 所示。

localhost 显示

删除成功！

确定

图 7-79　删除成功后提示

刘钧钧已经被删除完成，如图 7-80 所示。

图 7-80　删除成功后管理员列表

第四步：测试 2，删除仅有的超级管理员李德华。如图 7-81 所示。

图 7-81　删除仅有的超级管理员

点击其后的删除并确定，如图 7-82 所示。

图 7-82　删除失败提示

删除失败。如图 7-83 所示。

256

用户姓名	用户名	电子邮件	用户角色	添加时间	修改时间	激活状态
李德华	admin	3iamlichangqi@gmail.com	超级管理员	2020-05-10 07:59:34	2020-05-16 00:00:00	激活
刘军	liujun	478158987@qq.com	行健公司管理员	2020-05-10 06:48:41	2013-09-11 00:29:28	激活
杨军	yangjun	sk@163.com	校领导	2020-05-10 07:21:08	2017-11-21 02:28:19	激活
段军	duanjun	lyf@163.com	二级学院领导	2020-05-10 11:19:18	2012-11-08 11:19:36	激活
黄俊	huangjun	lyf11@163.com	辅导员	2020-05-10 00:00:00	0000-00-00 00:00:00	激活
余军	yujun	lyf44@163.com	班主任	2020-05-10 00:00:00	0000-00-00 00:00:00	激活
马军	majun	lyfgg@163.com	楼栋栋长	2020-05-10 00:00:00	0000-00-00 00:00:00	激活
宝军	baojun	lyf456@163.com	宿管员	2020-05-10 00:00:00	0000-00-00 00:00:00	激活
内容管理员	admin_content	lyf111@163.com	网站内容管理员	2020-05-10 00:00:00	0000-00-00 00:00:00	激活
测试12	test1	556555@qq.com	栋长	0000-00-00 00:00:00	2020-05-16 00:00:00	激活
测试4	test4	6655545@qq.com	宿管员	2020-05-15 00:00:00	0000-00-00 00:00:00	激活

图 7-83　管理员列表

以上页面有些并没有做后台权限的判断，在需要判断权限的页面开头添加上以下语句即可。

```php
<?php
session_save_path('../../sushe_session/');
session_start( );
?>
<meta http-equiv="Content-Type" content="text/html; charset=utf-8" />
<?php
if($_SESSION['is_legal']!=2){
    echo "<script type=\"text/javascript\">alert(' 对不起你没有权限进入管理
页面！ ');location.href='../../login/login.php';</script>";
}else{
    echo ' 欢迎管理员 '.$_SESSION['user'];
}
?>
```

5. 退出系统

第一步，在 peple 目录中，添加 login_out.php 页面，其内容如下：

```php
<?php
session_save_path('../../sushe_session/');
session_start( );
?>
<meta http-equiv="Content-Type" content="text/html; charset=utf-8" />
<?php
```

$_SESSION['is_legal']=1;// 当点击退出时，会进入此页面，我们在此页面中将 $_SESSION['is_legal'] 的值进行修改为 1

if($_SESSION['is_legal']!=2){

　　echo "<script type=\"text/javascript\">alert(' 你已经退出后台管理系统！ ');location.href='../../login/login.php'</script>";

}else{

　　echo ' 欢迎管理员 '.$_SESSION['user'];

}

?>

点击确定，退出系统，跳转到登录页面。如图 7-84 所示。

图 7-84　退出系统提示

7.2.7　楼栋管理

1. 添加楼栋

第一步：根据需要对原有的数据库中 sushe_building 表中的字段进行增加 bulding_leader 栋长、building_room_nums 容纳人数、building_sex 男女宿舍、building_num_sy 剩余人数、building_leader_sgy 宿管员 1、building_leader_sgy1 宿管员 2、building_leader_sgy2 宿管员 3。

第二步：为宿管员表增加部分数据，备用。

第三步：为栋长表增加部分数据，备用。

第四步：在 building 目录中新建 add.php 文件，用来添加楼栋的表单，其内容如下：

<?php

session_save_path('../../sushe_session/');

session_start( );

if($_SESSION['is_legal']!=2){// 凡是后台的管理页面都必须做权限的判断

　　echo "<script type=\"text/javascript\">alert(' 对不起你没有权限进入管理

页面！ ');location.href='../login/login.php'</script>";

  }else{

    echo ' 欢迎管理员 '.$_SESSION['user'];

  }

  include '../../config/sushe_config.php';

  ?>

  <!DOCTYPE html PUBLIC "–//W3C//DTD XHTML 1.0 Transitional//EN"
"http://www.w3.org/TR/xhtml1/DTD/xhtml1–transitional.dtd">

  <html xmlns="http://www.w3.org/1999/xhtml">

  <head>

  <meta http–equiv="Content–Type" content="text/html; charset=utf-8" />

  <link rel="stylesheet" href="../../css/system.css" type="text/css"/><!-- 插 入
css 目录中 system.css 样式表 , 对表单的样式进行控制 -->

  <title> 保山学院添加楼栋 </title>

  </head>

  <body>

  <table width="960" border="0" align="center">

    <form name="add" action="add_sql.php" method="post" ><!-- 将数据传到
验证页面，提交方式采用 post, 将数据提交到 add_sql.php 文件中 -->

    <tr>

    <td width="200" align="right"> 楼栋名称：</td>

    <td width="750" align="left">

    <input type="text" name="building_name" size="40" maxlength="40"/><font
color="red">*</font>

    </td>

    </tr>

    <tr>

    <td align="right"> 楼栋编号：</td><!-- 将用户的所有楼栋编号罗列，待

判断 -->

```
        <td align="left">
        <select name="building_bh" size="1">
        <option value="1 栋 ">1 栋 </option>
        <option value="2 栋 ">2 栋 </option>
        <option value="3 栋 ">3 栋 </option>
        <option value="4 栋 ">4 栋 </option>
         <option value="5 栋 ">5 栋 </option>
         <option value="6 栋 ">6 栋 </option>
         <option value="7 栋 ">7 栋 </option>
         <option value="8 栋 ">8 栋 </option>
         <option value="9 栋 ">9 栋 </option>
        <option value="10 栋 ">10 栋 </option>
        <option value="11 栋 ">11 栋 </option>
        <option value="12 栋 ">12 栋 </option>
        <option value="13 栋 ">13 栋 </option>
        <option value="14 栋 ">14 栋 </option>
    </select>
    </td>
    </tr>
     <tr>
     <td width="200" align="right"> 容纳人数：</td>
     <td width="750" align="left">
     <input type="text" name="building_room_nums" size="40" maxlength="40"/><font
color="red">*</font>
    </td>
    </tr>
     <tr>
     <td width="200" align="right"> 剩余人数：</td>
     <td width="750" align="left">
     <input type="text" name="building_num_sy" size="40" maxlength="40"/><font
color="red">*</font>
    </td>
```

```
</tr>
 <tr>
  <td align="right"> 学生性别：</td><!-- 将用户性别罗列，待判断 -->
  <td align="left">
  <select name="building_sex" size="1">
  <option value=" 男 "> 男 </option>
  <option value=" 女 "> 女 </option>
 </select>
 </td>
 </tr>
 <tr>
  <td align="right"> 栋长：</td><!-- 将所有栋长罗列出来，待判断 -->
  <td align="left">
  <select name="building_leader" size="1">
  <?php
    $sql1="select * from sushe_buiding_leader"; // 查询栋长这张表
    $result1=mysql_query($sql1);
      while($row1=mysql_fetch_array($result1)){ // 通过循环的方式将所有栋
长的值遍历出来
    ?>
    <option value="<?php echo $row1['buiding_leader _name']?>"><?php echo
$row1['buiding_leader _name']?></option><!-- 用 php 的方式将栋长的名称显示
出来 -->
    <?php } // 循环结束 ?>
  </select>
  </td>
 </tr>
 <tr>
    <td align="right"> 宿管员 1：</td><!-- 将用户的所有权限罗列，待判
断 -->
    <td align="left">
    <select name="building_leader_sgy" size="1">
    <?php
```

```
$sql1="select * from  sushe_houseparent"; // 查询宿管员这张表
$result1=mysql_query($sql1);
  while($row1=mysql_fetch_array($result1)){ // 用循环的方式，将宿管员
的信息显示出来
?>
  <option value="<?php echo $row1['houseparent_name']?>"><?php echo
$row1['houseparent_name']?></option><!-- 用 php 的方式将宿管员的名称显示
出来 -->
  <?php } // 循环结束 ?>
</select>
</td>
</tr>
<tr>
  <td align="right"> 宿管员 2 ：</td><!-- 将用户的所有权限罗列，待判
断 -->
  <td align="left">
  <select name="building_leader_sgy1" size="1">
  <?php
    $sql1="select * from  sushe_houseparent";// 查询宿管员这张表
    $result1=mysql_query($sql1);
     while($row1=mysql_fetch_array($result1)){ // 用循环的方式，将宿管员
的信息显示出来
    ?>
    <option value="<?php echo $row1['houseparent_name']?>"><?php echo
$row1['houseparent_name']?></option>
    <?php }?>
  </select>
</td>
</tr>
<tr>
  <td align="right"> 宿管员 3 ：</td>
  <td align="left">
  <select name="building_leader_sgy2" size="1">
```

```php
<?php
    $sql1="select * from  sushe_houseparent";
    $result1=mysql_query($sql1);
    while($row1=mysql_fetch_array($result1)){
?>
    <option value="<?php echo $row1['houseparent_name']?>"><?php echo $row1['houseparent_name']?></option>
    <?php }?>
</select>
</td>
</tr>
<tr>
  <td colspan="2" align="center">
<tr>
  <td align="right"></td>
  <td align="left"><input class="login-reset" type="submit" name="add" value=" 添加 "/>

  <input class="login-reset" type="reset" name="reset" value=" 重  置 "/></td>
</tr>
</td>
</tr>
</form>
</table>
</body>
</html>
```

其运行效果如图 7-85 所示。

人员管理　　楼栋管理　　设备管理　　内容管理　　留言本管理　　菜单管理　　友情链接管理　　联系我们管理

图 7-85　添加楼栋页面

第五步：测试 1，输入如下正确信息，点击添加。如图 7-86 所示。

图 7-86　输入楼栋信息

点击确定，如图 7-87 所示。到 phpmyadmin 中查看数据库是否添加成功，如图 7-88 所示。

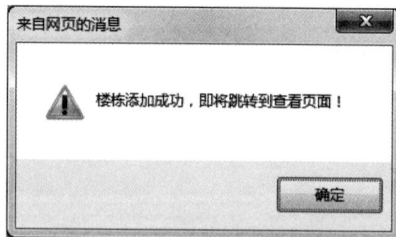

图 7-87　楼栋添加成功页面

264

building_id	building_bh	building_name	building_room_nums	building_sex	building_num_sy	building_leader	building_leader_sgy	building_leader_sgy1	building
1	1栋	紫西1栋	800	男		张栋长	张三三		
2	2栋	紫西2栋	700	男		张栋长	张武武		
3	3栋	紫西3栋	750	女		张栋长	张三三		
4	4栋	紫西4栋	775	女		李栋长	张思思		
5	5栋	紫西5栋	768	女	121	马栋长	张尔尔	张思思	张武武
6	6栋	紫西6栋	789	女	123	花栋长	张尔尔	张武武	张三三

图 7-88　添加成功后的楼栋列表

第六步：测试 2，输入以下信息，点击添加。如图 7-89 所示。

图 7-89　添加已经存在的楼栋

点击确定，如图 7-90 所示。到数据库中去查看。

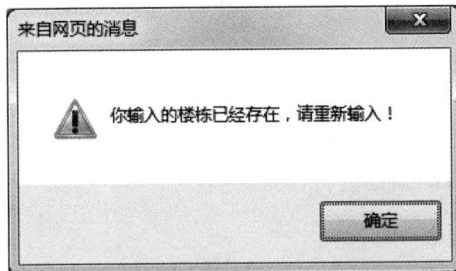

图 7-90　添加已经存在的楼栋失败提示

发现数据并未添加成功，如图 7-91 所示。

		building_id	building_bh	building_name	building_room_nums	building_sex	building_num_sy	building_leader	building_leader_sgy	building_leader_sgy1
✎	✗	1	1栋	紫西1栋	800	男		张栋长	张三三	
✎	✗	2	2栋	紫西2栋	700	男		张栋长	张武武	
✎	✗	3	3栋	紫西3栋	750	女		张栋长	张三三	
✎	✗	4	1栋	紫西4栋	775	女		李栋长	张思思	
✎	✗	5	5栋	紫西5栋	768	女	121	马栋长	张尔尔	张思思
✎	✗	6	6栋	紫西6栋	789	女	123	花栋长	张尔尔	张武武

图 7-91 楼栋列表

2. 查看楼栋情况

第一步：在 building 目录中新建 browse.php 文件，其作用是显示楼栋详情，其内容如下：

```php
<?php
session_save_path('../../sushe_session/');
session_start( );
?>
<meta http-equiv="Content-Type" content="text/html; charset=utf-8" />
<?php
if($_SESSION['is_legal']!=2){// 防止非法用户登录
    echo "<script type=\"text/javascript\">alert(' 对不起你没有权限进入管理
页面!  ');location.href='../../login/login.php'</script>";
}
?>
<!DOCTYPE html PUBLIC "-//W3C//DTD XHTML 1.0 Transitional//EN"
"http://www.w3.org/TR/xhtml1/DTD/xhtml1-transitional.dtd">
<html xmlns="http://www.w3.org/1999/xhtml">
<head>
<meta http-equiv="Content-Type" content="text/html; charset=utf-8" />
<title> 楼栋详情浏览 </title>
<!-- 对表格的边框颜色进行设置 -->
<style>
td{
    border:1px solid #0F0;

    }
```

266

```
</style>

</head>

<body>
<?php
include '../../config/sushe_config.php';
$sql="select * from sushe_building";
$sushe_result=mysql_query($sql);
?>
<table width="900" height="70" border="1" align="center">
  <tr bgcolor="#6a99e2">

    <td align="center" bgcolor="#6a99e2"> 楼栋名称 </td>
    <td height="32" align="center" bgcolor="#6a99e2"> 楼栋编号 </td>
    <td align="center" bgcolor="#6a99e2"> 容纳人数 </td>
    <td align="center" bgcolor="#6a99e2"> 剩余人数 </td>
    <td align="center" bgcolor="#6a99e2"> 学生性别 </td>
    <td align="center" bgcolor="#6a99e2"> 栋长 </td>
    <td align="center" bgcolor="#6a99e2"> 宿管员 </td>
  </tr>
<?php
  while($building_row=mysql_fetch_array($sushe_result)){
?>
<tr bgcolor="#e4e4e4">
  <td align="center"><?php echo $building_row['building_name']?></td>
    <td align="center"><?php echo $building_row['building_bh']?></td>
    <td align="center"><?php echo $building_row['building_room_nums']?></
td>
    <td align="center"><?php echo $building_row['building_num_sy']?></td>
    <td align="center"><?php echo $building_row['building_sex']?></td>
    <td align="center"><?php echo $building_row['building_leader']?></td>
      <td align="center"><?php echo $building_row['building_leader_
```

sgy'].','.$building_row['building_leader_sgy1'].','.$building_row['building_leader_sgy2'];?></td>

    </tr>

    <?php }?>

    </table>

    </body>

    </html>

第二步：修改 building 目录中 building.php 的链接。

其运行效果如图 7-92 所示。

图 7-92　楼栋情况

3. 删除楼栋

在 building 目录中新建 delete.php 文件，做删除用，其内容如下：

```php
<?php
session_save_path('../../sushe_session/');
session_start( );
?>
<meta http-equiv="Content-Type" content="text/html; charset=utf-8" />
<?php
if($_SESSION['is_legal']!=2){// 防止非法用户登录
    echo "<script type=\"text/javascript\">alert(' 对不起你没有权限进入管理
页面！ ');location.href='../../login/login.php'</script>";
}
```

```
?>
<!DOCTYPE html PUBLIC "-//W3C//DTD XHTML 1.0 Transitional//EN"
"http://www.w3.org/TR/xhtml1/DTD/xhtml1-transitional.dtd">
<html xmlns="http://www.w3.org/1999/xhtml">
<head>
<meta http-equiv="Content-Type" content="text/html; charset=utf-8" />
<title> 楼栋删除 </title>
<!-- 对表格的边框颜色进行设置 -->
<style>
td{
    border:1px solid #0F0;
    }
</style>
</head>


<body>
<?php
include '../../config/sushe_config.php';
$sql="select * from sushe_building";
$sushe_result=mysql_query($sql);
?>
<table width="900" height="70" border="1" align="center">
 <tr bgcolor="#6a99e2">


   <td align="center" bgcolor="#6a99e2"> 楼栋名称 </td>
   <td height="32" align="center" bgcolor="#6a99e2"> 楼栋编号 </td>
   <td align="center" bgcolor="#6a99e2"> 容纳人数 </td>
   <td align="center" bgcolor="#6a99e2"> 剩余人数 </td>
   <td align="center" bgcolor="#6a99e2"> 学生性别 </td>
   <td align="center" bgcolor="#6a99e2"> 栋长 </td>
   <td align="center" bgcolor="#6a99e2"> 宿管员 </td>
    <td align="center" bgcolor="#6a99e2"> 操作 </td>
 </tr>
```

```php
<?php
while($building_row=mysql_fetch_array($sushe_result)){
?>
<tr bgcolor="#e4e4e4">
 <td align="center"><?php echo $building_row['building_name']?></td>
  <td align="center"><?php echo $building_row['building_bh']?></td>
   <td align="center"><?php echo $building_row['building_room_nums']?></td>
    <td align="center"><?php echo $building_row['building_num_sy']?></td>
    <td align="center"><?php echo $building_row['building_sex']?></td>
    <td align="center"><?php echo $building_row['building_leader']?></td>
     <td align="center"><?php echo $building_row['building_leader_sgy'].','.$building_row['building_leader_sgy1'].','.$building_row['building_leader_sgy2'];?></td>
     <td align="center"><a href="delete_sql.php?building_name=<?php echo $building_row['building_name'] ?>"> 删除 </a></td><!- 做删除记录的链接，并传递楼栋名称的值 -->
   </tr>
  <?php }?>
</table>
</body>
</html>
```

第二步：修改 building.php 中的链接，其运行效果如图 7-93 所示。

人员管理	楼栋管理	设备管理	内容管理	留言本管理	菜单管理	友情链接管理	联系我们管理	下载管理

	楼栋名称	楼栋编号	容纳人数	剩余人数	学生性别	栋长	宿管员	操作
欢迎管理员 admin	紫园1栋	1栋	800		男	张栋长	张三,,	删除
查看楼栋情况	紫园2栋	2栋	700		男	张栋长	张武,,	删除
添加楼栋	紫园3栋	3栋	750		女	张栋长	张三,,	删除
	紫园4栋	1栋	775		女	李栋长	张思思,,	删除
修改楼栋	紫园5栋	5栋	768	121	女	马栋长	张尔尔,张思思,张武武	删除
	紫园6栋	6栋	789	123	女	花栋长	张尔尔,张武武,张三三	删除
删除楼栋								

图 7-93　添加删除的楼栋列表

第三步：在 building 目录中新建 delete_sql.php 页面，其内容如下：

```php
<?php
```

session_save_path('../../sushe_session/');

session_start( );

?>

<meta http-equiv="Content-Type" content="text/html; charset=utf-8" />

<?php

if($_SESSION['is_legal']!=2){// 防止非法用户登录

　　echo "<script type=\"text/javascript\">alert(' 对不起你没有权限进入管理页面！ ');location.href='../../login/login.php'</script>";

　　}

　　?>

<?php // 此页面是对提交过来的数据进行更新

include '../../config/sushe_config.php';

$building_name=$_GET['building_name'];// 用 get 的方式接收 delete.php 传递过来的值

// 用 id 查询数据

$delete_sql="delete from sushe_building where building_name='$building_name'";// 编写删除 building_name 等于传递过来的值的记录

　　mysql_query($delete_sql);

　　echo "<script type=\"text/javascript\">alert(' 删 除 成 功！ ');location.href='browse.php'</script>";// 删除成功，跳转到 browse.php 页面，进行查看

　　?>

第四步：测试删除一个楼栋——紫圆 4 栋，点击其后的删除链接，如图 7-94 所示。

楼栋名称	楼栋编号	容纳人数	剩余人数	学生性别	栋长	宿管员	操作
紫圆2栋	2栋	700		男	张栋长	张武武,,	删除
紫圆3栋	3栋	750		女	张栋长	张三三,	删除
紫圆4栋	1栋	775		女	李栋长	张思思,,	删除
紫圆5栋	5栋	768	121	女	马栋长	张尔尔,张思思,张武武	删除
紫圆6栋	6栋	789	123	女	花栋长	张尔尔,张武武,张三三	删除

图 7-94　删除一个楼栋后的列表

4. 修改楼栋

需要注意的是，对记录进行更新时，楼栋名称的信息是不能更改的，表单的属性要设置成 readonly。

5. 分配栋长和宿管员

第一步：在 building 目录中，新建 leader_sgy.php 文件，用来修改栋长和宿管员。其内容如下：

```php
<?php
session_save_path('../../sushe_session/');
session_start( );
?>
<meta http-equiv="Content-Type" content="text/html; charset=utf-8" />
<?php
if($_SESSION['is_legal']!=2){// 防止非法用户登录
    echo "<script type=\"text/javascript\">alert(' 对不起你没有权限进入管理页面！ ');location.href='../../login/login.php'</script>";
}
?>
<!DOCTYPE html PUBLIC "-//W3C//DTD XHTML 1.0 Transitional//EN"
"http://www.w3.org/TR/xhtml1/DTD/xhtml1-transitional.dtd">
<html xmlns="http://www.w3.org/1999/xhtml">
<head>
<meta http-equiv="Content-Type" content="text/html; charset=utf-8" />
<title> 楼栋删除 </title>
<!-- 对表格的边框颜色进行设置 -->
<style>
td{
    border:1px solid #0F0;
    }
</style>
</head>

<body>
<?php
```

272

```
include '../../config/sushe_config.php';
$sql="select * from sushe_building";
$sushe_result=mysql_query($sql);
?>
<table width="900" height="70" border="1" align="center">
 <tr bgcolor="#6a99e2">

   <td align="center" bgcolor="#6a99e2"> 楼栋名称 </td>
   <td height="32" align="center" bgcolor="#6a99e2"> 楼栋编号 </td>
   <td align="center" bgcolor="#6a99e2"> 学生性别 </td>
   <td align="center" bgcolor="#6a99e2"> 栋长 </td>
   <td align="center" bgcolor="#6a99e2"> 宿管员 </td>
   <td align="center" bgcolor="#6a99e2"> 操作 </td>
 </tr>
 <?php
 while($building_row=mysql_fetch_array($sushe_result)){
 ?>
 <tr bgcolor="#e4e4e4">
  <td align="center"><?php echo $building_row['building_name']?></td>
   <td align="center"><?php echo $building_row['building_bh']?></td>
   <td align="center"><?php echo $building_row['building_sex']?></td>
   <td align="center"><?php echo $building_row['building_leader']?></td>
    <td align="center"><?php echo $building_row['building_leader_
sgy'].','.$building_row['building_leader_sgy1'].','.$building_row['building_leader_
sgy2'];?></td>
    <td align="center"><a href="leader_sgy_form.php?building_name=<?php
echo $building_row['building_name'] ?>"> 分配栋长和宿管员 </a></td> </tr>
   <?php }?>
</table>
</body>
</html>
```

第二步：修改 building.php 中的链接，点击分配楼栋和宿管员，运行效果
如图 7-95 所示。

人员管理　　接栋管理　　设备管理　　内容管理　　留言本管理　　菜单管理　　友情链接管理　　联系我们管理　　下载管理

欢迎管理员
admin

查看接栋情
况

添加接栋

修改接栋

删除接栋

分配宿管员

接栋名称	接栋编号	学生性别	栋长	宿管员	操作
紫园3栋	3栋	女	张栋长	张三三.	分配栋长和宿管员
紫园4栋	1栋	女	李栋长	张思思.	分配栋长和宿管员
紫园5栋	5栋	女	马栋长	张尔尔,张思思,张武武	分配栋长和宿管员
紫园6栋	6栋	女	花栋长	张尔尔,张武武,张三三	分配栋长和宿管员

图 7-95　添加分配宿栋长和宿管员链接

第三步：在 building 目录中，新建 leader_sgy_form.php，用来提交修改表单的值，内容如下：

```php
<?php
session_save_path('../../sushe_session/');
session_start( );
if($_SESSION['is_legal']!=2){// 凡是后台的管理页面都必须做权限的判断
    echo "<script type=\"text/javascript\">alert(' 对不起你没有权限进入管理
页面！ ');location.href='../login/login.php'</script>";
}else{
    echo ' 欢迎管理员 '.$_SESSION['user'];
}
include '../../config/sushe_config.php';
?>
<!DOCTYPE html PUBLIC "-//W3C//DTD XHTML 1.0 Transitional//EN"
"http://www.w3.org/TR/xhtml1/DTD/xhtml1-transitional.dtd">
<html xmlns="http://www.w3.org/1999/xhtml">
<head>
<meta http-equiv="Content-Type" content="text/html; charset=utf-8" />
<link rel="stylesheet" href="../../css/system.css" type="text/css"/><!-- 插 入
css 目录中 system.css 样式表 , 对表单的样式进行控制 -->
<title> 分配栋长和宿管员 </title>
</head>
<body>
```

```
<table width="960" border="0" align="center">
    <form name="modify" action="leader_sgy_sql.php" method="post" ><!-- 将
数据传到验证页面，提交方式采用 post, 将数据提交到 leader_sgy_sql.php 文件
中 -->

    <?php
        $building_name=$_GET['building_name'];// 接收传递过来的值
        $sql="select * from  sushe_building  where building_name='$building_
name'"; // 查询以楼栋名为条件的记录
        $result=mysql_query($sql);
        $row=mysql_fetch_array($result); // 将要修改的记录的值存入 $row, 数组
以备用
    ?>
    <tr>
    <td width="200" align="right"> 楼栋名称：</td>
    <td width="750" align="left">
    <input type="text" name="building_name"  size="40" maxlength="40"
value="<?php echo $building_name ?>" readonly/><font color="red">*</font>
    </td>
    </tr>
     <tr>
     <td align="right"> 栋长：</td>
     <td align="left">
     <select name="building_leader" size="1">
     <option value="<?php echo $row['building_leader']?>"><?php echo
$row['building_leader']?></option><!-- 用 php 的方式将栋长的原有值显示出
来 -->
    <?php
        $sql1="select * from sushe_buiding_leader"; // 查询栋长这张表
        $result1=mysql_query($sql1);
        while($row1=mysql_fetch_array($result1)){ // 通过循环的方式将所有栋
长的值遍历出来
    ?>
```

<option value="<?php echo $row1['buiding_leader _name']?>"><?php echo $row1['buiding_leader _name']?></option><!-- 用 php 的方式将所有栋长的名称显示出来 -->

<?php } // 循环结束 ?>

</select>

</td>

</tr>

<tr>

<td align="right"> 宿管员 1 : </td>

<td align="left">

<select name="building_leader_sgy" size="1">

<option value="<?php echo $row['building_leader_sgy']?>"><?php echo $row['building_leader_sgy']?></option><!-- 用 php 的方式将原有的宿管员 1 的名称显示出来 -->

<?php

$sql1="select * from sushe_houseparent"; // 查询宿管员这张表

$result1=mysql_query($sql1);

while($row1=mysql_fetch_array($result1)){ // 用循环的方式，将宿管员的信息显示出来

?>

<option value="<?php echo $row1['houseparent_name']?>"><?php echo $row1['houseparent_name']?></option><!-- 用 php 的方式将宿管员的名称显示出来 -->

<?php } // 循环结束 ?>

</select>

</td>

</tr>

<tr>

<td align="right"> 宿管员 2 : </td>

<td align="left">

<select name="building_leader_sgy1" size="1">

<option value="<?php echo $row['building_leader_sgy1']?>"><?php echo $row['building_leader_sgy1']?></option><!-- 用 php 的方式将原有的宿管员 2 的

名称显示出来 -->

```php
    <?php
      $sql1="select * from  sushe_houseparent";// 查询宿管员这张表
      $result1=mysql_query($sql1);
        while($row1=mysql_fetch_array($result1)){ // 用循环的方式，将宿管员
```
的信息显示出来
```php
      ?>
        <option value="<?php echo $row1['houseparent_name']?>"><?php echo
```
$row1['houseparent_name']?></option>
```php
      <?php }?>
    </select>
    </td>
    </tr>
    <tr>
      <td align="right"> 宿管员 3：</td>
      <td align="left">
      <select name="building_leader_sgy2" size="1">
        <option value="<?php echo $row['building_leader_sgy2']?>"><?php echo
```
$row['building_leader_sgy2']?></option><!-- 用 php 的方式将原有的宿管员 3 的
名称显示出来 -->
```php
      <?php
        $sql1="select * from  sushe_houseparent";
        $result1=mysql_query($sql1);
        while($row1=mysql_fetch_array($result1)){
      ?>
        <option value="<?php echo $row1['houseparent_name']?>"><?php echo
```
$row1['houseparent_name']?></option>
```php
      <?php }?>
    </select>
    </td>
    </tr>
    <tr>
      <td colspan="2" align="center">
```

```
<tr>
  <td align="right"></td>
  <td align="left"><input class="login-reset" type="submit" name="add"
value=" 提交修改 "/>

  <input class="login-reset" type="reset" name="reset" value=" 重 置 "/></
td>
  </tr>
  </td>
  </tr>
  </form>
  </table>
  </body>
  </html>
```

此页面虽然简单，但是要注意是跨三张表进行了调用，其运行效果如图7-96所示。。

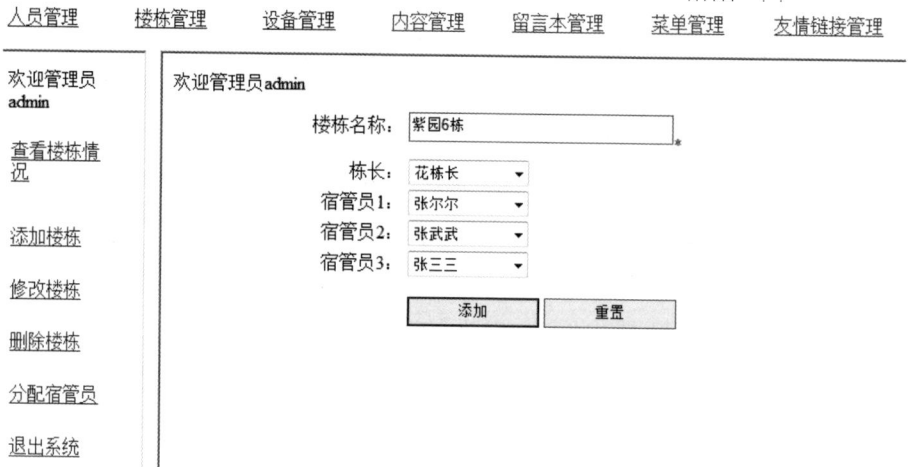

| 人员管理 | 楼栋管理 | 设备管理 | 内容管理 | 留言本管理 | 菜单管理 | 友情链接管理 |

| 欢迎管理员admin | 欢迎管理员admin |

楼栋名称：紫园6栋 *

栋长：花栋长 ▾
宿管员1：张尔尔 ▾
宿管员2：张武武 ▾
宿管员3：张三三 ▾

[添加] [重置]

查看楼栋情况

添加楼栋

修改楼栋

删除楼栋

分配宿管员

退出系统

图 7-96　分配宿栋长和宿管员

注意此页面要保留原有的值。

第四步：在 building 目录中新建 leader_sgy_sql.php，用来修改数据，其内容如下：

```
<?php // 此页面是对提交过来的数据进行更新
```

278

session_save_path('../../sushe_session/');

session_start( );

if($_SESSION['is_legal']!=2){// 凡是后台的管理页面都必须做权限的判断

echo "<script type=\"text/javascript\">alert(' 对不起你没有权限进入管理页面！ ');location.href='../login/login.php'</script>";

}else{

echo ' 欢迎管理员 '.$_SESSION['user'];

}

include '../../config/sushe_config.php';

$building_name=$_POST['building_name'];// 用 post 的 方 式 接 收 modify_form.php 传递过来的值

$building_bh=$_POST['building_bh'];

$building_leader=$_POST['building_leader'];

$building_leader_sgy=$_POST['building_leader_sgy'];

$building_leader_sgy1=$_POST['building_leader_sgy1'];

$building_leader_sgy2=$_POST['building_leader_sgy2'];

$sql1="UPDATE sushe_building SET building_leader='$building_leader',building_leader_sgy='$building_leader_sgy',building_leader_sgy1='$building_leader_sgy1',building_leader_sgy2='$building_leader_sgy2' where building_name='$building_name'";// 修改 sql 语句

mysql_query($sql1);

echo "<script type=\"text/javascript\">alert(' 栋长和宿管员信息更新成功，即将跳转到查看页面！ ');location.href='browse.php'</script>";// 更新成功以后提示用户跳转到 browse.php 页面，查看列表

?>

第五步：测试效果，将紫园 3 栋未分配的宿管员分配，并修改栋长。如图 7-97 所示。

| 人员管理 | 栋栋管理 | 设备管理 | 内容管理 | 留言本管理 | 菜单管理 | 友情链接管理 | 联系我们管理 | 下载管理 |

楼栋名称	楼栋编号	学生性别	栋长	宿管员	操作
紫园3栋	3栋	女	张三三	张三三,	分配栋长和宿管员
紫园4栋	4栋	女	花栋长	张思思,张三三,张武武	分配栋长和宿管员
紫园5栋	5栋	女	马栋长	张尔尔,张思思,张武武	分配栋长和宿管员
紫园6栋	6栋	女	花栋长	张尔尔,张武武,张三三	分配栋长和宿管员

图 7-97　分配成功后列表

279

点击分配栋长和宿管员，并修改信息如图 7-98 所示。

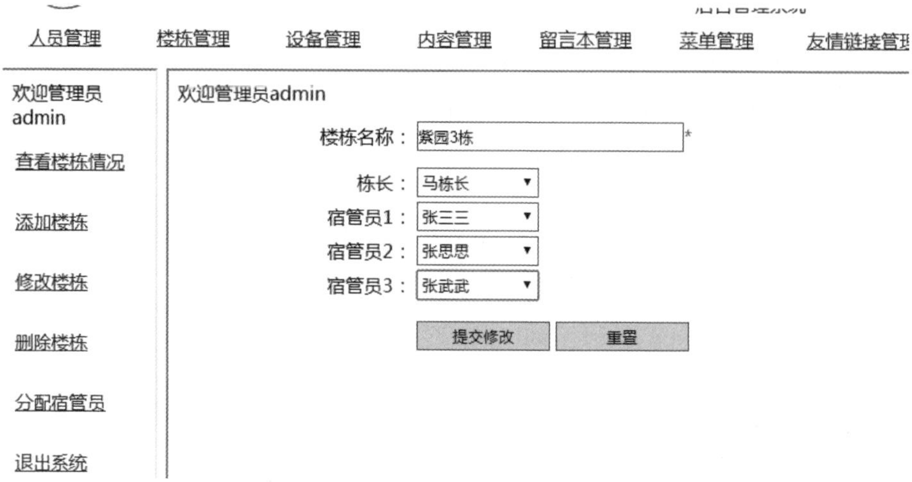

图 7-98　更换栋长和宿管员

提交修改，如图 7-99 所示。

图 7-99　修改成功提示

提交后结果如图 7-100 所示。

楼栋名称	楼栋编号	容纳人数	剩余人数	学生性别	栋长	宿管员
紫园3栋	3栋	750		女	马栋长	张三三,张思思,张武武
紫园4栋	1栋	775		女	花栋长	张思思,张三三,张武武
紫园5栋	5栋	768	121	女	马栋长	张尔尔,张思思,张武武
紫园6栋	6栋	789	123	女	花栋长	张尔尔,张武武,张三三

图 7-100　修改成功后列表

修改成功。

6. 退出系统

与人员管理中退出系统的编写一样，在这里不再赘述。至此，楼栋管理完成编写。

7.2.8　设备管理

1.添加设备

第一步：根据需要先对设备表中的字段进行修改。

第二步：在 system.css 中增加属性

```
textarea{
    border: 1px solid green;/* 控制边框和颜色 */
    width:400px;/* 控制宽度 */
}
```

第三步：在 device 目录中新建 add.php，其内容如下：

```php
<?php
session_save_path('../../sushe_session/');
session_start( );
if($_SESSION['is_legal']!=2){// 凡是后台的管理页面都必须做权限的判断
    echo "<script type=\"text/javascript\">alert(' 对不起你没有权限进入管理
页面！ ');location.href='../login/login.php'</script>";
}else{
    echo ' 欢迎管理员 '.$_SESSION['user'];
}
include '../../config/sushe_config.php';
?>
<!DOCTYPE html PUBLIC "-//W3C//DTD XHTML 1.0 Transitional//EN"
"http://www.w3.org/TR/xhtml1/DTD/xhtml1-transitional.dtd">
<html xmlns="http://www.w3.org/1999/xhtml">
<head>
<meta http-equiv="Content-Type" content="text/html; charset=utf-8" />
<link rel="stylesheet" href="../../css/system.css" type="text/css"/><!-- 插 入
css 目录中 system.css 样式表 , 对表单的样式进行控制 -->
<title> 添加设备 </title>
</head>
<body>
<table width="960" border="0" align="center">
    <form name="add" action="add_sql.php" method="post" ><!-- 将数据传到
```

验证页面，提交方式采用 post，将数据提交到 add_sql.php 文件中 -->

```html
    <tr>
     <td width="200" align="right"> 设备名称：</td>
     <td width="750" align="left">
     <input type="text" name="device_name" size="40" maxlength="40"/><font
color="red">*</font>
     </td>
    </tr>
    <tr>
     <td width="200" align="right"> 设备型号：</td>
     <td width="750" align="left">
     <input type="text" name="device_modelnumber" size="40"
maxlength="40"/><font color="red">*</font>
     </td>
    </tr>
    <tr>
     <td width="200" align="right"> 设备类型：</td>
     <td width="750" align="left">
    <select name="device_kind" size="1">
     <option value=" 计算机类 "> 计算机类 </option>
     <option value=" 水龙头类 "> 水龙头类 </option>
     <option value=" 床类 "> 床类 </option>
     <option value=" 桌子类 "> 桌子类 </option>
      <option value=" 门类 "> 门类 </option>
      <option value=" 灯类 "> 灯类 </option>
    </select><font color="red">*</font>
     </td>
    </tr>
    <tr>
     <td align="right"> 设备所在楼栋：</td><!-- 将用楼栋罗列，待判断 -->
     <td align="left">
     <select name="device_building_place" size="1">
     <?php
```

```
    $sql_ld="select * from sushe_building"; // 查询楼栋这张表
    $result_ld=mysql_query($sql_ld);
    while($row_ld=mysql_fetch_array($result_ld)){ // 通过循环的方式将所有
楼栋的名称的值遍历出来，并将楼栋的名称显示在 select 的项目中
    ?>
    <option value="<?php echo $row_ld['building_name']?>"><?php echo $row_
ld['building_name']?></option>
    <?php }?>
    </select><font color="red">*</font>
    </td>
    </tr>
     <tr>
     <td width="200" align="right"> 设备所在房间：</td>
     <td width="750" align="left">
     <input type="text" name="device_room_place"  size="40"
maxlength="40"/><font color="red">*</font>
    </td>
    </tr>
    </td>
    </tr>
    <tr>
     <td colspan="2" align="center">
    <tr>
     <td align="right"></td>
     <td align="left"><input class="login-reset" type="submit" name="add"
value=" 添加 "/>
    <input class="login-reset" type="reset" name="reset" value=" 重 置 "/></
td>
    </tr>
    </td>
    </tr>
    </form>
    </table>
```

```
</body>
</html>
```

第四步：修改 device.php 中的链接，其运行效果如图 7-101 所示。

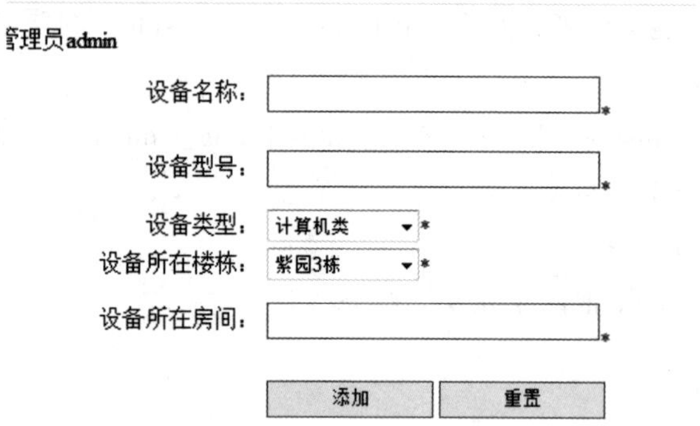

图 7-101　修改表单

第五步：新建 add_sql.php, 其内容如下：

```php
<?php // 此页面是对提交过来的数据进行插入
session_save_path('../../sushe_session/');
session_start( );
if($_SESSION['is_legal']!=2){// 凡是后台的管理页面都必须做权限的判断
    echo "<script type=\"text/javascript\">alert(' 对不起你没有权限进入管理
页面！ ');location.href='../login/login.php'</script>";
}else{
    echo ' 欢迎管理员 '.$_SESSION['user'];
}
include '../../config/sushe_config.php';
$device_name=$_POST['device_name'];// 用 post 的方式接收 add.php 传递过
来的值
$device_modelnumber=$_POST['device_modelnumber'];
$device_kind=$_POST['device_kind'];
$device_building_place=$_POST['device_building_place'];
$device_room_place=$_POST['device_room_place'];
//$device_fault=$_POST['device_fault'];
//$device_submitted=$_POST['device_submitted'];
echo $add_sql="insert into  sushe_device(device_name,device_
```

modelnumber,device_building_place,device_kind,device_room_place) values('\$device_name','\$device_modelnumber','\$device_building_place','\$device_kind','\$device_room_place')";// 写插入语句

　　if(isset(\$_POST['add']) && \$device_name!=''){// 当点击提交和设备名不为空时进入 if 分支

　　　　　　　　　　　mysql_query(\$add_sql);// 执行 sql 语句

　　　　　echo "<script type=\"text/javascript\">alert(' 设备添加成功，即将跳转到查看页面！ ');location.href='browse.php'</script>";// 插入成功以后提示用户，用跳转到 browse.php 页面，查看设备列表

　　}else{

　　　echo "<script type=\"text/javascript\">alert(' 您输入的信息为空，请重新输入！ ');location.href='add.php'</script>";// 当输入的设备名称为空时，给用户提示并且跳转到 add.php 页面

　　}

?> 第六步：测试，输入信息。

点击添加，如图 7-102 所示。

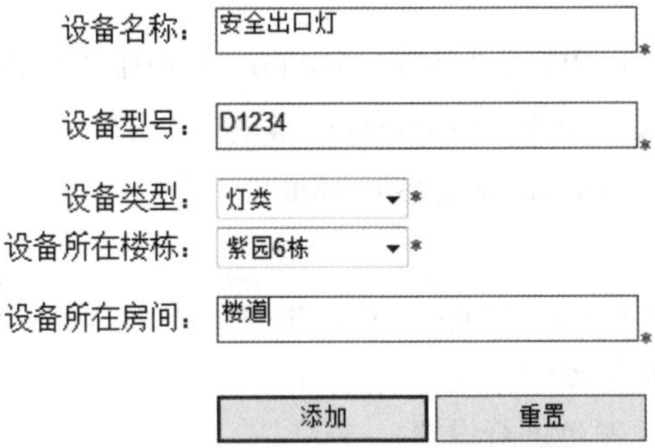

图 7-102　添加设备

　　点击确定，如图 7-103 所示。去数据库表中查看是否插入成功，如图 7-104 所示。

图 7-103　添加成功提示

| | | 4 | 安全出口灯 | D1234 | 紫园6栋 | 灯类 | 楼道 |

图 7-104　添加成功列表

2.查看设备

第一步：修改device.php中相关链接，在device目录中新建browse.php文件，其内容如下：

```php
<?php
session_save_path('../../sushe_session/');
session_start( );
?>
<meta http-equiv="Content-Type" content="text/html; charset=utf-8" />
<?php
if($_SESSION['is_legal']!=2){// 防止非法用户登录
    echo "<script type=\"text/javascript\">alert(' 对不起你没有权限进入管理
页面！ ');location.href='../../login/login.php'</script>";
}
?>
<!DOCTYPE html PUBLIC "-//W3C//DTD XHTML 1.0 Transitional//EN"
"http://www.w3.org/TR/xhtml1/DTD/xhtml1-transitional.dtd">
<html xmlns="http://www.w3.org/1999/xhtml">
<head>
<meta http-equiv="Content-Type" content="text/html; charset=utf-8" />
<title> 楼栋详情浏览 </title>
<!-- 对表格的边框颜色进行设置 -->
<style>
td{
    border:1px solid #0F0;

    }
</style>

</head>
```

```php
<body>
<?php
include '../../config/sushe_config.php';
$sql="select * from sushe_device";
$sushe_result=mysql_query($sql);
?>
<table width="900" height="70" border="1" align="center">
  <tr bgcolor="#6a99e2">

    <td align="center" bgcolor="#6a99e2"> 设备名称 </td>
    <td height="32" align="center" bgcolor="#6a99e2"> 设备型号 </td>
    <td align="center" bgcolor="#6a99e2"> 设备所在楼栋 </td>
    <td align="center" bgcolor="#6a99e2"> 设备类型 </td>
    <td align="center" bgcolor="#6a99e2"> 所在房间 </td>
    <td align="center" bgcolor="#6a99e2"> 问题描述 </td>
    <td align="center" bgcolor="#6a99e2"> 报修人 </td>
     <td align="center" bgcolor="#6a99e2"> 处理状态 </td>
  </tr>
<?php
 while($device_row=mysql_fetch_array($sushe_result)){
 ?>
<tr bgcolor="#e4e4e4">
 <td align="center"><?php echo $device_row['device_name']?></td>
   <td align="center"><?php echo $device_row['device_modelnumber']?></
td>
   <td align="center"><?php echo $device_row['device_building_place']?></
td>
 <td align="center"><?php echo $device_row['device_kind']?></td>
 <td align="center"><?php echo $device_row['device_room_place']?></td>
 <td align="center"><?php echo $device_row['device_fault']?></td>
 <td align="center"><?php echo $device_row['device_submitted']?></td>
 <td align="center"><?php echo $device_row['device_deal']?></td>
```

```
    </tr>
    <?php }?>
</table>
</body>
</html>
```

其显示效果如图 7-105 所示。

设备名称	设备型号	设备所在楼栋	设备类型	所在房间	问题描述	报修人	处理状态
台式计算机	联想启天t900	紫园3栋	计算机类	101	无故障	张栋长	
高低床	钢管焊接	紫园4栋	床类	206	床体晃动，影响睡眠。	张尔尔	

图 7-105   查看设备列表

3. 报修设备

第一步：修改 device.php 中相关链接，在 device 目录中新建 devic_modify. php 文件，其内容如下：

```php
<?php
session_save_path('../../sushe_session/');
session_start( );
?>
<meta http-equiv="Content-Type" content="text/html; charset=utf-8" />
<?php
if($_SESSION['is_legal']!=2){// 防止非法用户登录
    echo "<script type=\"text/javascript\">alert(' 对不起你没有权限进入管理页面！ ');location.href='../../login/login.php'</script>";
}
?>
<!DOCTYPE html PUBLIC "-//W3C//DTD XHTML 1.0 Transitional//EN" "http://www.w3.org/TR/xhtml1/DTD/xhtml1-transitional.dtd">
<html xmlns="http://www.w3.org/1999/xhtml">
<head>
<meta http-equiv="Content-Type" content="text/html; charset=utf-8" />
<title> 楼栋详情浏览 </title>
<!-- 对表格的边框颜色进行设置 -->
<style>
```

```
td{
    border:1px solid #0F0;

    }
</style>

</head>

<body>
<?php
include '../../config/sushe_config.php';
$sql="select * from sushe_device";
$sushe_result=mysql_query($sql);
?>
<table width="900" height="70" border="1" align="center">
  <tr bgcolor="#6a99e2">

    <td align="center" bgcolor="#6a99e2"> 设备名称 </td>
    <td height="32" align="center" bgcolor="#6a99e2"> 设备型号 </td>
    <td align="center" bgcolor="#6a99e2"> 设备所在楼栋 </td>
    <td align="center" bgcolor="#6a99e2"> 设备类型 </td>
    <td align="center" bgcolor="#6a99e2"> 所在房间 </td>
    <td align="center" bgcolor="#6a99e2"> 问题描述 </td>
    <td align="center" bgcolor="#6a99e2"> 报修人 </td>
    <td align="center" bgcolor="#6a99e2"> 操作 </td>
  </tr>
  <?php
  while($device_row=mysql_fetch_array($sushe_result)){
  ?>
  <tr bgcolor="#e4e4e4">
    <td align="center"><?php echo $device_row['device_name']?></td>
      <td align="center"><?php echo $device_row['device_modelnumber']?></td>
```

```html
    <td align="center"><?php echo $device_row['device_building_place']?></
td>
    <td align="center"><?php echo $device_row['device_kind']?></td>
    <td align="center"><?php echo $device_row['device_room_place']?></td>
    <td align="center"><?php echo $device_row['device_fault']?></td>
    <td align="center"><?php echo $device_row['device_submitted']?></td>
    <td align="center"><a href="device_modify_form.php?=<?php echo
$device_row['device _id']?>"> 报  修 </a> <a href="device_modify_form.
php?=<?php echo $device_row['device _id']?>"> 报  废 </a> <a href="device_
modify_form.php?=<?php echo $device_row['device _id']?>"> 维修 </a></td>


    </tr>
    <?php }?>
</table>
</body>
</html>
```

其运行效果如图 7-106 所示。

设备名称	设备型号	设备所在栋	设备类型	所在房间	问题描述	报修人	操作
台式计算机	联想启天t900	紫园3栋	计算机类	101	无故障	张栋长	报修 报废 维修
高低床	钢管焊接	紫园4栋	床类	206	床体晃动，影响睡眠。	张尔尔	报修 报废 维修

图 7-106　添加报修、报废和维修链接列表

第二步：在 device 目录中新建 device_modify_form.php 文件，其内容如下：

```php
<?php
session_save_path('../../sushe_session/');
session_start( );
if($_SESSION['is_legal']!=2){// 凡是后台的管理页面都必须做权限的判断
    echo "<script type=\"text/javascript\">alert(' 对不起你没有权限进入管理
页面！ ');location.href='../login/login.php'</script>";
}else{
    echo ' 欢迎管理员 '.$_SESSION['user'];
}
include '../../config/sushe_config.php';
```

290

```
?>
<!DOCTYPE html PUBLIC "-//W3C//DTD XHTML 1.0 Transitional//EN"
"http://www.w3.org/TR/xhtml1/DTD/xhtml1-transitional.dtd">
<html xmlns="http://www.w3.org/1999/xhtml">
<head>
<meta http-equiv="Content-Type" content="text/html; charset=utf-8" />
<link rel="stylesheet" href="../../css/system.css" type="text/css"/><!-- 插 入
css 目录中 system.css 样式表 , 对表单的样式进行控制 -->
<title> 报修设备 </title>


</head>


<body>
<table width="960" border="0" align="center">



    <form name="add" action="device_modify_sql.php" method="post" ><!--
提交方式采用 post, 将数据提交到 device_modify_sql.php 文件中 -->


    <?php
    $device_id=$_GET['device_id'];
    $device_sql="select * from sushe_device where device_id='$device_id'";
    $device_result=mysql_query($device_sql);
    $device_row=mysql_fetch_array($device_result);
    ?>
     <tr>
       <td width="200" align="right"> 设备 id : </td>
       <td width="750" align="left">
       <input type="text" name="device_id"  size="40" maxlength="40"
value="<?php echo $device_row['device_id']?>" readonly/><font color="red">*</
font>
       </td>
       </tr>
```

291

```
<tr>
 <td width="200" align="right"> 设备名称: </td>
 <td width="750" align="left">
 <input type="text" name="device_name"  size="40" maxlength="40"
value="<?php echo $device_row['device_name']?>" readonly/><font
color="red">*</font>
 </td>
 </tr>
 <tr>
 <td width="200" align="right"> 设备型号: </td>
 <td width="750" align="left">
 <input type="text" name="device_modelnumber"  size="40" maxlength="40"
value="<?php echo $device_row['device_modelnumber']?>" readonly/><font
color="red">*</font>
 </td>
 </tr>

 <tr>
 <td width="200" align="right"> 设备类型: </td>
 <td width="750" align="left">
 <select name="device_kind" size="1"  readonly>
   <option value="<?php echo $device_row['device_kind']?>"><?php echo
$device_row['device_kind']?></option>
 <option value=" 计算机类 "> 计算机类 </option>
 <option value=" 水龙头类 "> 水龙头类 </option>
 <option value=" 床类 "> 床类 </option>
 <option value=" 桌子类 "> 桌子类 </option>
 <option value=" 门类 "> 门类 </option>
 <option value=" 灯类 "> 灯类 </option>

 </select><font color="red">*</font>
 </td>
```

```
</tr>

<tr>
<td align="right"> 设备所在楼栋：</td>
<td align="left">
<select name="device_building_place" size="1" readonly>
    <option value="<?php echo $device_row['device_building_place']?>"><?php echo $device_row['device_building_place']?></option>
    <?php
    $sql_ld="select * from sushe_building"; // 查询楼栋这张表
    $result_ld=mysql_query($sql_ld);
    while($row_ld=mysql_fetch_array($result_ld)){ // 通过循环的方式将所有
楼栋的名称的值遍历出来，并将楼栋的名称显示在 select 的项目中
    ?>
    <option value="<?php echo $row_ld['building_name']?>"><?php echo $row_ld['building_name']?></option>
    <?php }?>

</select><font color="red">*</font>
</td>
</tr>
<tr>
<td width="200" align="right"> 设备所在房间：</td>
<td width="750" align="left">
<input type="text" name="device_room_place" value="<?php echo $device_row['device_room_place']?>" readonly size="40" maxlength="40"/><font color="red">*</font>
</td>
</tr>
<tr>
<td width="200" align="right"> 设备故障描述：</td>
<td width="750" align="left">
<textarea name="device_fault" rows="10" cols="50" wrap="off">
```

```php
<?php echo $device_row['device_fault']?>
</textarea><font color="red">*</font>
</td>
</tr>


<tr>
<td align="right"> 报修人：</td>
<td align="left">
<select name="device_submitted" size="1" readonly>
  <?php
  $sql1="select * from sushe_buiding_leader"; //查询栋长这张表
  $result1=mysql_query($sql1);
    while($row1=mysql_fetch_array($result1)){ //通过循环的方式将所有栋
长的值遍历出来
    ?>
    <option value="<?php echo $row1['buiding_leader _name']?>"><?php echo
$row1['buiding_leader _name']?></option><!-- 用 php 的方式将栋长的名称显示
出来 -->
    <?php } // 循环结束 ?>
    <?php
  $sql1="select * from  sushe_houseparent"; //查询宿管员这张表
  $result1=mysql_query($sql1);
    while($row1=mysql_fetch_array($result1)){ //用循环的方式，将宿管员
的信息显示出来
    ?>
    <option value="<?php echo $row1['houseparent_name']?>"><?php echo
$row1['houseparent_name']?></option><!-- 用 php 的方式将宿管员的名称显示
出来 -->
    <?php } // 循环结束 ?>

</select>
</td>
</tr>
```

```
    </td>
    </tr>
    <tr>
      <td colspan="2" align="center">
    <tr>
      <td align="right"></td>
        <td align="left"><input class="login-reset" type="submit" name="add"
value=" 提交 "/>
        <input class="login-reset" type="reset" name="reset" value=" 重 置 "/></
td>
    </tr>
    </td>
    </tr>
    </form>
    </table>
    </body>
    </html>
```

第三步：新建 device_modify_sql.php, 用来将提交过来的问题写入数据库，其内容如下：

```php
<?php // 此页面是对提交过来的数据进行插入
session_save_path('../../sushe_session/');
session_start( );
if($_SESSION['is_legal']!=2){// 凡是后台的管理页面都必须做权限的判断
    echo "<script type=\"text/javascript\">alert(' 对不起你没有权限进入管理
页面！ ');location.href='../login/login.php'</script>";
}else{
    echo ' 欢迎管理员 '.$_SESSION['user'];
}
include '../../config/sushe_config.php';
$device_id=$_POST['device_id'];// 用 post 的方式接收传递过来的值
$device_fault=$_POST['device_fault'];
$device_submitted=$_POST['device_submitted'];
echo $device_modify_sql="update  sushe_device set device_fault='$device_
```

fault',device_submitted='$device_submitted',device_deal=' 已报修 ' where device_id='$device_id'";// 写更新语句，将状态值调整为已报修

if(isset($_POST['add']) && $device_fault!=''){// 当点击提交的问题不能为空
mysql_query($device_modify_sql);

echo "<script type=\"text/javascript\">alert(' 报修信息提交成功，即将跳转到查看页面！ ');location.href='browse.php'</script>";// 插入成功以后提示用户，用跳转到 browse.php 页面，查看设备列表

}else{
echo "<script type=\"text/javascript\">alert(' 您输入的信息为空，请重新输入！ ');location.href='device_modify.php'</script>";// 当输入的设备名称为空时，给用户提示并且跳转到 add.php 页面
}
?>

第四步：申请卫生间水龙头报修，填写好故障信息、报修人，点击提交。如图 7-107 所示。

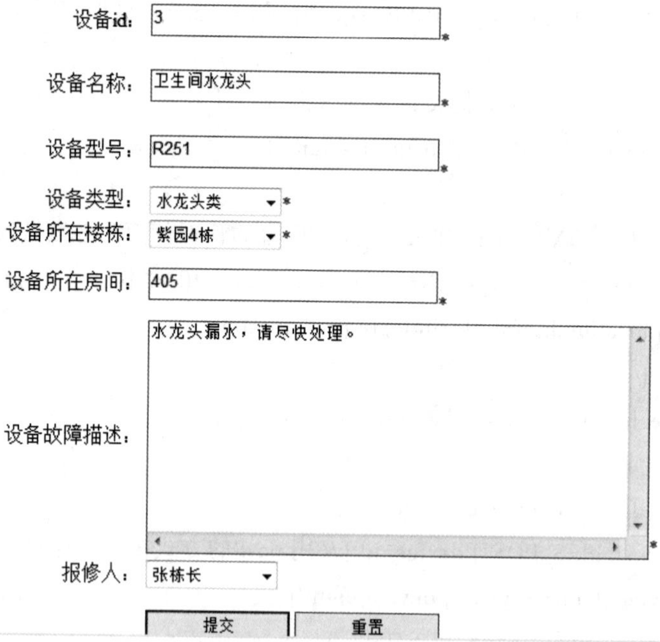

图 7-107　申请报修界面

故障信息已经提交成功，如图 7-108 所示。

卫生间水龙头	R251	紫园4栋	水龙头类	405	水龙头漏水，请尽快处理。	张栋长	已报修
安全出口灯	D1234	紫园6栋	灯类	楼道			

图 7-108　报修以后列表

4. 维修、报废设备

第一步：在 device 目录中新建 device_modify_form1.php，用来做设备维修或者报废的表单，其内容如下：

```php
<?php
session_save_path('../../sushe_session/');

session_start( );

if($_SESSION['is_legal']!=2){// 凡是后台的管理页面都必须做权限的判断
    echo "<script type=\"text/javascript\">alert(' 对不起你没有权限进入管理
页面！ ');location.href='../login/login.php'</script>";
}else{
    echo ' 欢迎管理员 '.$_SESSION['user'];
}
include '../../config/sushe_config.php';
?>
<!DOCTYPE html PUBLIC "-//W3C//DTD XHTML 1.0 Transitional//EN"
"http://www.w3.org/TR/xhtml1/DTD/xhtml1-transitional.dtd">
<html xmlns="http://www.w3.org/1999/xhtml">
<head>
<meta http-equiv="Content-Type" content="text/html; charset=utf-8" />
<link rel="stylesheet" href="../../css/system.css" type="text/css"/><!-- 插 入
css 目录中 system.css 样式表，对表单的样式进行控制 -->
<title> 保山学院添加设备 </title>

</head>

<body>
<table width="960" border="0" align="center">
```

```
        <form name="add" action="device_modify_sql1.php" method="post" ><!--
提交方式采用post, 将数据提交到device_modify_sql1.php 文件中 -->
        <?php
        $device_id=$_GET['device_id'];
        echo $device_sql="select * from sushe_device where device_id='$device_id'";
        $device_result=mysql_query($device_sql);
        $device_row=mysql_fetch_array($device_result);
        ?>
        <tr>
          <td width="200" align="right"> 设备 id : </td>
          <td width="750" align="left">
          <input type="text" name="device_id"  size="40" maxlength="40"
value="<?php echo $device_row['device_id']?>" readonly/><font color="red">*</
font>
          </td>
        </tr>


        <tr>
          <td width="200" align="right"> 设备名称: </td>
          <td width="750" align="left">
          <input type="text" name="device_name"  size="40" maxlength="40"
value="<?php echo $device_row['device_name']?>" readonly/><font
color="red">*</font>
          </td>
        </tr>
        <tr>
          <td width="200" align="right"> 设备型号: </td>
          <td width="750" align="left">
          <input type="text" name="device_modelnumber" size="40" maxlength="40"
value="<?php echo $device_row['device_modelnumber']?>" readonly/><font
color="red">*</font>
          </td>
        </tr>
```

```
<tr>
  <td width="200" align="right"> 设备类型：</td>
  <td width="750" align="left">
  <select name="device_kind" size="1"  readonly>
      <option value="<?php echo $device_row['device_kind']?>"><?php echo
$device_row['device_kind']?></option>
      <option value=" 计算机类 "> 计算机类 </option>
      <option value=" 水龙头类 "> 水龙头类 </option>
      <option value=" 床类 "> 床类 </option>
      <option value=" 桌子类 "> 桌子类 </option>
      <option value=" 门类 "> 门类 </option>
      <option value=" 灯类 "> 灯类 </option>

  </select><font color="red">*</font>
  </td>
</tr>


  <tr>
  <td align="right"> 设备所在楼栋：</td>
  <td align="left">
  <select name="device_building_place" size="1" readonly>
      <option value="<?php echo $device_row['device_building_
place']?>"><?php echo $device_row['device_building_place']?></option>
  <?php
    $sql_ld="select * from sushe_building"; // 查询楼栋这张表
    $result_ld=mysql_query($sql_ld);
    while($row_ld=mysql_fetch_array($result_ld)){ // 通过循环的方式将所有
楼栋的名称的值遍历出来，并将楼栋的名称显示在 select 的项目中
    ?>
    <option value="<?php echo $row_ld['building_name']?>"><?php echo $row_
ld['building_name']?></option>
    <?php }?>
```

299

```
</select><font color="red">*</font>
</td>
</tr>
 <tr>
  <td width="200" align="right"> 设备所在房间: </td>
  <td width="750" align="left">
  <input type="text" name="device_room_place" value="<?php echo
$device_row['device_room_place']?>" readonly size="40" maxlength="40"/><font
color="red">*</font>
  </td>
</tr>
 <tr>
  <td width="200" align="right"> 设备故障描述: </td>
  <td width="750" align="left">

  <textarea name="device_fault" rows="10" cols="50" wrap="off" readonly>
<?php echo $device_row['device_fault']?>
  </textarea><font color="red">*</font>
  </td>
</tr>

 <tr>
  <td align="right"> 报修人: </td>
  <td align="left">
  <select name="device_submitted" size="1" readonly>
   <?php
   $sql1="select * from sushe_buiding_leader"; // 查询栋长这张表
   $result1=mysql_query($sql1);
    while($row1=mysql_fetch_array($result1)){ // 通过循环的方式将所有栋
长的值遍历出来
   ?>
   <option value="<?php echo $row1['buiding_leader _name']?>"><?php echo
```

$row1['buiding_leader _name']?></option><!-- 用 php 的方式将栋长的名称显示
出来 -->

    <?php } // 循环结束 ?>

    <?php

      $sql1="select * from sushe_houseparent"; // 查询宿管员这张表

      $result1=mysql_query($sql1);

       while($row1=mysql_fetch_array($result1)){ // 用循环的方式，将宿管员
的信息显示出来

    ?>

     <option value="<?php echo $row1['houseparent_name']?>"><?php echo
$row1['houseparent_name']?></option><!-- 用 php 的方式将宿管员的名称显示
出来 -->

    <?php } // 循环结束 ?>

    </select><font color="red">*</font>

    </td>

    </tr>

    <tr>

     <td width="200" align="right"> 维修处理：</td>

     <td width="750" align="left">

    <select name="device_deal" size="1">

      <option value="<?php echo $device_row['device_deal']?>"><?php echo
$device_row['device_deal']?></option>

     <option value=" 正在维修 "> 正在维修 </option>

     <option value=" 维修完成 "> 维修完成 </option>

     <option value=" 报废 "> 报废 </option>

     </select><font color="red">*</font>

    </td>

    </tr>

    </td>

    </tr>

    <tr>

```
    <td colspan="2" align="center">
  <tr>
    <td align="right"></td>
    <td align="left"><input class="login-reset" type="submit" name="add" value="
提交 "/>
    <input class="login-reset" type="reset" name="reset" value=" 重 置 "/></
td>
    </tr>
    </td>
    </tr>
    </form>
</table>
</body>
</html>
```

其运行效果如图 7-109 所示。

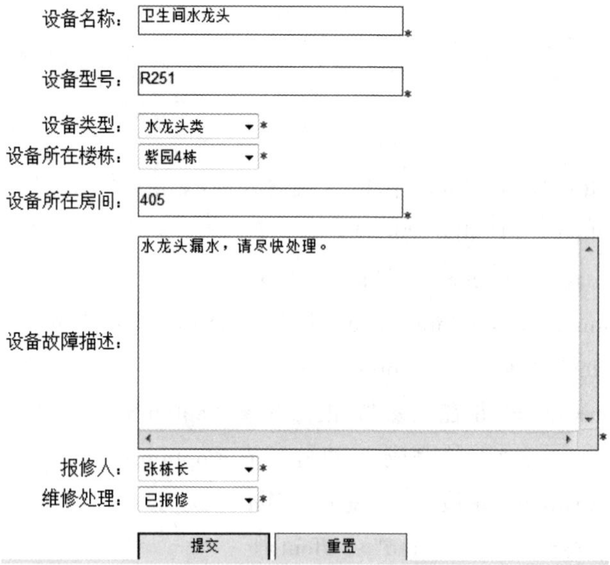

图 7-109　修改设备状态

第二步：修改 device_modify_form1.php 中的链接信息为 device_modify_sql1.php。在 device 目录中新建 device_modify_sql1.php,用来更新数据库信息。其内容如下：

```php
<?php // 此页面是对提交过来的数据进行插入
session_save_path('../../sushe_session/');
session_start( );
if($_SESSION['is_legal']!=2){// 凡是后台的管理页面都必须做权限的判断
    echo "<script type=\"text/javascript\">alert(' 对不起你没有权限进入管理
页面！ ');location.href='../login/login.php'</script>";
}else{
    echo ' 欢迎管理员 '.$_SESSION['user'];
}
include '../../config/sushe_config.php';
$device_id=$_POST['device_id'];// 用 post 的方式接收传递过来的值
$device_fault=$_POST['device_fault'];
$device_submitted=$_POST['device_submitted'];
$device_deal=$_POST['device_deal'];
$device_modify_sql="update  sushe_device set device_fault='$device_
fault',device_submitted='$device_submitted',device_deal='$device_deal'  where
device_id='$device_id'";// 写插入语句
if(isset($_POST['add']) && $device_fault!=''){// 当点击提交的问题不能为空
                                mysql_query($device_modify_sql);
            echo "<script type=\"text/javascript\">alert(' 维修信息提交成功，
即将跳转到查看页面！ ');location.href='browse.php'</script>";// 状态修改成功以
后提示用户跳转到 browse.php 页面，查看列表
}
?>
```

第三步：测试，在 device_modify.php 页面中点击"卫生间水龙头"后面
的维修 / 报废链接，选择相应的选项，本测试选择"维修完成"。点击"提交"
如图 7–110 所示。

图 7-110　修改设备状态

点击确定，如图 7-111 所示。

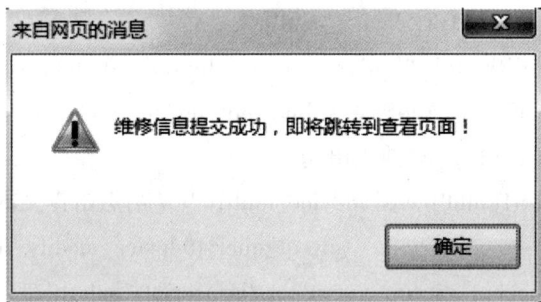

图 7-111　维修信息提交成功后界面

维修完成，如图 7-112 所示。

卫生间水龙头	R251	紫园4栋	水龙头类	405	水龙头漏水，请尽快处理。	张栋长	维修完成

图 7-112　维修信息提交成功后列表

7. 退出系统

退出系统和人员管理的写法一样，请大家自行完成，在这不再赘述。

7.2.9　内容管理

1. 添加分类

第一步：在 content 目录中新建 add_kind.php 文件，其内容为添加文章分类的表单。

```php
<?php
session_save_path('../../sushe_session/');
session_start( );
if($_SESSION['is_legal']!=2){// 凡是后台的管理页面都必须做权限的判断
    echo "<script type=\"text/javascript\">alert(' 对不起你没有权限进入管理
页面！ ');location.href='../login/login.php'</script>";
}else{
    echo ' 欢迎管理员 '.$_SESSION['user'];
}
include '../../config/sushe_config.php';
?>
<!DOCTYPE html PUBLIC "-//W3C//DTD XHTML 1.0 Transitional//EN"
"http://www.w3.org/TR/xhtml1/DTD/xhtml1-transitional.dtd">
<html xmlns="http://www.w3.org/1999/xhtml">
<head>
<meta http-equiv="Content-Type" content="text/html; charset=utf-8" />
<link rel="stylesheet" href="../../css/system.css" type="text/css"/><!-- 插 入
css 目录中 system.css 样式表 , 对表单的样式进行控制 -->
<title> 添加文章分类 </title>
</head>
<body>
<table width="960" border="0" align="center">
  <form name="add" action="add_kind_sql.php" method="post" ><!-- 提 交
方式采用 post, 将数据提交到 add_kind_sql.php 文件中 -->
  <tr>
    <td width="200" align="right"> 分类标题： </td>
    <td width="750" align="left">
    <input type="text" name="category_title" size="40" maxlength="40"/><font
color="red">*</font>
    </td>
  </tr>
   <tr>
    <td width="200" align="right"> 分类介绍： </td>
```

```html
<td width="750" align="left">

<textarea name="category_description" rows="10" cols="50" wrap="off">

</textarea>
</td>
</tr>
<tr>
  <td width="200" align="right"> 添加者: </td>
  <td width="750" align="left">
  <input type="text" name="category_editor" value="<?php  echo $_
SESSION['user']?>" size="40" maxlength="40"/><font color="red">*</font>
  </td>
</tr>
 <tr>
  <td width="200" align="right"> 发布状态: </td>
  <td width="750" align="left">
<select name="category_published" size="1">
  <option value=" 发布 "> 发布 </option>
  <option value=" 暂不发布 "> 暂不发布 </option>
  </select><font color="red">*</font>
  </td>
</tr>

</td>
</tr>
<tr>
  <td colspan="2" align="center">
<tr>
  <td align="right"></td>
    <td align="left"><input class="login-reset" type="submit" name="add"
value=" 添加 "/>
  <input class="login-reset" type="reset" name="reset" value=" 重置 "/></td>
```

```
    </tr>
    </td>
    </tr>
    </form>
</table>
</body>
</html>
```

其运行效果如图 7-113 所示。

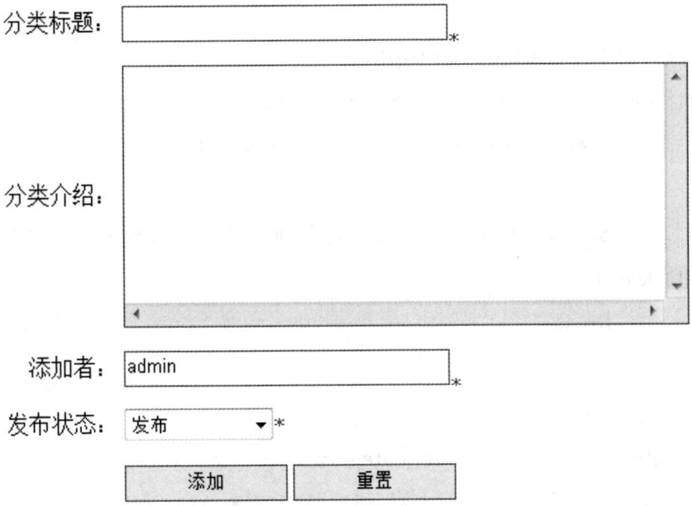

图 7-113　内容分类界面

第二步：新建 add_content_sql.php, 用来对分类数据进行更新。其内容如下：

```
<?php // 此页面是对提交过来的数据进行插入
session_save_path('../../sushe_session/');
session_start( );
if($_SESSION['is_legal']!=2){// 凡是后台的管理页面都必须做权限的判断
    echo "<script type=\"text/javascript\">alert(' 对不起你没有权限进入管理
页面！ ');location.href='../login/login.php'</script>";
    }else{
    echo ' 欢迎管理员 '.$_SESSION['user'];
```

```
    }
    include '../../config/sushe_config.php';
    $category_title=$_POST['category_title'];// 用 post 的方式接收 add_kind.php
传递过来的值
    $category_description=$_POST['category_description'];
    $category_editor=$_POST['category_editor'];
    $category_published=$_POST['category_published'];
    $sql="select * from  sushe_categories";// 数据查询语句
    $is_category_equal=0;// 赋初始值为 0，用来判断新建内容类是否与已有的
重复
    $sushe_result=mysql_query($sql);
    while($row=mysql_fetch_array($sushe_result)){
            if($category_title==$row['category_title'])
    {
            $is_category_equal=1;// 通过循环的方式进行一一比对，如果有
重复将其值赋为 1
            break;
    }
    }
    $add_sql="insert into  sushe_categories(category_title,category_description,
category_editor,category_published)values('$category_title','$category_
description','$category_editor','$category_published')";// 写插入语句
    if(isset($_POST['add']) && $category_title!=''){// 当点击提交和类标题不为空
时进入 if 分支
    if($is_category_equal==0) // 没有重复标题时进入 if 分支
    {
                        mysql_query($add_sql);
            echo "<script type=\"text/javascript\">alert(' 分类添加成功，即
将跳转到查看页面！ ');location.href='kind_browse'</script>";// 插入成功以后提
示用户跳转到 kind_browse.php 页面，查看列表
    }else{
    echo "<script type=\"text/javascript\">alert(' 你输入的内容分类已经存
在，请重新输入！ ');location.href='add_kind.php'</script>";// 当输入的分类已经
```

存在时，给用户提示并且跳转到 add_kind.php 页面

　　　}

　　}else{

　　　　echo "<script type=\"text/javascript\">alert(' 您输入的信息为空，请重新输入！ ');location.href='add_kind.php'</script>";// 当输入的类名为空时，给用户提示并且跳转到 add_kind.php 页面

　　}

　　?>

第三步：测试 1，输入以下内容进行测试，点击添加，如图 7–114 所示。

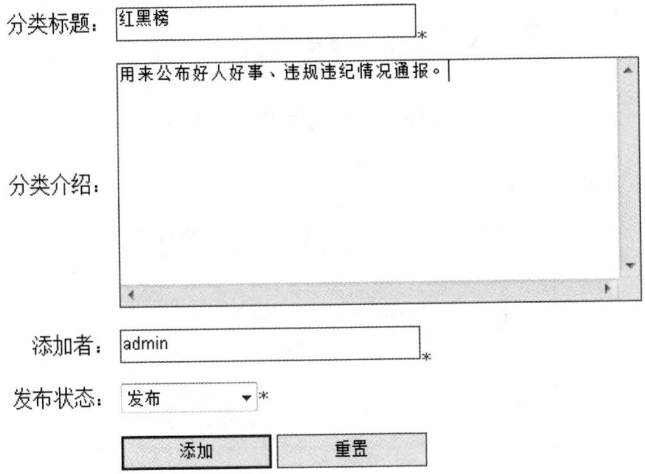

图 7–114　添加内容分类

添加成功，如图 7–115 所示。

图 7–115　添加成功后分类列表

测试 2，输入已有的类的信息，如图 7–116 所示。

图 7-116　添加已有内容分类

错误提示，如图 7-117 所示。

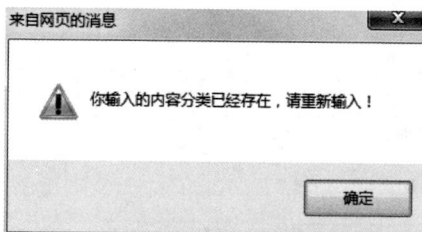

图 7-117　添加已有内容分类错误提示

记录添加失败。

2. 分类查看、分类修改、分类删除

与前面的人员、设备相关操作写法基本一样，只需要做简单的修改即可，此处不再赘述。

3. 添加文章

第一步：新建 add_content.php 文件用来做添加文章的表单。

第二步：因为对文章编辑需要对文章的字体、表格、图片做处理，所以我们可以通过引入编辑器的方式来解决此问题。先将 cke 编辑器引入页面，详细的引入过程请大家自行在互联网上查找，add_content.php 的内容如下：

```php
<?php

session_save_path('../../sushe_session/');
```

session_start( );

if($_SESSION['is_legal']!=2){// 凡是后台的管理页面都必须做权限的判断

    echo "<script type=\"text/javascript\">alert(' 对不起你没有权限进入管理页面！ ');location.href='../../login/login.php'</script>";

}else{

    echo ' 欢迎管理员 '.$_SESSION['user'];

}

include '../../config/sushe_config.php';

?>

<!DOCTYPE html PUBLIC "-//W3C//DTD XHTML 1.0 Transitional//EN"
"http://www.w3.org/TR/xhtml1/DTD/xhtml1-transitional.dtd">

<html xmlns="http://www.w3.org/1999/xhtml">

<head>

<!-- 引入 cke 编辑器样式 -->

 <script type="text/javascript" src="ckeditor/ckeditor.js"></script>

<meta http-equiv="Content-Type" content="text/html; charset=utf-8" />

<link rel="stylesheet" href="../../css/system.css" type="text/css"/><!-- 插 入 css 目录中 system.css 样式表 , 对表单的样式进行控制 -->

<title> 添加文章内容 </title>

</head>

<body>

<table width="960" border="0" align="center">

  <form name="add" action="add_content_sql.php" method="post" ><!-- 将数据传到验证页面，提交方式采用 post, 将数据提交到 add_sql.php 文件中 -->

  <tr>

   <td width="200" align="right"> 文章标题: </td>

   <td width="750" align="left">

   <input type="text" name="content_title" class="content_title" size="40" maxlength="40"/><font color="red">*</font>

   </td>

  </tr>

  <tr>

   <td width="200" align="right"> 文章分类: </td>

```
<td width="750" align="left">
<select name="content_kind" size="1">
<?php // 将所有的文章分类遍历出来并显示在文章发布页面中
  $kind_sql="select * from sushe_categories";
  $kind_result=mysql_query($kind_sql);
  while($kind_row=mysql_fetch_array($kind_result)){
?>
   <option value="<?php echo $kind_row['category_title']?>"><?php echo
$kind_row['category_title']?></option>
   <?php }?>
   </select><font color="red">*</font>
</td>
</tr>
<tr>
  <td width="200" align="right"> 文章作者: </td>
  <td width="750" align="left">
  <input type="text" name="content_editor" value="<?php  echo $_SESSION['user']?>"
size="40" maxlength="40"/><font color="red">*</font>
   <!-- 由于用到时间，所以将时区设置为中国时区，发布时间设置为当前
时间 -->
   <input type="text" name="content_created" value="<?php date_default_timezone_
set( "PRC"); echo date('Y-m-d H:i:s',time( ))?>" size="40" maxlength="40"/>

  </td>
</tr>
  <tr>
  <td  align="left" colspan="2">
  <!-- 插入 cke 编辑器 -->
文章内容:
  <textarea id="content_fulltext" name="content_fulltext" rows="10"
cols="50" wrap="off">

</textarea>
```

```
<!-- 将编辑器替换 textarea 中的内容 -->
<script type="text/javascript">
        CKEDITOR.replace('content_fulltext');
    </script>
</td>
</tr>


 <tr>
  <td width="200" align="right"> 发布状态: </td>
  <td width="750" align="left">
<select name="content_state" size="1">
  <option value=" 发布 "> 发布 </option>
  <option value=" 暂不发布 "> 暂不发布 </option>
   </select><font color="red">*</font>
</td>
</tr>
</td>
</tr>
 <tr>
   <td colspan="2" align="center">
<tr>
   <td align="right"></td>
    <td align="left"><input class="login-reset" type="submit" name="add"
value=" 添加 "/>
    <input class="login-reset" type="reset" name="reset" value=" 重 置 "/></
td>
   </tr>
   </td>
  </tr>
 </form>
</table>
</body>
</html>
```

add_content.php 效果如图 7-118 所示。

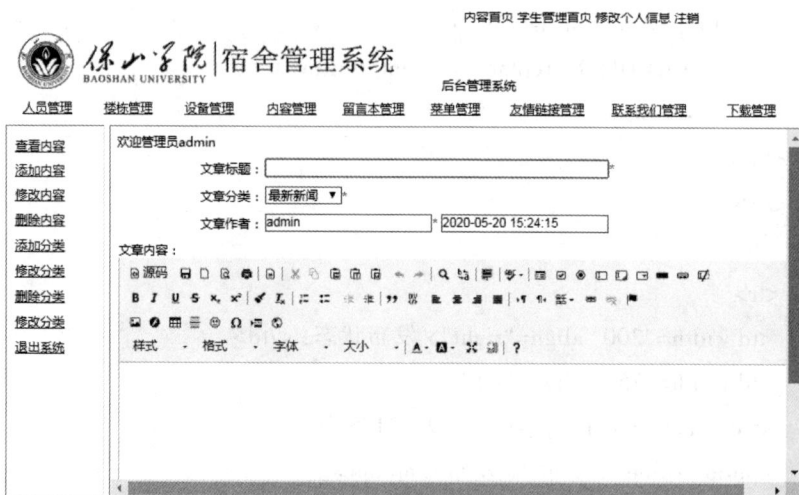

图 7-118　内容编辑页面

第三步：新建 add_content_sql.php，用来将传递过来的数据写入数据库中。其内容如下：

```php
<?php // 此页面是对提交过来的数据进行插入
session_save_path('../../sushe_session/');
session_start( );
if($_SESSION['is_legal']!=2){// 凡是后台的管理页面都必须做权限的判断
    echo "<script type=\"text/javascript\">alert(' 对不起你没有权限进入管理
页面！ ');location.href='../../login/login.php'</script>";
}else{
    echo ' 欢迎管理员 '.$_SESSION['user'];
}
include '../../config/sushe_config.php';
$content_title=$_POST['content_title'];// 用 post 的方式接收 add_content.php
传递过来的值
$content_kind=$_POST['content_kind'];
$content_editor=$_POST['content_editor'];
$content_created=$_POST['content_created'];
$content_fulltext=$_POST['content_fulltext'];
```

314

$content_state=$_POST['content_state'];

$sql="select * from sushe_news_content";// 数据查询语句

$is_content_equal=0;// 赋初始值为 0，用来判断新建的文章标题是否已经存在

$sushe_result=mysql_query($sql);

while($row=mysql_fetch_array($sushe_result)){

　　　　if($content_title==$row['content_title'])

　{

　　　　$is_content_equal=1;// 通过循环的方式进行一一比对，如果有重复将其值赋为 1

　　　　break;

　}

　}

$add_sql="insert into sushe_news_content(content_title,content_kind,content_editor,content_created,content_fulltext,content_state)values('$content_title','$content_kind','$content_editor','$content_created','$content_fulltext','$content_state')";// 写插入 sql 语句

if(isset($_POST['add']) && $content_title!='' && $content_fulltext!=''){// 当点击提交和文章标题不为空时进入 if 分支

if($is_ content_equal==0) // 没有重复标题时进入 if 分子

{

　　　　mysql_query($add_sql);// 执行插入 sql 语句

　　echo "<script type=\"text/javascript\">alert(' 文章添加成功，即将跳转到查看页面！ ');location.href='browse.php'</script>";// 插入成功以后提示用户，用跳转到 browse.php 页面，查看文章列表

　}else{

　echo "<script type=\"text/javascript\">alert(' 你输入的文章已经存在，请重新输入！ ');location.href='add_content.php'</script>";// 当输入的文章已经存在时，给用户提示并且跳转到 add_content.php 页面

　}

　}else{

echo "<script type=\"text/javascript\">alert(' 您输入的信息为空，请重新输入！ ');location.href='add_content.php'</script>";// 当输入的文章标题为空时，给用户提示并且跳转到 add_content.php 页面

```
}
?>
```

第四步：测试 1，添加新文章，如图 7-119 所示。

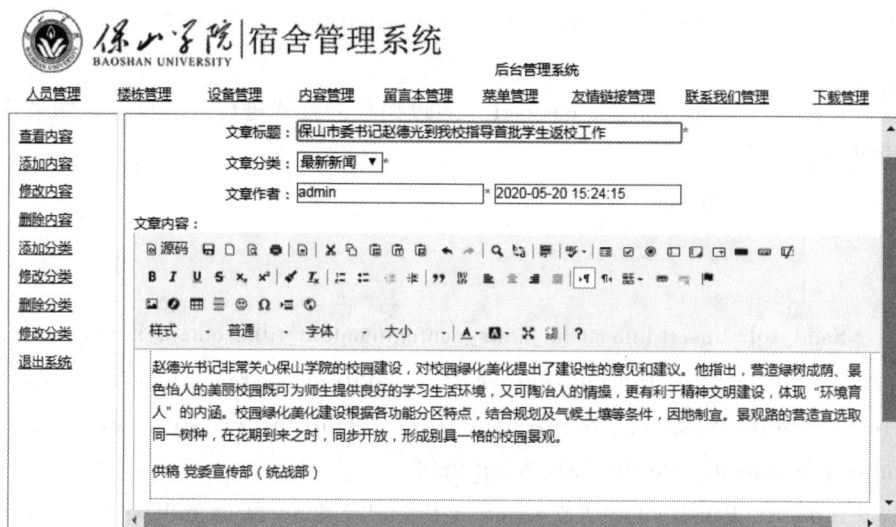

图 7-119　添加内容

添加成功，如图 7-120 所示。

图 7-120　添加成功后提示

到数据库中查看，已经插入成功，如图 7-121 所示。

			2	保山市委书记赵德光到我校指导首批学生返校工作	最新新闻	admin		<form name="_newscontent_fromname"><p>5月16日，我校首批...		发布

图 7-121　添加成功后列表

第五步：测试 2，添加已有文章，如图 7-122 所示。

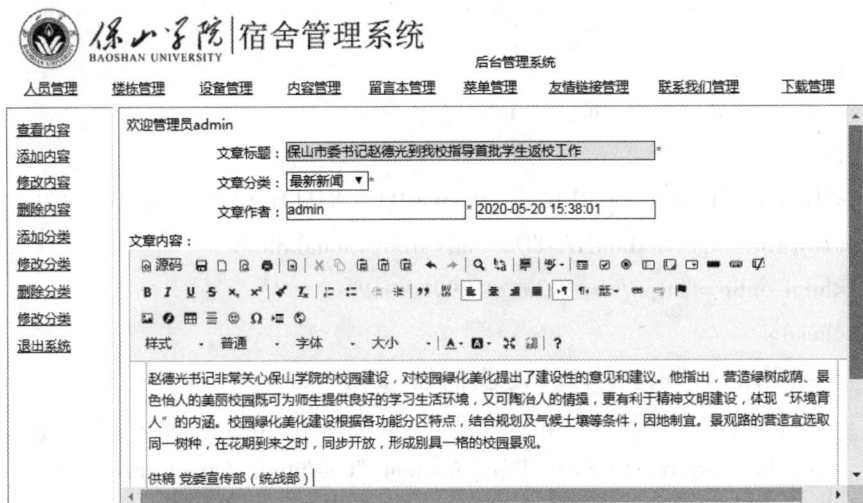

图 7-121　添加已有文章

文章添加失败，如图 7-122 所示。

图 7-122　添加已有文章提示

4. 查看内容、修改内容、删除内容

与前面讲述的人员管理、楼栋管理类似，在此不再赘述。

5. 留言簿管理

（1）添加留言

第一步：在 book 目录中新建 add.php 用来添加留言。其内容如下：

```php
<?php
session_save_path('../../sushe_session/');
session_start( );
if($_SESSION['is_legal']!=2){// 凡是后台的管理页面都必须做权限的判断
    echo "<script type=\"text/javascript\">alert(' 对不起你没有权限进入管理
页面！ ');location.href='../../login/login.php'</script>";
```

```
}else{
    echo ' 欢迎管理员 '.$_SESSION['user'];
}
include '../../config/sushe_config.php';
?>
```

<!DOCTYPE html PUBLIC "-//W3C//DTD XHTML 1.0 Transitional//EN" "http://www.w3.org/TR/xhtml1/DTD/xhtml1-transitional.dtd">
<html xmlns="http://www.w3.org/1999/xhtml">
<head>
<!-- 引入 cke 编辑器样式，注意路径的变化 -->
 <script type="text/javascript" src="../content/ckeditor/ckeditor.js"></script>
<meta http-equiv="Content-Type" content="text/html; charset=utf-8" />
<link rel="stylesheet" href="../../css/system.css" type="text/css"/><!-- 插入 css 目录中 system.css 样式表，对表单的样式进行控制 -->
<title> 添加留言 </title>
</head>
<body>
<table width="960" border="0" align="center">
  <form name="add" action="add_sql.php" method="post" ><!-- 将数据传到 验证页面，提交方式采用 post，将数据提交到 add_sql.php 文件中 -->
  <tr>
    <td width="200" align="right"> 留言标题： </td>
    <td width="750" align="left">
    <input type="text" name="book_title" class="content_title" size="40" maxlength="40"/><font color="red">*</font>
    </td>
  </tr>
   <tr>
    <td width="200" align="right"> 留言分类： </td>
    <td width="750" align="left">
  <select name="book_kind" size="1">
    <option value=" 宿舍管理 "> 宿舍管理 </option>
     <option value=" 学生管理 "> 学生管理 </option>
```

318
```

```
<option value=" 学校管理 "> 学校管理 </option>
 <option value=" 闲聊灌水 "> 闲聊灌水 </option>

 </select><font color="red">*</font>

</td>
</tr>
<tr>
 <td width="200" align="right"> 留言者姓名或者昵称：</td>
 <td width="750" align="left">
 <input type="text" name="book_editor" value="<?php  echo $_
SESSION['user']?>" size="40" maxlength="40"/><font color="red">*</font>
  <!-- 由于用到时间，所以将时区设置为中国时区，发布时间设置为当前
时间 -->
 <input type="text" name="book_published" value="<?php date_
default_timezone_set（ "PRC"); echo date('Y-m-d H:i:s',time( ))?>" size="40"
maxlength="40"/>

</td>
</tr>
  <tr>
 <td  align="left" colspan="2">
 <!-- 插入 cke 编辑器 -->
留言内容：
 <textarea id="book_params" name="book_params" rows="10" cols="50"
wrap="off">

</textarea>
<!-- 将编辑器替换 textarea 中的内容 -->
<script type="text/javascript">
        CKEDITOR.replace( 'book_params');
    </script>
</td>
```

```
    </tr>

    <tr>
    <td width="200" align="right"> 发布状态: </td>
    <td width="750" align="left">
    <select name="book_access" size="1">
        <option value=" 提交审核 "> 提交审核 </option>
    </select><font color="red">*</font>
    </td>
    </tr>

    </td>
    </tr>
    <tr>
    <td colspan="2" align="center">
    <tr>
    <td align="right"></td>
    <td align="left"><input class="login-reset" type="submit" name="add" value=" 添加 "/>
    <input class="login-reset" type="reset" name="reset" value=" 重 置 "/></td>
    </tr>
    </td>
    </tr>
    </form>
    </table>
    </body>
    </html>
```

其运行效果如图 7-123 所示。

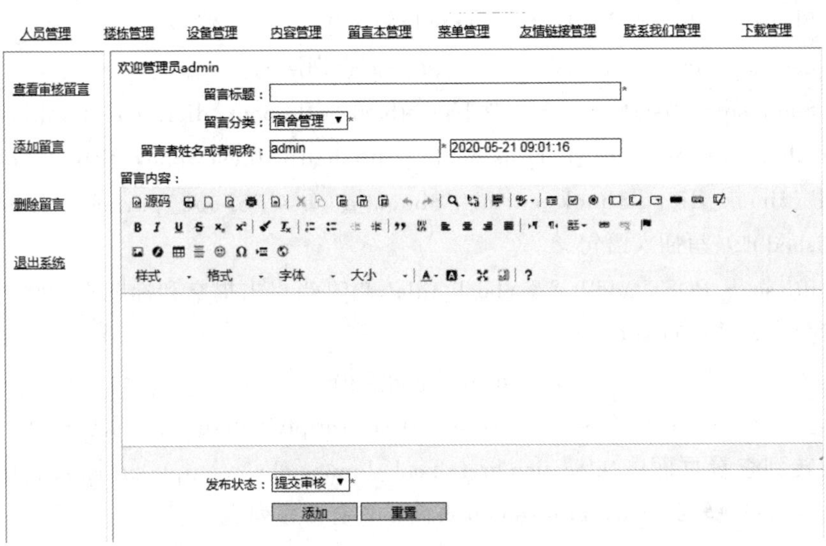

图 7-123　添加留言界面

第二步：在 book 目录中新建 add_sql.php，用来处理 add.php 传递过来的数据，其内容如下：

```
<?php // 此页面是对提交过来的数据进行插入

session_save_path('../../sushe_session/');

session_start( );

if($_SESSION['is_legal']!=2){// 凡是后台的管理页面都必须做权限的判断

    echo "<script type=\"text/javascript\">alert(' 对不起你没有权限进入管理
页面！ ');location.href='../../login/login.php'</script>";

}else{

    echo ' 欢迎管理员 '.$_SESSION['user'];

}

include '../../config/sushe_config.php';

$book_title=$_POST['book_title'];// 用 post 的方式接收 add_kind.php 传递过
来的值

$book_kind=$_POST['book_kind'];

$book_dicr=$_POST['book_dicr'];

$book_editor=$_POST['book_editor'];

$book_access=$_POST['book_access'];

$book_params=$_POST['book_params'];
```

$book_published=$_POST['book_published'];

$sql="select * from sushe_books";// 数据查询语句

$add_sql="insert into sushe_books(book_title,book_dicr,book_kind,book_editor,book_access,book_params,book_published)values('$book_title','$book_kind','$book_dicr','$book_editor','$book_access','$book_params','$book_published')";// 写插入语句

if(isset($_POST['add']) && $book_title!=''){// 当点击提交和标题不为空时进入 if 分支，并执行 sql 语句

mysql_query($add_sql);

echo "<script type=\"text/javascript\">alert(' 留言添加成功，即将跳转到查看页面！ ');location.href='book_browse.php'</script>";// 插入成功以后提示用户跳转到 book_browse.php 页面，查看留言列表

}else{

echo "<script type=\"text/javascript\">alert(' 您输入的信息为空，请重新输入！ ');location.href='add.php'</script>";// 当输入的标题为空时，给用户提示并且跳转到 add.php 页面

}

?>

第三步：测试，输入以下内容，如图 7-124 所示。

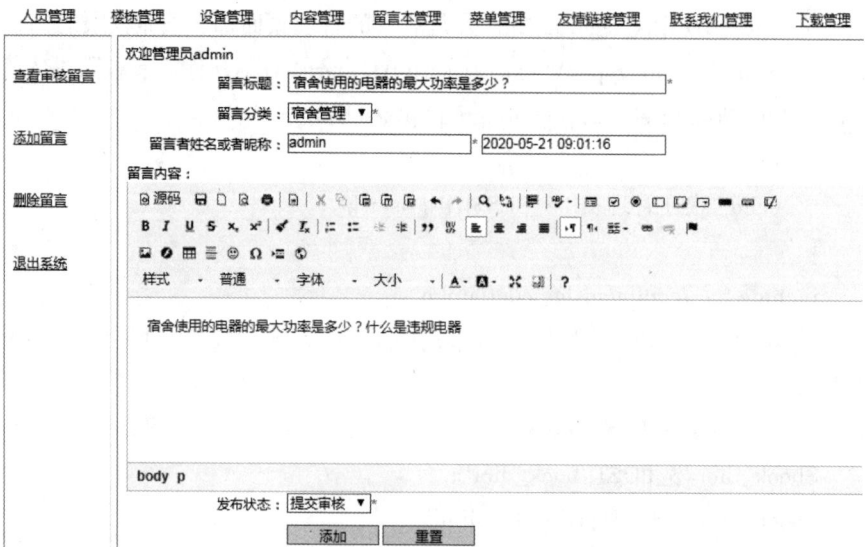

图 7-124 添加留言

点击确定，如图 7-125 所示。

图 7-125　添加成功提示

添加成功，如图 7-126 所示。

图 7-126　添加成功后列表

（2）查看、回复、审核、删除留言

第一步：新建 browse.php 文件，实现查看功能，并实现审核、回复和删除留言的链接，其内容如下：

```php
<?php
session_save_path('../../sushe_session/');
session_start( );
?>
<meta http-equiv="Content-Type" content="text/html; charset=utf-8" />
<?php
if($_SESSION['is_legal']!=2){// 防止非法用户登录
    echo "<script type=\"text/javascript\">alert(' 对不起你没有权限进入管理
页面！ ');location.href='../../login/login.php'</script>";
}
?>
<!DOCTYPE html PUBLIC "-//W3C//DTD XHTML 1.0 Transitional//EN"
"http://www.w3.org/TR/xhtml1/DTD/xhtml1-transitional.dtd">
<html xmlns="http://www.w3.org/1999/xhtml">
<head>
<meta http-equiv="Content-Type" content="text/html; charset=utf-8" />
<title> 留言查看、审核、回复、删除 </title>
<!-- 对表格的边框颜色进行设置 -->
```

```
<style>
td{
    border:1px solid #0F0;


    }
</style>


</head>


<body>
<?php
include '../../config/sushe_config.php';
$sql="select * from sushe_books";
$sushe_result=mysql_query($sql);
?>
<table width="900" height="70" border="1" align="center">
  <tr bgcolor="#6a99e2">
    <td align="center" bgcolor="#6a99e2">id</td>
    <td height="32" align="center" bgcolor="#6a99e2"> 留言标题 </td>
    <td align="center" bgcolor="#6a99e2"> 留言作者 </td>
    <td align="center" bgcolor="#6a99e2"> 留言内容 </td>
    <td align="center" bgcolor="#6a99e2"> 留言时间 </td>
    <td align="center" bgcolor="#6a99e2"> 留言状态 </td>
    <td align="center" bgcolor="#6a99e2"> 留言操作 </td>
  </tr>
  <?php
  while($book_row=mysql_fetch_array($sushe_result)){
  ?>
  <tr bgcolor="#e4e4e4">
    <td align="center"><?php echo $book_row['id']?></td>
    <td align="center" width="150px"><?php echo $book_row['book_title']?></td>
    <td align="center" width="90px"><?php echo $book_row['book_editor']?></td>
```

```
<td align="center" width="320px"><?php echo $book_row['book_params']?></td>

        <td align="center" width="90px"><?php echo $book_row['book_published']?></td>

        <td align="center" width="90px"><?php echo $book_row['book_access']?></td>
```

<!-- 下面这个链接的传值分两部分，一部分 xz 的值是用来判断我们要做什么操作，1 是审核，2 是回复，3 是删除，id 传递的是文章的 id，这样写的话我们可以将三个操作在一个页面中实现数据处理 -->

```
        <td align="center" width="150px"><a href="book_deal.php?xz=1&id=<?php echo $book_row['id']?>"> 审 核 </a> | <a href="book_deal.php?xz=2&id=<?php echo $book_row['id']?>" >回复</a> | <a href="book_deal.php?xz=3&id=<?php echo $book_row['id']?>"> 删除 </a></td>
    </tr>
    <?php }?>
</table>
</body>
</html>
```

其运行效果如图 7-127 所示。

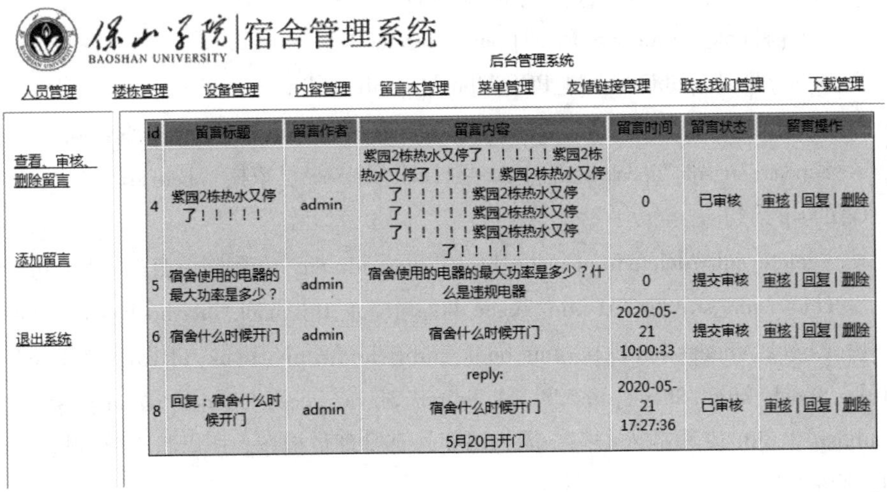

图 7-127　添加审核、回复、删除链接

（3）回复、审核、删除等数据处理。

第一步：新建 book_deal.php 文件，用来处理 browse.php 传递过来的数据，其内容如下：

```php
<?php // 此页面是对提交过来的数据进行插入
session_save_path('../../sushe_session/');
session_start( );
if($_SESSION['is_legal']!=2){// 凡是后台的管理页面都必须做权限的判断
    echo "<script type=\"text/javascript\">alert(' 对不起你没有权限进入管理页面！ ');location.href='../../login/login.php'</script>";
}else{
    echo ' 欢迎管理员 '.$_SESSION['user'];
}
include '../../config/sushe_config.php';
echo $xz=$_GET['xz'];// 接收标志的值
echo $id=$_GET['id'];// 接收传递过来的 id
echo $book_title=$_POST['book_title'];
echo $book_kind=$_POST['book_kind'];
echo $book_dicr=$_POST['book_dicr'];
echo $book_editor=$_POST['book_editor'];
echo $book_access=$_POST['book_access'];
echo $book_params=$_POST['book_params'];
echo $book_published=$_POST['book_published'];
echo $sql="select * from  sushe_books where id='$id'";// 数据查询语句
$update_sh_sql="update sushe_books set book_access=' 已审核 ' where id='$id'";// 审核留言的 sql 语句
$delete_sql="delete from sushe_books where id='$id'";// 删除留言的 sql 语句
echo $add_sql="insert into  sushe_books(book_title,book_dicr,book_kind,book_editor,book_access,book_params,book_published,reply_book_id)values('$book_title','$book_kind','$book_dicr','$book_editor','$book_access','$book_params','$book_published',$id)";// 写插入语句，因为回复是有管理员操作，所以状态就直接写成已审核
// 执行审核 sql 语句
if($xz==1 ){// 状态等于 1 时
```

mysql_query($update_sh_sql);// 执行更新状态 sql 语句

echo "<script type=\"text/javascript\">alert(' 留言已经通过审核, 即将跳转到查看页面！ ');location.href='browse.php'</script>";// 审核成功, 跳转到 browse.php 页面

```
    }
// 执行删除 sql 语句
if($xz==3){// 状态等于 2 时
        mysql_query($delete_sql);// 执行更新状态 sql 语句
        echo "<script type=\"text/javascript\">alert(' 留言已经删除审核,
```
即将跳转到查看页面！ ');location.href='browse.php'</script>";// 审核成功, 跳转到 browse.php 页面

```
    }
?>


<?php
$book_result=mysql_query($sql);
$book_row=mysql_fetch_array($book_result);
if($xz==2){

?>


<!DOCTYPE html PUBLIC "-//W3C//DTD XHTML 1.0 Transitional//EN"
"http://www.w3.org/TR/xhtml1/DTD/xhtml1-transitional.dtd">
    <html xmlns="http://www.w3.org/1999/xhtml">
    <head>
<!-- 引入 cke 编辑器样式, 注意路径的变化 -->
    <script type="text/javascript" src="../content/ckeditor/ckeditor.js"></script>
    <meta http-equiv="Content-Type" content="text/html; charset=utf-8" />
    <link rel="stylesheet" href="../../css/system.css" type="text/css"/><!-- 插 入
css 目录中 system.css 样式表, 对表单的样式进行控制 -->
    <title> 回复留言 </title>
    </head>
```

```
<body>
<table width="960" border="0" align="center">
    <form name="add" action="" method="post" ><!-- 将数据传到验证页面,
```
提交方式采用 post, 将数据提交到 add_sql.php 文件中 -->
```
    <tr>
     <td width="200" align="right"> 回复标题: </td>
     <td width="750" align="left">
     <input type="text" name="book_title" class="content_title"  size="40" maxlength="40"
value=" 回复: <?php echo $book_row['book_title']?>"/><font color="red">*</font>
    </td>
    </tr>


    <tr>
     <td width="200" align="right"> 留言者姓名或者昵称: </td>
     <td width="750" align="left">
    <input type="text" name="book_editor" value="<?php  echo $_SESSION['user']?>"
size="40" maxlength="40"/><font color="red">*</font>
     <!-- 由于用到时间, 所以将时区设置为中国时区, 发布时间设置为当前
```
时间 -->
```
     <input type="text" name="book_published" value="<?php date_default_timezone_
set( "PRC"); echo date('Y-m-d H:i:s',time( ))?>" size="40" maxlength="40"/>


    </td>
    </tr>
     <tr>
    <td  align="left" colspan="2">
     <!-- 插入 cke 编辑器 -->
```
回复留言内容:
```
    <textarea id="book_params" name="book_params" rows="10" cols="50"
wrap="off">
     reply:<?php echo $book_row['book_params']?>
    </textarea>
    <!-- 将编辑器替换 textarea 中的内容 -->
```

```
<script type="text/javascript">
        CKEDITOR.replace( 'book_params');
    </script>
</td>
</tr>


  <tr>
   <td width="200" align="right"> 发布状态：</td>
   <td width="750" align="left">
<select name="book_access" size="1">
     <option value=" 已审核 "> 已审核 </option>
   </select><font color="red">*</font>
</td>
</tr>


</td>
</tr>
<tr>
  <td colspan="2" align="center">
<tr>
  <td align="right"></td>
    <td align="left"><input class="login-reset" type="submit" name="add"
value=" 添加 "/>
    <input class="login-reset" type="reset" name="reset" value=" 重  置 "/></
td>
  </tr>
  </td>
  </tr>
  </form>
</table>
</body>
</html>
<?php
```

```
if(isset($_POST['add'])){
    mysql_query($add_sql);// 执行更新状态 sql 语句
        echo "<script type=\"text/javascript\">alert('留言已经回复成功,
```
即将跳转到查看页面! ');location.href='browse.php'</script>";// 审核成功跳转到
browse.php 页面
```
    }
}
?>
```

以上页面中已经对留言的审核、回复和删除做了详细说明,并且已经做了测试,各项功能正常,此处不再赘述测试过程。至此留言簿后台功能完成,其他在前台的功能会在后续完成。

7.2.10 菜单管理

菜单管理分三种:一种是链接文章的菜单、一种是链接到文章分类的菜单,还有一种是外部链接的菜单。

1. 添加菜单

第一步:修改 menu.php 中的内容,其内容如下:

```
<!DOCTYPE html PUBLIC "-//W3C//DTD XHTML 1.0 Transitional//EN"
"http://www.w3.org/TR/xhtml1/DTD/xhtml1-transitional.dtd">
<html xmlns="http://www.w3.org/1999/xhtml">
<head>
<meta http-equiv="Content-Type" content="text/html; charset=utf-8" />
<title> 菜单管理 </title>
</head>
<body>
<table height="150">
    <tr>
    <td><a href="add_menu.php" target="center_kj"> 添加菜单 </a></td>
    </tr>
    <tr>
     <td><a href="browse.php" target="center_kj"> 修改菜单 | 删除菜单 </a></td>
    </tr>
```

```
<tr>
    <td><a href="javascript:if(window.confirm(' 是否确定要退出？ ')) location.
href='loginout.php'"> 退出系统 </a></td>
    </tr>
    </table>
</body>
</html>
```

第二步：在 menu 目录中新建 add_menu.php，目的是实现添加菜单的表单，其内容如下：

```php
<?php
session_save_path('../../sushe_session/');
session_start( );
if($_SESSION['is_legal']!=2){// 凡是后台的管理页面都必须做权限的判断
    echo "<script type=\"text/javascript\">alert(' 对不起你没有权限进入管理
页面！ ');location.href='../login/login.php'</script>";
}else{
    echo ' 欢迎管理员 '.$_SESSION['user'];
}
include '../../config/sushe_config.php';
?>
<!DOCTYPE html PUBLIC "-//W3C//DTD XHTML 1.0 Transitional//EN"
"http://www.w3.org/TR/xhtml1/DTD/xhtml1-transitional.dtd">
<html xmlns="http://www.w3.org/1999/xhtml">
<head>
<meta http-equiv="Content-Type" content="text/html; charset=utf-8" />
<link rel="stylesheet" href="../../css/system.css" type="text/css"/><!-- 插 入
css 目录中 system.css 样式表 , 对表单的样式进行控制 -->
<title> 添加菜单 </title>

</head>

<body>
<table width="960" border="0" align="center">
```

```
    <form name="add" action="add_menu_form.php" method="post" ><!-- 将
数据传到验证页面，提交方式采用 post, 将数据提交到 add_menu_form.php 文
件中 -->
    <tr>
    <td width="200" align="right"> 菜单类别：</td>
    <td width="750" align="left">
    <select name="menu_kind" size="1">
    <option value=" 文章分类 "> 文章分类 </option>
    <option value=" 文章内容 "> 文章内容 </option>
    <option value=" 外部链接 "> 外部链接 </option>
     </select><font color="red">*</font>
    </td>
    </tr>


    </td>
    </tr>
    <tr>
     <td colspan="2" align="center">
    <tr>
     <td align="right"></td>
     <td align="left"><input class="login-reset" type="submit" name="next"
value=" 下一步 "/>
    </td>
    </tr>
    </td>
    </tr>
    </form>
    </table>
    </body>
    </html>
```

其效果如图 7-128 所示。

图 7-128　添加菜单

第二步：在 menu 目录中新建 add_menu_form.php，是添加用户的表单，上图中点击下一步的页面，其内容如下：

```php
<?php
session_save_path('../../sushe_session/');
session_start( );
if($_SESSION['is_legal']!=2){// 凡是后台的管理页面都必须做权限的判断
    echo "<script type=\"text/javascript\">alert(' 对不起你没有权限进入管理
页面！ ');location.href='../login/login.php'</script>";
}else{
    echo ' 欢迎管理员 '.$_SESSION['user'];
}
include '../../config/sushe_config.php';
?>
<!DOCTYPE html PUBLIC "-//W3C//DTD XHTML 1.0 Transitional//EN"
"http://www.w3.org/TR/xhtml1/DTD/xhtml1-transitional.dtd">
<html xmlns="http://www.w3.org/1999/xhtml">
<head>
<meta http-equiv="Content-Type" content="text/html; charset=utf-8" />
<link rel="stylesheet" href="../../css/system.css" type="text/css"/><!-- 插 入
css 目录中 system.css 样式表，对表单的样式进行控制 -->
<title> 添加菜单表单 </title>
</head>

<body>
<?php
$menu_kind=$_POST['menu_kind'];// 接收 add_menu.php 传递过来的值
?>
```

```
<table width="960" border="0" align="center">


<form name="add" action="add_menu_sql.php" method="post" ><!-- 将数
据传到验证页面，提交方式采用 post, 将数据提交到 add_sql.php 文件中 -->


<tr>
 <td width="200" align="right"> 菜单名称： </td>
 <td width="750" align="left">
 <input type="text" name="menu_name"  size="40" maxlength="40"/><font
color="red">*</font>
 </td>
</tr>


<tr>
 <td width="200" align="right"> 添加者： </td>
 <td width="750" align="left">
 <input type="text" name="menu_editor" value="<?php  echo $_
SESSION['user']?>" size="40" maxlength="40"/><font color="red">*</font>
 </td>
</tr>
<tr>
 <td width="200" align="right"> 菜单类型： </td>
 <td width="750" align="left">
 <input type="text" name="menutype" value="<?php  echo $menu_kind?>"
size="40" maxlength="40"/><font color="red">*</font>
 </td>
</tr>


<!-- 如果菜单是文章类别的操作表单 -->
<?php
if($menu_kind==' 文章分类 '){
?>
```

```
<tr>
  <td width="200" align="right"> 选择要链接的文章类别：</td>
  <td width="750" align="left">
<select name="menu_link" size="1">
<?php // 将所有的文章分类遍历出来并显示在文章发布页面中，但是选项
的值传递的是分类的 id
  $kind_sql="select * from sushe_categories";
  $kind_result=mysql_query($kind_sql);
  while($kind_row=mysql_fetch_array($kind_result)){

?>
    <option value="kind.php?id=<?php echo $kind_row['id']?>"><?php echo
$kind_row['category_title']?></option>
  <?php }?>
  </select><font color="red">*</font>
</td>
</tr>
<?php }?>
<!-- 如果菜单是文章内容的操作表单 -->
<?php
 if($menu_kind==' 文章内容 '){
 ?>
<tr>
  <td width="200" align="right"> 选择要链接的文章标题：</td>
  <td width="750" align="left">

<select name="menu_link" size="1" style="width:350px">
<?php // 将所有的文章标题遍历出来并显示在菜单的选项中，但是选项
的值传递的是文章的 content_id
  $kind_sql="select * from sushe_news_content";
  $kind_result=mysql_query($kind_sql);
  while($kind_row=mysql_fetch_array($kind_result)){
```

```
?>
    <option value="content.php?id=<?php echo $kind_row['content_
id']?>"><?php echo $kind_row['content_title']?></option>
    <?php }?>
    </select><font color="red">*</font>
    </td>
    </tr>
    <?php }?>
    <!-- 外部链接的添加 -->
    <?php
    if($menu_kind==' 外部链接 '){
    ?>
    <tr>
    <td width="200" align="right"> 请输入外部链接（注意不能省略 http:// ）：
</td>
    <td width="750" align="left">
    <input type="text" name="menu_link" value="http://"  size="40"
maxlength="40"/><font color="red">*</font>
    </td>
    </tr>
    <?php }?>
    <tr>
    <td width="200" align="right"> 发布状态：</td>
    <td width="750" align="left">
    <select name="menu_access" size="1">
    <option value=" 发布 "> 发布 </option>
    <option value=" 暂不发布 "> 暂不发布 </option>
    </select><font color="red">*</font>
    </td>
    </tr>

    </td>
    </tr>
```

336

```
 <tr>
   <td colspan="2" align="center">
 <tr>
   <td align="right"></td>
   <td align="left"><input class="login-reset" type="submit" name="add"
value=" 添加 "/>
   <input class="login-reset" type="reset" name="reset" value=" 重 置 "/></
td>
 </tr>
 </td>
 </tr>
 </form>
</table>
</body>
</html>
```

点击下一步, 效果如图 7-129 所示。

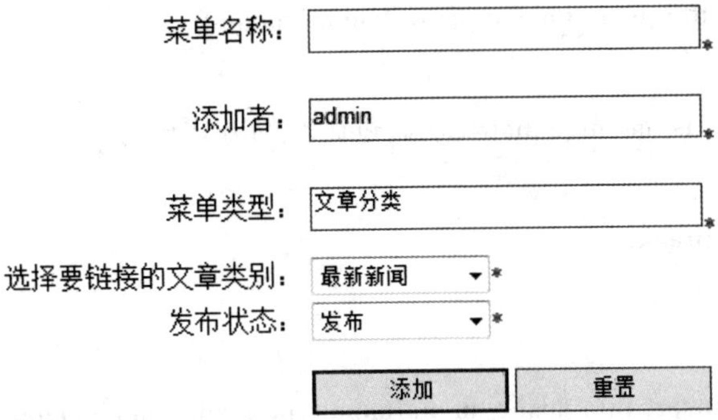

图 7-129　添加菜单表单

第三步: 在 menu 目录中新建 add_menu_sql.php, 用来处理添加完用户的
表单传递过来的数据, 其内容如下:

```
<?php // 此页面是对提交过来的数据进行插入
session_save_path('../../sushe_session/');
session_start( );
if($_SESSION['is_legal']!=2){// 凡是后台的管理页面都必须做权限的判断
    echo "<script type=\"text/javascript\">alert(' 对不起你没有权限进入管理
```

页面！ ');location.href='../../login/login.php'</script>";

  }else{

   echo ' 欢迎管理员 '.$_SESSION['user'];

  }

  include '../../config/sushe_config.php';

  $menutype=$_POST['menutype'];// 用 post 的方式接收传递过来的值

  $menu_name=$_POST['menu_name'];

  $menu_editor=$_POST['menu_editor'];

  $menu_link=$_POST['menu_link'];

  $menu_time=date('Y-m-d H:i:s');

  $menu_access=$_POST['menu_access'];

  $sql="select * from sushe_menu";// 数据查询语句

  $is_menu_equal=0;// 赋初始值为 0，用来判断新建用户是否与已有菜单的重复

  $sushe_result=mysql_query($sql);

  while($row=mysql_fetch_array($sushe_result)){

    if($menu_name==$row['menu_name'])

  {

    $is_menu_equal=1;// 通过循环的方式进行一一比对，如果有重复将其值赋为 1

    break;

  }

  }

  $add_sql="insert into sushe_menu(menutype,menu_name,menu_editor,menu_link,menu_time,menu_access)values('$menutype','$menu_name','$menu_editor','$menu_link','$menu_time','$menu_access')";// 写插入语句

  if(isset($_POST['add']) && $menu_name!='' && $menu_link!=''){// 当点击提交和菜单名不为空时进入 if 分支

  if($is_menu_equal==0) // 没有重复菜单时进入 if 分子

  {

    mysql_query($add_sql);

    echo "<script type=\"text/javascript\">alert(' 菜单添加成功，即将跳转到查看页面！ ');location.href='browse.php'</script>";// 插入成功以后提示

338

用户，用跳转到 browse.php 页面，查看列表

　　　　}else{
　　　　echo "<script type=\"text/javascript\">alert(' 您输入的菜单已经存在，请重新输入！ ');location.href='add_menu.php'</script>";// 当输入的菜单已经存在时，给用户提示并且跳转到 add_menu.php 页面

　　　　}
　　}else{
　　　　echo "<script type=\"text/javascript\">alert(' 您输入的信息为空，请重新输入！ ');location.href='add_menu.php'</script>";// 当输入的用户名为空时，给用户提示并且跳转到 add_content.php 页面
　　}
　?>
第四步：测试，添加文章分类的菜单。
选择"文章分类"菜单，然后点击下一步。如图 7-130 所示

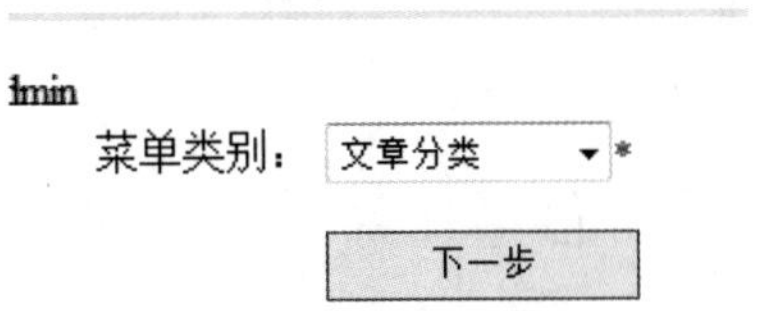

imin
　　菜单类别：　文章分类　　▼　*

　　　　　下一步

图 7-130　添加菜单

点击添加，如图 7-131 所示。

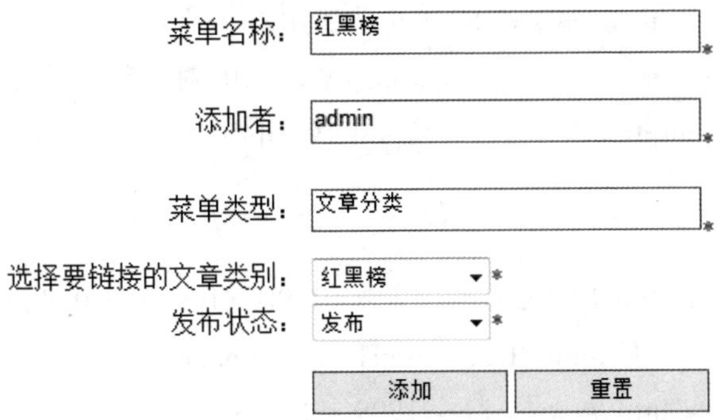

　　菜单名称：　红黑榜　　　　　　　　　　*

　　添加者：　admin　　　　　　　　　　*

　　菜单类型：　文章分类　　　　　　　　　*

选择要链接的文章类别：　红黑榜　　▼　*
　　发布状态：　发布　　▼　*

　　　　添加　　　　　　重置

图 7-131　添加菜单内容

339

点击确定，如图 7-132 所示。

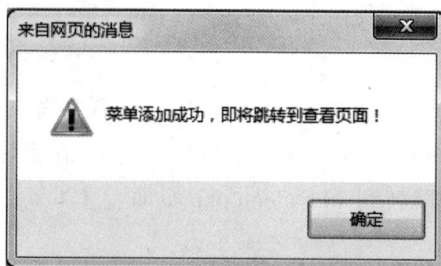

图 7-132　添加成功提示

菜单添加成功，如图 7-133 所示。

| 122 | 红黑榜 | admin | kind.php?id=238 | 2020-05-22 11:33:38 | 发布 | 修改 \| 删除 |

图 7-133　添加成功列表

第五步：对文章内容和外部链接类菜单进行测试，均成功。

2. 修改菜单、删除菜单

第一步：在 menu 菜单中新建 browse.php 文件，显示菜单列表和操作，其内容如下：

```
<?php
session_save_path('../../sushe_session/');
session_start( );
?>
<meta http-equiv="Content-Type" content="text/html; charset=utf-8" />
<?php
if($_SESSION['is_legal']!=2){// 防止非法用户登录
    echo "<script type=\"text/javascript\">alert(' 对不起您没有权限进入管理
页面！ ');location.href='../../login/login.php'</script>";
}
?>
<!DOCTYPE html PUBLIC "-//W3C//DTD XHTML 1.0 Transitional//EN"
"http://www.w3.org/TR/xhtml1/DTD/xhtml1-transitional.dtd">
<html xmlns="http://www.w3.org/1999/xhtml">
<head>
<meta http-equiv="Content-Type" content="text/html; charset=utf-8" />
```

```
<title> 菜单修改、删除 </title>
<!-- 用表格的边框颜色进行设置 -->
<style>
td{
    border:1px solid #0F0;


    }
</style>
</head>
<body>
<?php
include '../../config/sushe_config.php';
$sql="select * from sushe_menu";
$sushe_result=mysql_query($sql);
?>
<table width="900" height="70" border="1" align="center">
  <tr bgcolor="#6a99e2">
    <td align="center" bgcolor="#6a99e2">id</td>
    <td height="32" align="center" bgcolor="#6a99e2"> 菜单名称 </td>
    <td align="center" bgcolor="#6a99e2"> 菜单作者 </td>
    <td align="center" bgcolor="#6a99e2"> 菜单链接 </td>
    <td align="center" bgcolor="#6a99e2"> 发布时间 </td>
    <td align="center" bgcolor="#6a99e2"> 菜单状态 </td>
    <td align="center" bgcolor="#6a99e2"> 菜单操作 </td>
  </tr>
  <?php
  while($menu_row=mysql_fetch_array($sushe_result)){
  ?>
  <tr bgcolor="#e4e4e4">
    <td align="center"><?php echo $menu_row['menu_id']?></td>
    <td align="center" width="150px"><?php echo $menu_row['menu_
name']?></td>
    <td align="center" width="90px"><?php echo $menu_row['menu_
```

341

editor']?></td>

        <td align="center" width="320px"><?php echo $menu_row['menu_link']?></td>

        <td align="center" width="170px"><?php echo $menu_row['menu_time']?></td>

        <td align="center" width="90px"><?php echo $menu_row['menu_access']?></td>

        <!-- 下面这个链接的传值分三部分，一部分 xz 的值是用来判断我们要做什么操作，1 是删除，2 是修改，一部分是菜单的种类还有菜单的 id-->

        <td align="center" width="150px"><a href="menu_deal.php?xz=2&menu_kind=<?php echo $menu_row['menutype']?>&id=<?php echo $menu_row['menu_id']?>"> 修　改 </a> | <a href="menu_deal.php?xz=1&id=<?php echo $menu_row['menu_id']?>" > 删除 </a> </td>

    </tr>

    <?php }?>

    </table>

    </body>

    </html>

其运行效果如图 7-134 所示。

117	通知公告	admin	kind.php?id=238	2020-05-22 11:00:30	发布	修改	删除
122	红黑榜	admin	kind.php?id=238	2020-05-22 11:33:38	发布	修改	删除
119	最新新闻	admin	kind.php?id=236	2020-05-22 10:35:04	发布	修改	删除

图 7-134　添加修改、删除链接菜单列表

第二步：在 menu 中新建 menu_deal.php，用来修改三类菜单，并且处理菜单的删除，其内容如下：

<?php // 此页面是对提交过来的数据进行插入

session_save_path('../../sushe_session/');

session_start( );

if($_SESSION['is_legal']!=2){// 凡是后台的管理页面都必须做权限的判断

    echo "<script type=\"text/javascript\">alert(' 对不起你没有权限进入管理页面！ ');location.href='../../login/login.php'</script>";

    }else{

```php
        echo ' 欢迎管理员 '.$_SESSION['user'];
    }
    include '../../config/sushe_config.php';
    echo $xz=$_GET['xz'];// 接收标志的值
    echo $id=$_GET['id'];// 接收传递过来的 id
    $menu_kind=$_GET['menu_kind'];
    $menutype=$_POST['menutype'];// 用 post 的方式接收传递过来的值
    $menu_name=$_POST['menu_name'];
    $menu_editor=$_POST['menu_editor'];
    $menu_link=$_POST['menu_link'];
    $menu_time=date('Y-m-d H:i:s');
    $menu_access=$_POST['menu_access'];
    $sql="select * from  sushe_menu where menu_id='$id'";// 数据查询语句
    $update_sh_sql="update sushe_menu set menutype='$menutype',menu_
name='$menu_name',menu_editor='$menu_editor',menu_link='$menu_link',menu_
access='$menu_access',menu_time='$menu_time' where menu_id='$id'";// 修改菜
单的 sql 语句
    $delete_sql="delete from sushe_menu where  menu_id='$id'";// 删除菜单的
sql 语句
    // 执行删除 sql 语句
    if($xz==1){// 状态等于 2 时
                mysql_query($delete_sql);// 执行更新状态 sql 语句
                echo "<script type=\"text/javascript\">alert(' 菜单已经删除，即
将跳转到查看页面！ ');location.href='browse.php'</script>";// 成功，用跳转到
browse.php 页面
        }
    ?>

    <?php
    $menu_result=mysql_query($sql);
    $menu_row=mysql_fetch_array($menu_result);
    if($xz==2){
```

?>

<!DOCTYPE html PUBLIC "-//W3C//DTD XHTML 1.0 Transitional//EN" "http://www.w3.org/TR/xhtml1/DTD/xhtml1-transitional.dtd">
<html xmlns="http://www.w3.org/1999/xhtml">
<head>
<meta http-equiv="Content-Type" content="text/html; charset=utf-8" />
<link rel="stylesheet" href="../../css/system.css" type="text/css"/><!-- 插入 css 目录中 system.css 样式表 , 对表单的样式进行控制 -->
<title> 添加菜单表单 </title>
</head>

<body>
<table width="960" border="0" align="center">

<form name="add" action="menu_deal_sql.php" method="post" ><!-- 将数据传到验证页面，提交方式采用 post，提交到本页面 -->
<tr>
<td width="200" align="right"> 菜单 id : </td>
<td width="750" align="left">
<input type="text" name="menu_id" value="<?php echo $menu_row['menu_id']?>" size="40" maxlength="40"/><font color="red">*</font>
</td>
</tr>
<tr>
<td width="200" align="right"> 菜单名称: </td>
<td width="750" align="left">
<input type="text" name="menu_name" value="<?php echo $menu_row['menu_name']?>" size="40" maxlength="40"/><font color="red">*</font>
</td>
</tr>

```
<tr>
  <td width="200" align="right"> 添加者: </td>
  <td width="750" align="left">
  <input type="text" name="menu_editor" value="<?php  echo $_
SESSION['user']?>" size="40" maxlength="40"/><font color="red">*</font>
  </td>
</tr>
<tr>
  <td width="200" align="right"> 菜单类型: </td>
  <td width="750" align="left">
  <input type="text" name="menutype" value="<?php echo $menu_
row['menutype']?>" size="40" maxlength="40"/><font color="red">*</font>
  </td>
</tr>

<!-- 如果菜单是文章类别的操作表单 -->
<?php
if($menu_kind==' 文章分类 '){
?>
<tr>
  <td width="200" align="right"> 选择要链接的文章类别: </td>
  <td width="750" align="left">
<select name="menu_link" size="1">

<?php // 将所有的文章分类遍历出来并显示在文章发布页面中，但是选项
的值传递的是分类的 id
    $kind_sql="select * from sushe_categories";
    $kind_result=mysql_query($kind_sql);


    while($kind_row=mysql_fetch_array($kind_result)){

?>
```

```php
    <option value="kind.php?id=<?php echo $kind_row['id']?>"><?php echo
$kind_row['category_title']?></option>
    <?php }?>
    </select><font color="red">*</font>
  </td>
  </tr>
  <?php }?>
  <!-- 如果菜单是文章内容的操作表单 -->
  <?php
  if($menu_kind==' 文章内容 '){
  ?>
<tr>
  <td width="200" align="right"> 选择要链接的文章标题： </td>
  <td width="750" align="left">

  <select name="menu_link" size="1" style="width:350px">

  <?php // 将所有的文章标题遍历出来并显示在菜单的选项中，但是选项
的值传递的是文章的 content_id
    $kind_sql="select * from sushe_news_content";
    $kind_result=mysql_query($kind_sql);
    while($kind_row=mysql_fetch_array($kind_result)){

  ?>
    <option value="content.php?id=<?php echo $kind_row['content_
id']?>"><?php echo $kind_row['content_title']?></option>
    <?php }?>
    </select><font color="red">*</font>
  </td>
  </tr>
  <?php }?>
  <!-- 外部链接的添加 -->
  <?php
```

```php
if($menu_kind==' 外部链接 '){
?>
 <tr>
   <td width="200" align="right"> 请输入外部链接（注意不能省略
http:// ）：</td>
   <td width="750" align="left">
   <input type="text" name="menu_link" value="<?php echo $menu_
row['menu_link']?>" size="40" maxlength="40"/><font color="red">*</font>
   </td>
 </tr>
<?php }?>
 <tr>
   <td width="200" align="right"> 发布状态：</td>
   <td width="750" align="left">
<select name="menu_access" size="1">
 <option value=" 发布 "> 发布 </option>
 <option value=" 暂不发布 "> 暂不发布 </option>
   </select><font color="red">*</font>
   </td>
 </tr>


   </td>
 </tr>
 <tr>
   <td colspan="2" align="center">
 <tr>
   <td align="right"></td>
   <td align="left"><input class="login-reset" type="submit" name="add"
id="add" value=" 修改 "/>
   <input class="login-reset" type="reset" name="reset" value=" 重 置 "/></
td>
 </tr>
 </td>
```

347

```
    </tr>
    </form>
</table>
</body>
</html>
<?php
}
?>
```

点击通知公告后面的删除链接，其运行效果如图 7-135 所示。

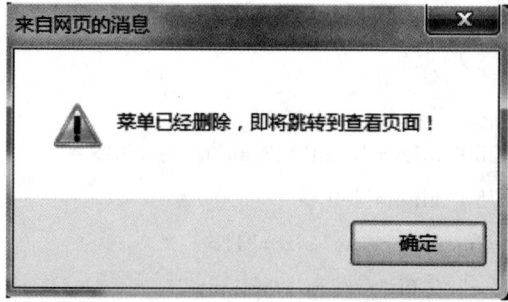

图 7-135　菜单删除提示

菜单完成删除，如图 7-136 所示。

id	菜单名称	菜单作者	菜单链接	发布时间	菜单状态	菜单操作
121	保山学院1	admin	http://www.bsnc.cn	2020-05-22 10:55:09	发布	修改 | 删除
120	赵德光来校	admin	content.php?id=2	2020-05-22 11:02:47	发布	修改 | 删除
122	红黑榜	admin	kind.php?id=238	2020-05-22 11:33:38	发布	修改 | 删除
119	最新新闻	admin	kind.php?id=236	2020-05-22 10:35:04	发布	修改 | 删除

图 7-136　删除后菜单列表

第三步，点击最新新闻后面的修改，其运行效果如图 7-137 所示。

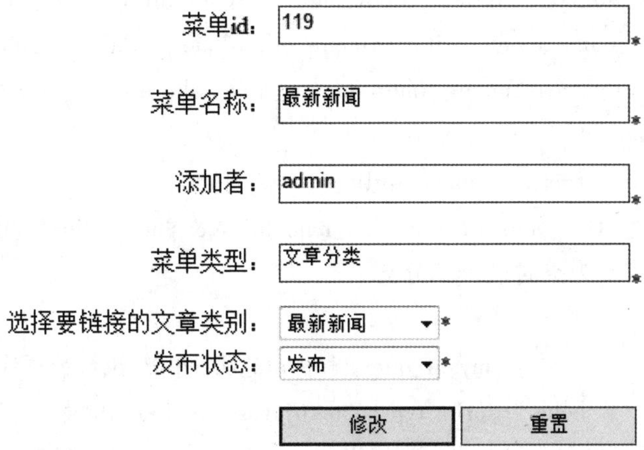

菜单id：	119
菜单名称：	最新新闻
添加者：	admin
菜单类型：	文章分类
选择要链接的文章类别：	最新新闻　▼ *
发布状态：	发布　▼ *

修改　　　重置

图 7-137　菜单修改界面

第四步：在 menu 目录中新建 menu_deal_sql.php，用来处理 menu_deal. php 传递过来的数据更新数据库，其内容如下：

```php
<?php // 此页面是对提交过来的数据进行插入
session_save_path('../../sushe_session/');
session_start( );
if($_SESSION['is_legal']!=2){// 凡是后台的管理页面都必须做权限的判断
    echo "<script type=\"text/javascript\">alert(' 对不起你没有权限进入管理
页面！ ');location.href='../../login/login.php'</script>";
}else{
    echo ' 欢迎管理员 '.$_SESSION['user'];
}
include '../../config/sushe_config.php';
echo $menu_id=$_POST['menu_id'];
$menutype=$_POST['menutype'];// 用 post 的方式接收传递过来的值
$menu_name=$_POST['menu_name'];
$menu_editor=$_POST['menu_editor'];
$menu_link=$_POST['menu_link'];
$menu_time=date('Y-m-d H:i:s');
$menu_access=$_POST['menu_access'];
$sql="select * from  sushe_menu";// 数据查询语句
```

$update_sh_sql="update sushe_menu set menutype='$menutype',menu_name='$menu_name',menu_editor='$menu_editor',menu_link='$menu_link',menu_access='$menu_access',menu_time='$menu_time' where menu_id='$menu_id'";// 修改菜单的 sql 语句

$sushe_result=mysql_query($sql);

if(isset($_POST['add']) && $menu_name!='' && $menu_link!=''){// 当点击菜单名称和链接不为空时进入 if 分支

　　　　　　　　　　mysql_query($update_sh_sql);// 执行数据库更新
　　　　　　echo "<script type=\"text/javascript\">alert(' 菜单修改成功，即将跳转到查看页面！ ');location.href='browse.php'</script>";// 修改成功以后提示用户跳转到 browse.php 页面，查看菜单列表

　　}else{
　　　　echo "<script type=\"text/javascript\">alert(' 您输入的信息为空，请重新输入！ ');location.href='add_menu.php'</script>";// 当输入的用户名为空时，给用户提示并且跳转到 add_content.php 页面
　　}
　　?>

第五步：测试，修改文章分类菜单"最新新闻"，如图 7-138 所示。

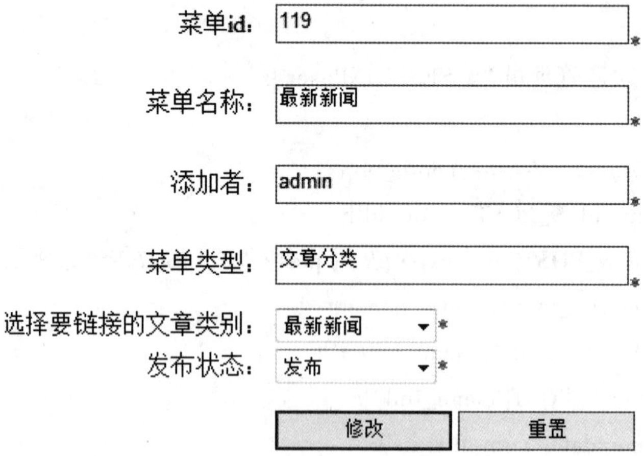

菜单**id**：　119

菜单名称：　最新新闻

添加者：　admin

菜单类型：　文章分类

选择要链接的文章类别：　最新新闻 ▼ *

发布状态：　发布 ▼ *

修改　　　　重置

图 7-138　菜单修改界面

修改为图 7-139 所示内容。

图 7-139 菜单修改界面

点击确定，如图 7-140 所示。

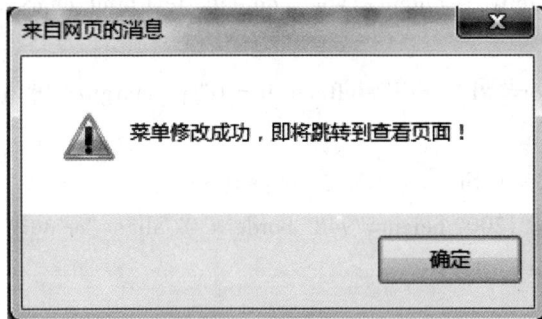

图 7-140 菜单修改成功提示

修改成功，如图 7-141 所示。

id	菜单名称	菜单作者	菜单链接	发布时间	菜单状态	菜单操作
121	保山学院1	admin	http://www.bsnc.cn	2020-05-22 10:55:09	发布	修改 | 删除
120	赵德光来校	admin	content.php?id=2	2020-05-22 11:02:47	发布	修改 | 删除
122	红黑榜	admin	kind.php?id=238	2020-05-22 11:33:38	发布	修改 | 删除

图 7-141 修改后列表

至此菜单管理这部分已经完成，涉及前台显示需要对细节进行修改，然后再进行详解。

7.2.11　友情菜单管理和联系我们管理

友情菜单管理和联系我们管理菜单的查看、添加、修改和删除功能的编写与前面讲述的写法基本相同，在此不再赘述。至此，后台功能已经基本完成。

7.3　宿舍管理系统前台建设

7.3.1　设计前台页面

对页面效果图进行切片，其内容和效果如下：

```
<html>
<head>
<title> 保山学院宿舍管理中心 </title>
<meta http-equiv="Content-Type" content="text/html; charset=gb2312">
</head>
<body bgcolor="#FFFFFF" leftmargin="0" topmargin="0" marginwidth="0"
marginheight="0">
<!-- ImageReady Slices ( 未标题 -2.psd) -->
<table width="1200" height="948" border="0" align="center" cellpadding="0"
cellspacing="0" id="__01">
    <tr>
            <td colspan="9">
                    <img src="images/ssglzx_01.gif" width="1190" height="112"
alt=""></td>
    </tr>
    <tr>
            <td colspan="9" background="images/ssglzx_02.gif" height="50">
        菜单区域 </td>
    </tr>
    <tr>
```

```
                <td width="99" rowspan="2">
                        <img src="images/ssglzx_03.gif" width="99" height="279"
alt=""></td>
                <td colspan="6" background="images/ssglzx_04.gif" height="34">
        最新新闻标题 </td>
    <td rowspan="2">
                        <img src="images/ssglzx_05.gif" width="310" height="279"
alt=""></td>
                <td width="115" rowspan="2">
                        <img src="images/ssglzx_06.gif" width="105" height="279"
alt=""></td>
    </tr>
        <tr>
                <td colspan="6"  valign="top" height="245">
        最新新闻列表 </td>
    </tr>
        <tr>
                <td colspan="9">
                        <img src="images/ssglzx_08.gif" width="1190" height="29"
alt=""></td>
        </tr>
        <tr>
                <td colspan="2" rowspan="3">
                        <img src="images/ssglzx_09.gif" width="109" height="413"
alt=""></td>
                <td colspan="2" background="images/ssglzx_10.gif" height="50">
        通知公告标题 </td>
    <td width="20">
                        <img src="images/ssglzx_11.gif" width="20" height="50"
alt=""></td>
        <td background="images/ssglzx_12.gif"width="310" height="50">
        红黑榜标题 </td>
                <td width="24">
```

```
                        <img src="images/ssglzx_13.gif" width="24" height="50"
alt=""></td>
        <td background="images/ssglzx_14.gif" width="310" height="50">
    留言簿标题 </td>
            <td rowspan="3">
                        <img src="images/ssglzx_15.gif" width="105" height="413"
alt=""></td>
    </tr>
    <tr>
            <td colspan="2" height="260"> 通知公告列表        </td>
        <td>
                        <img src="images/ssglzx_17.gif" width="20" height="260"
alt=""></td>
            <td background="images/ssglzx_18.gif" width="310" height="260">
    红黑榜列表 </td>
            <td>
                        <img src="images/ssglzx_19.gif" width="24" height="260"
alt=""></td>
            <td background="images/ssglzx_20.gif" width="310" height="260">
    留言簿列表 </td>
    </tr>
    <tr>
            <td width="82">
                        <img src="images/ssglzx_21.gif" width="82" height="103"
alt=""></td>
            <td colspan="5" background="images/ssglzx_22.gif" height="103">
    友情链接列表 </td>
    </tr>
    <tr>
            <td colspan="9" background="images/ssglzx_23.png" height="64">
    版权信息 </td>
    </tr>
    <tr>
```

```
            <td>
                    <img src="images/ 分隔符 .gif" width="99" height="1" alt=""></td>
            <td width="10">
                    <img src="images/ 分隔符 .gif" width="10" height="1" alt=""></td>
        <td>
                    <img src="images/ 分隔符 .gif" width="82" height="1" alt=""></td>
            <td width="230">
                    <img src="images/ 分隔符 .gif" width="230" height="1" alt=""></td>
        <td>
                    <img src="images/ 分隔符 .gif" width="20" height="1" alt=""></td>
            <td>
                    <img src="images/ 分隔符 .gif" width="310" height="1" alt=""></td>
            <td>
                    <img src="images/ 分隔符 .gif" width="24" height="1" alt=""></td>
            <td>
                    <img src="images/ 分隔符 .gif" width="310" height="1" alt=""></td>
            <td>
                    <img src="images/ 分隔符 .gif" width="105" height="1" alt=""></td>
        </tr>
    </table>
    <!-- End ImageReady Slices -->
    </body>
    </html>
```

运行效果如图 7-142 所示。

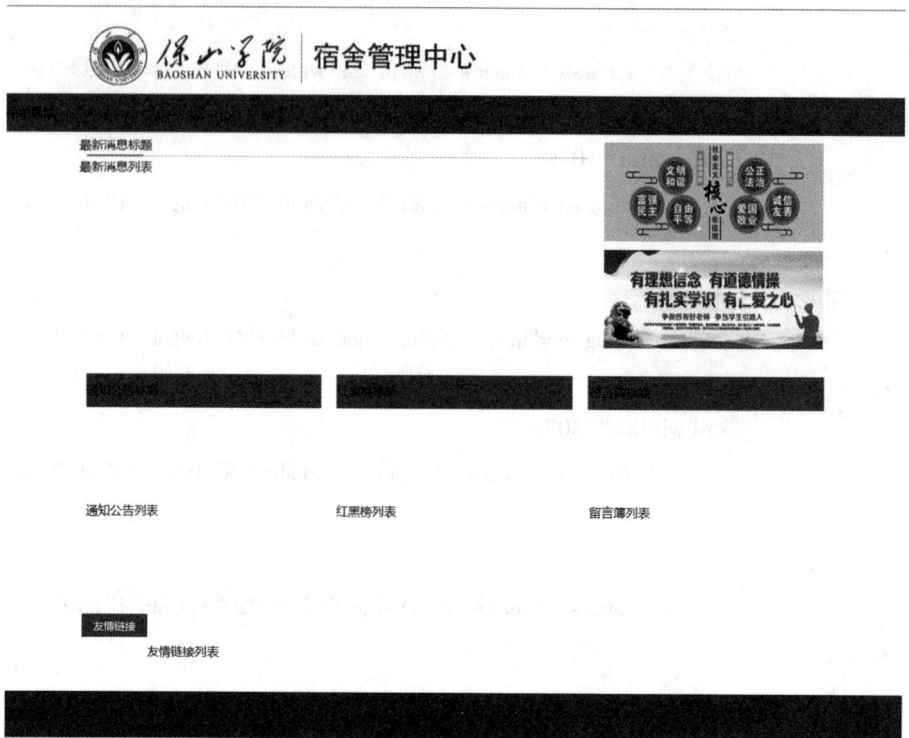

图 7-142　前台效果图

　　前台页面设计图 7-142 所示，下面我们来对前台页面的内容进行动态填充。

7.3.2　前台页面的实现

　　（1）前台页面效果的导入

　　第一步：在 eg7-2 目录中，新建前台首页面 index.php，将首页切片内容全部复制进去。

　　第二步：将切片以后生成的 images 中的图片复制到 eg7-2 目录下的 images 文件夹中，这时整个页面的效果也就呈现出来了。

　　（2）页面中菜单的填充

　　第一步：在首页中找到菜单的位置，编写如下代码：

```
<tr>
        <td colspan="9"  background="images/ssglzx_02.gif" height="50"
align="center">
```

356

```
<!-- 对菜单区域进行遍历 -->
<?php
include 'config/sushe_config.php';
$menu_sql="select * from sushe_menu order by menu_id asc";
$menu_result=mysql_query($menu_sql);
while($menu_row=mysql_fetch_array($menu_result))
{
?>
<div class="menu"><a href="<?php echo $menu_row['menu_
link'] ?>"><?php echo $menu_row['menu_name']?></a></div>
<?php }?>
</td>
```

`</tr>`

此菜单是根据用户添加的内容用循环的方式进行呈现，每个菜单用 div
标签。

第二步：在 css 目录中新建 front.css, 添加控制菜单的样式如下：

```
.menu{
float:left;// 每个菜单左对齐
margin:0 25px 0 25px;// 菜单的间距设置
color:#fff;// 菜单字体颜色

}
div a:LINK {// 对菜单链接的控制
    color: white;
    text-decoration: none;
  }
div  a:VISITED {
    color: #f1efef;
    text-decoration: none;
}
```

第三步：添加需要的菜单，如图 7-143 所示。

id	菜单名称	菜单作者	菜单链接	发布时间	菜单状态	菜单操作
124	宿管概况	admin	content.php?id=4	2020-05-22 14:23:35	发布	修改 | 删除
125	通知公告	admin	kind.php?id=237	2020-05-22 14:24:00	发布	修改 | 删除
126	最新新闻	admin	kind.php?id=236	2020-05-22 14:24:22	发布	修改 | 删除
127	红黑榜	admin	kind.php?id=238	2020-05-22 14:24:40	发布	修改 | 删除
128	教育教学	admin	http://jwc.bsnc.cn	2020-05-22 14:26:11	发布	修改 | 删除
129	科学研究	admin	http://kyc.bsnc.cn	2020-05-22 14:26:44	发布	修改 | 删除
130	学生管理	admin	http://xsc.bsnc.cn	2020-05-22 14:29:11	发布	修改 | 删除
131	行健科技服务公司	admin	http://xjky.bsnc.cn	2020-05-22 14:30:08	发布	修改 | 删除
132	学校首页	admin	http://www.bsnc.cn	2020-05-22 14:31:27	发布	修改 | 删除
123	首页	admin	index.php	2020-05-22 14:22:50	发布	修改 | 删除

图 7-143　菜单列表

菜单首页显示效果如图 7-144 所示。

图 7-144　菜单前台显示

（3）页面中最新新闻内容的填充

第一步：在首页中表格前写上几条 sql 语句对，完成需要数据表的遍历。

```
include 'config/sushe_config.php';
$menu_sql="select * from sushe_menu order by menu_id asc";
$content_news="select * from sushe_news_content where content_kind=' 最新新闻 ' order by content_id desc limit 12";// 逆序排列，最新的在前面
$content_notice="select * from sushe_news_content where content_kind=' 通知公告 '";
$content_red="select * from sushe_news_content where content_kind=' 红黑榜 '";
$menu_result=mysql_query($menu_sql);
$news_result=mysql_query($content_news);
$notice_result=mysql_query($content_notice);
$red_result=mysql_query($content_red);
```

第二步，找到最新新闻标题位置，用 div 标签将标题、更多和链接写上。

```
<tr>
    <td width="99" rowspan="2">
```

```
                    <img src="images/ssglzx_03.gif" width="99" height="279"
alt=""></td>
                <td colspan="6" background="images/ssglzx_04.gif" height="34">
            <div class="newstitle"> 最新新闻 </div> <a href="kind.php?id=236"><div
class="newsmore"> 更多 >></div></a></td>
        <td rowspan="2">
                    <img src="images/ssglzx_05.gif" width="310" height="279"
alt=""></td>
                <td width="115" rowspan="2">
                    <img src="images/ssglzx_06.gif" width="105"
height="279" alt=""></td>
        </tr>
```

第三步：对文章标题和文章发布时间进行遍历。

```
    <tr>
                <td colspan="6"  valign="top" height="245">
                        <?php while($news_row=mysql_fetch_array($news_
result)){?>
            <div class="newstitle"> <a href="content.php?id=<?php echo $news_
row['content_id']?>"><?php echo $news_row['content_title']?></a></div> <div
class="newsmore"><?php echo substr($news_row['content_created'],0,10)?></div>
        <br>
        <?php }?>
        </td>
    </tr>
```

第四步：在后台添加 12 条文章，进行效果预览，其效果如图 7-145 所示。

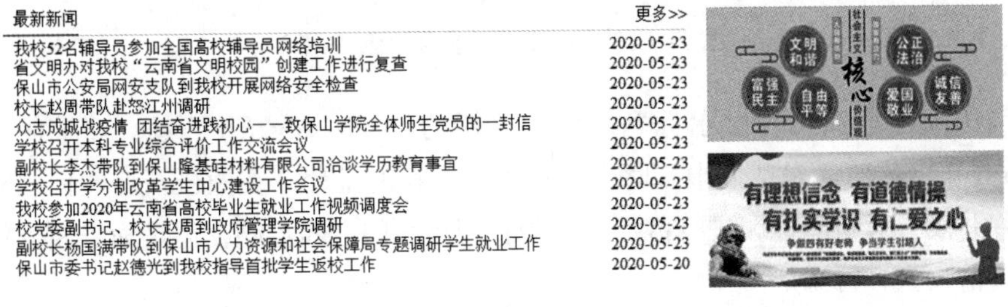

图 7-145　新闻前台显示效果

（4）页面中通知公告标题和内容的填充。

第一步：标题内容如下：

```
<div class="newstitle"> 通 知 公 告 </div> <a href="kind.php?id=237"><div class="newsmore"> 更多 >></div>
```

第二步：通知公告列表如下：

```
<?php while($notice_row=mysql_fetch_array($notice_result)){?>
    <div class="newstitle"> <a href="content.php?id=<?php echo $notice_row['content_id']?>"><?php if(strlen($notice_row['content_title'])>41) echo mb_substr($notice_row['content_title'],0,15,"utf-8").'...'; else echo mb_substr($notice_row['content_title'],0,41,"utf-8");?></a></div> <div class="newsmore">[<?php echo mb_substr($notice_row['content_created'],5,5)?>]</div>
    <br>
<?php }?>
```

其运行效果如图 7-146 所示。

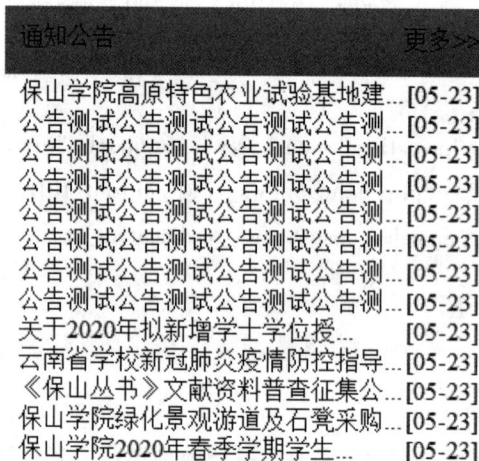

图 7-146　通知公告前台显示效果

注意在通知公告显示标题时我们采用的是 mb_substr( ) 函数，如果使用 substr( ) 函数的话在截取中文时会出现半个字符的乱码。在做最新新闻标题时我们并没有对新闻标题进行截取，因为新闻标题的空间足够，但是为了规范化处理请大家自行添加。

（5）红黑榜内容的填充

第一步：红黑榜标题内容的填充和通知公告方法一样，在此不再赘述。

（6）留言簿标题和内容的填充

第一步：添加 sql 语句

$book_sql="select * from sushe_books order by content_id desc limit 13";

第二步：留言簿的标题

  <div class="newstitle"> 留言簿 </div> <a href="kind.php?book_dicr1=' 宿舍管理 '&book_dicr2=' 学生管理 '&book_dicr3=' 学校管理 '&book_dicr4=' 闲聊灌水 '"><div class="newsmore"> 更多 >></div></a>

注意这个更多传递的值为留言簿的四个类的值。

第二步：留言簿内容填充

<?php while($book_row=mysql_fetch_array($book_result)){?>

  <div class="newstitle"> <a href="content.php?id=<?php echo $book_row['id']?>"><?php if(strlen($book_row['book_title'])>13) echo mb_substr($book_row['book_title'],0,13,"utf-8").'...'; else echo mb_substr($book_row['book_title'],0,13,"utf-8");?></a></div> <div class="newsmore">[<?php echo $book_row['book_dicr']?>]</div>

  <?php }?>

注意这里的显示是将留言的分类显示出来了，而没有显示留言发布的时间，如果要显示可以自行添加。

（7）友情链接内容填充，请自行添加，此处不再赘述

（8）版权内容填充，版权中添加了后台管理的入口，其他内容请自行添加，此处不再赘述

到此宿舍管理中心的首页已经完成编写，其预览效果如图 7-147 所示。

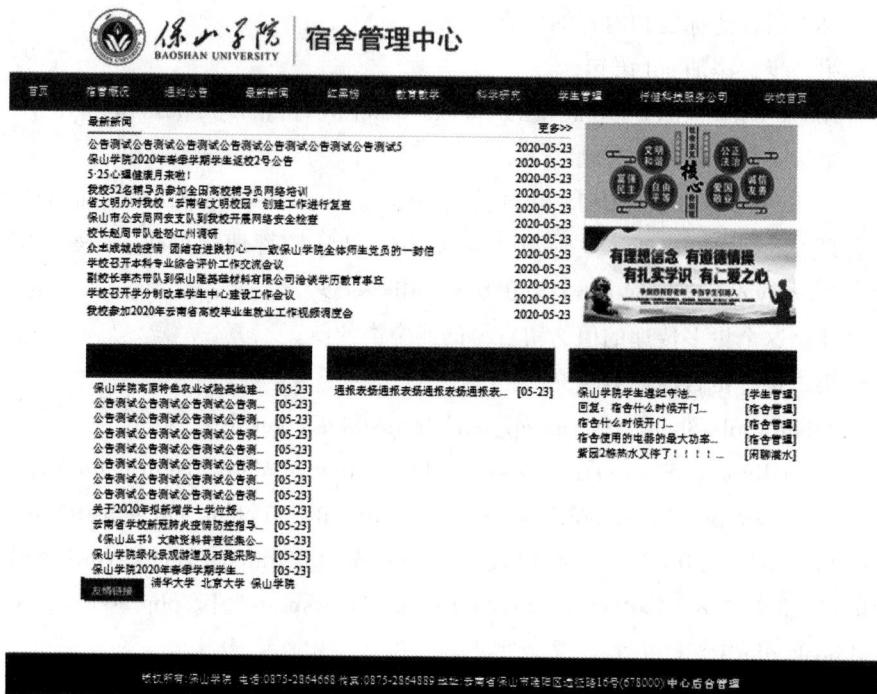

图 7-147　整个页面显示效果

7.3.3　二级页面的编写

二级页面，主要用来显示分类的文章列表。

1. 添加二级页面

第一步：对二级页面做切片并保存，效果如图 7-148 所示。

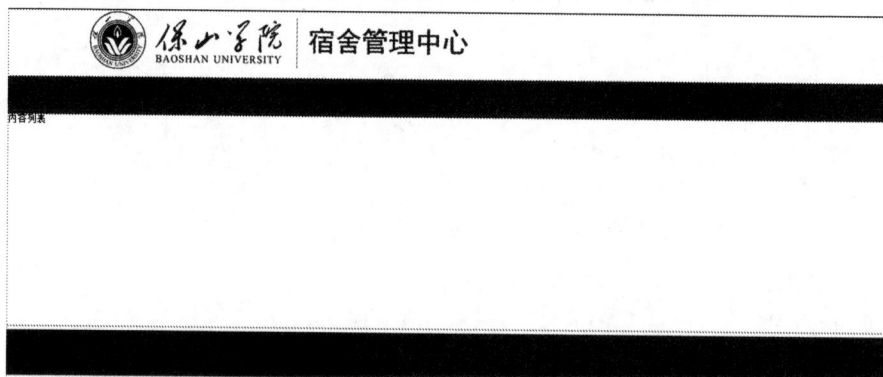

图 7-148　二级页面效果图

第二步：在 eg7-2 目录中，新建 kind.php 作为二级页面，将切片中的 html 内容复制到 kind.php 中，并将 images 中的图片复制到 eg7-2 目录中的 images 目录，其内容如下：

```
<html>
<head>
<title> 保山学院宿舍管理中心 </title>
<meta http-equiv="Content-Type" content="text/html; charset=utf-8">
</head>
<body bgcolor="#FFFFFF" leftmargin="0" topmargin="0" marginwidth="0"
marginheight="0">
<!-- ImageReady Slices ( 宿舍切片 .psd) -->
<table width="1190" height="480" border="0" align="center" cellpadding="0"
cellspacing="0" id="__01">
    <tr>
            <td>
                    <img src="images/ejym_01.gif" width="1190" height="87"
alt=""></td>
        </tr>
        <tr>
                <td background="images/ejym_02.gif" width="1190" height="50">
                    菜单 </td>
        </tr>
        <tr>
                <td width="1190" height="277"  valign="top"> 内容列表
                    </td>
        </tr>
        <tr>
                <td background="images/ejym_04.png" width="1190" height="66">
        版权
                    </td>
        </tr>
</table>
<!-- End ImageReady Slices -->
```

```
</body>
```

```
</html>
```

2. 添加菜单

第一步：这里的菜单和首页中的菜单一样，我们可以将菜单的代码单独建立一个 menu.php 文件，其内容如下：

```html
<html>

<head>

<title> 保山学院宿舍管理中心 </title>

<link rel="stylesheet" href="css/front.css" type="text/css"/><!-- 将前台的样
式表插入文件 -->

<meta http-equiv="Content-Type" content="text/html; charset=utf-8">

</head>

<?php

        include 'config/sushe_config.php';

        $menu_sql="select * from sushe_menu order by menu_id asc";

        $menu_result=mysql_query($menu_sql);

        while($menu_row=mysql_fetch_array($menu_result))

        {

        ?>

<div class="menu"><a href="<?php echo $menu_row['menu_link'] ?>"><?php
echo $menu_row['menu_name']?></a></div>


<?php }?>
```

第二步：引入菜单，将"菜单"替换成 `<?php include 'menu.php'?>` 这条语句，即可将菜单引入本页面，引入效果如图 7-149 所示：

图 7-149　二级页面菜单效果图

3. 二级页面内容编写，其内容如下：

```html
<html>
<head>
<title> 保山学院宿舍管理中心 </title>
<meta http-equiv="Content-Type" content="text/html; charset=utf-8">
<link rel="stylesheet" href="css/front.css" type="text/css"/>
</head>
<body bgcolor="#FFFFFF" leftmargin="0" topmargin="0" marginwidth="0"
marginheight="0">
<!-- ImageReady Slices ( 宿舍切片 .psd) -->
<?php
include 'config/sushe_config.php';
$id=$_GET['id'];// 接收传递过来的文章的类值
$book_dicr1=$_GET['book_dicr1'];// 接收传递过来的留言簿分类的值
$book_dicr2=$_GET['book_dicr2'];
$book_dicr3=$_GET['book_dicr3'];
$book_dicr4=$_GET['book_dicr4'];
$kind_sql="select * from sushe_categories where id='$id'";// 因为传递的是类
的 id，所以把从类中分类的名称遍历出来
$kind_result=mysql_query($kind_sql);
$kind_row=mysql_fetch_array($kind_result);
$category_title=$kind_row['category_title'];// 取出传递过来的分类的名称
$content_sql="select * from sushe_news_content where content_kind
='$category_title' order by content_id desc";
$book_sql="select * from sushe_books order by id desc";
$content_result=mysql_query($content_sql);// 生成文章内容查找的结果集
$book_result=mysql_query($book_sql);// 生成留言簿查找的结果集
?>
<table width="1190" height="480" border="0" align="center" cellpadding="0"
cellspacing="0" id="__01">
<tr>
        <td>
```

```
                        <img src="images/ejym_01.gif" width="1190" height="87"
alt=""></td>
        </tr>
        <tr>
                <td background="images/ejym_02.gif" width="1190" height="50">
                        <?php include 'menu.php'?></td>
        </tr>
        <tr>
                <td width="1190" height="277"  valign="top">
    <!-- 判断提交过来的是不是文章的类 id，如果是，显示下面列表 -->
                <?php if($id){


                        ?>
                <table width="1190" border="0" align="center" cellpadding="5"
cellspacing="5">
    <tr >
    <td width="70" align="center" bgcolor="#0b6cb8"> 文章 id</td>
    <td align="center" bgcolor="#0b6cb8"> 文章标题 </td>
    <td width="150" align="center" bgcolor="#0b6cb8"> 发布时间 </td>
    <td width="150" align="center" bgcolor="#0b6cb8"> 作者 </td>
    </tr>
    <?php
    // 遍历文章结果集
        while($content_row=mysql_fetch_array($content_result)){
    ?>
    <tr>
    <td><?php echo $content_row['content_id']?></td>
        <td><div class="newstitle"><a  href="content.php?id=<?php echo
$content_row['content_id']?>"><?php echo $content_row['content_title']?></a></
div></td>
        <td><?php echo substr($content_row['content_created'],0,10)?></td>
        <td><?php echo $content_row['content_editor']?></td>
    </tr>
```

```
    <?php }?>
</table>
<?php }
if($book_dicr1){

?>

<table width="1190" border="0" align="center" cellpadding="5" cellspacing="5">
  <tr>
    <td width="70" align="center" bgcolor="#0b6cb8"> 留言 id</td>
    <td align="center" bgcolor="#0b6cb8"> 留言标题 </td>
    <td width="150" align="center" bgcolor="#0b6cb8"> 留言类别 </td>
    <td width="150" align="center" bgcolor="#0b6cb8"> 作者 </td>
  </tr>
  <?php
  // 遍历留言簿结果集
    while($book_row=mysql_fetch_array($book_result)){
    ?>
  <tr>
    <td><?php echo $book_row['id']?></td>
    <td><div class="newstitle"><a href="content.php?book_id=<?php echo
$book_row['id']?>"><?php echo $book_row['book_title']?></a></div></td>
    <td><?php echo $book_row['book_dicr']?></td>
    <td><?php echo $book_row['book_editor']?></td>
  </tr>
  <?php }?>
</table>
<?php }?>

              </td>
    </tr>
    <tr>
        <td background="images/ejym_04.png" width="1190" height="66"
```

```
align="center">
            <div class="copy"> 版权所有：保山学院 电话:0875-2864668 传真:0875-2864889
    地址：云南省保山市隆阳区远征路 16 号 (678000)|<a href="login/login.php"><b> 中心后台管理 </b></a></div>
                        </td>
        </tr>
    </table>
    <!-- End ImageReady Slices -->
    </body>
    </html>
```

当点击最新新闻的“更多”运行效果如图 7-150 所示。

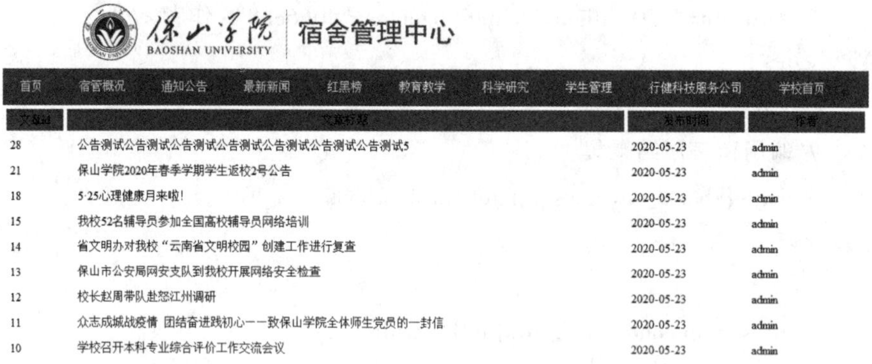

文章id	文章标题	发布时间	作者
28	公告测试公告测试公告测试公告测试公告测试公告测试公告测试5	2020-05-23	admin
21	保山学院2020年春季学期学生返校2号公告	2020-05-23	admin
18	5·25心理健康月来啦!	2020-05-23	admin
15	我校52名辅导员参加全国高校辅导员网络培训	2020-05-23	admin
14	省文明办对我校“云南省文明校园”创建工作进行复查	2020-05-23	admin
13	保山市公安局网安支队到我校开展网络安全检查	2020-05-23	admin
12	校长赵周带队赴怒江州调研	2020-05-23	admin
11	众志成城战疫情 团结奋进践初心——致保山学院全体师生党员的一封信	2020-05-23	admin
10	学校召开本科专业综合评价工作交流会议	2020-05-23	admin

图 7-150　二级页面列表效果图

点击留言簿后面的“更多”，效果如图 7-151 所示。

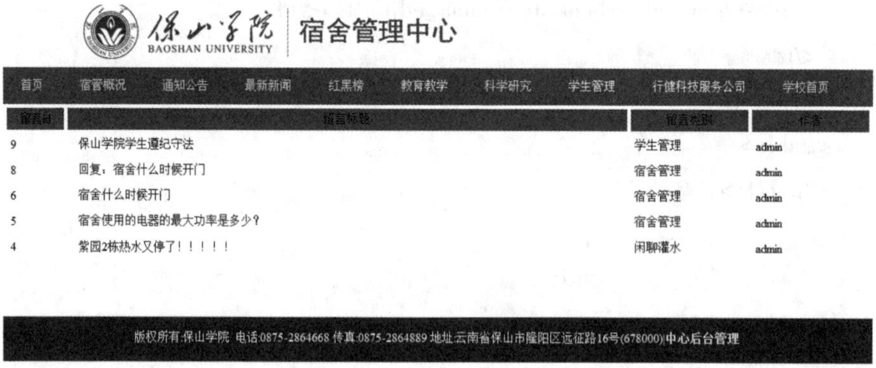

留言id	留言标题	留言类别	作者
9	保山学院学生遵纪守法	学生管理	admin
8	回复：宿舍什么时候开门	宿舍管理	admin
6	宿舍什么时候开门	宿舍管理	admin
5	宿舍使用的电器的最大功率是多少？	宿舍管理	admin
4	紫园2栋热水又停了！！！！！	闲聊灌水	admin

图 7-150　二级页面整体效果图

注意：两个显示结果都是在 kind.php 中呈现的，通过 get 传递的值作为判断显示哪个列表的条件。

7.3.4　三级页面的编写

三级页面是用来显示具体内容的。

1. 三级页面的建立

第一步：在 eg7-2 目录中，新建一个 content.php 文件，将做二级页面时所做的切片 html 复制到 content.php 中。

2. 三级页面内容的编写

第一步：引入菜单，将"菜单"替换成 <?php include 'menu.php' ?> 这条语句，即可将菜单引入本页面，引入效果如图 7-152 所示。

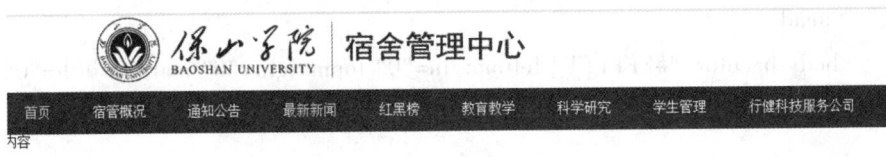

图 7-152　三级页面效果图

第二步：设计内容呈现的格式

文章呈现格式：

留言呈现方式：

第三步：判断和填充内容，具体解释在程序中有详细说明，内容如下：

```php
<?php
include 'config/sushe_config.php';
$id=$_GET['id'];// 接收 get 传递过来的值，如果有值说明我们要显示的是
文章
$book_id=$_GET['book_id'];// 接收 get 传递过来的值，如果有值说明我们
要显示的是留言
$content_sql="select * from sushe_news_content where content_id='$id'";
$content_result=mysql_query($content_sql);
$content_row=mysql_fetch_array($content_result);
```

```php
$book_sql="select * from sushe_books where id='$book_id'";
$book_result=mysql_query($book_sql);
$book_row=mysql_fetch_array($book_result);
?>
<html>
<head>
<!-- 替换浏览器中标题的值 -->
<title><?php if($id)echo $content_row['content_title'];if($book_id)echo $book_row['book_title'] ?></title>
<meta http-equiv="Content-Type" content="text/html; charset=utf-8">
<link rel="stylesheet" href="css/front.css" type="text/css"/>
</head>
<body bgcolor="#FFFFFF" leftmargin="0" topmargin="0" marginwidth="0" marginheight="0">


<!-- ImageReady Slices ( 宿舍切片 .psd) -->
<table width="1190" height="480" border="0" align="center" cellpadding="0" cellspacing="0" id="__01">
    <tr>
            <td>
                    <img src="images/ejym_01.gif" width="1190" height="87" alt=""></td>
    </tr>
    <tr>
            <td background="images/ejym_02.gif" width="1190" height="50">
                    <?php include 'menu.php'?></td>
    </tr>
    <tr>
            <td width="1190" height="277" valign="top">

    <?php
```

```
    if($id){ // 如果有值，呈现文章格式


    ?>
    <!-- 文章内容呈现格式 -->


            <table width="1190" border="0" align="center" cellpadding="0"
cellspacing="0">
    <tr>
        <td colspan="4" align="center" height="40px"><div class="content_
title"><?php echo $content_row['content_title']?></div></td>
    </tr>
    <tr bgcolor="#0b6cb8">
        <td width="269" align="right" bgcolor="#0b6cb8" height="30px"> 发布时
间：</td>
            <td width="360" bgcolor="#0b6cb8"><?php echo $content_row['content_
created']?></td>
        <td width="51" align="right" bgcolor="#0b6cb8"> 作者：</td>
        <td width="445" bgcolor="#0b6cb8"><?php echo $content_row['content_
editor']?></td>
    </tr>


    <tr>
        <td colspan="4"><?php echo $content_row['content_fulltext']?></td>
    </tr>
</table>
<?php }?>
<!-- 留言簿内容呈现格式 -->
<?php
    if($book_id){ // 如果有值，呈现留言格式
    ?>
<table width="1190" border="0" align="center" cellpadding="0"
cellspacing="0">
    <tr>
```

```
    <td colspan="4" align="center" height="40px"><div class="content_
title"><?php echo $book_row['book_title'] ?></div></td>
    </tr>
    <tr>
    <td width="345" align="right" bgcolor="#0b6cb8" height="30px"> 留言类
别：</td>
    <td width="293" bgcolor="#0b6cb8"><?php echo $book_row['book_dicr']
?></td>
    <td width="110" align="right" bgcolor="#0b6cb8"> 留言人：</td>
    <td width="377" bgcolor="#0b6cb8"><?php echo $book_row['book_editor']
?></td>
    </tr>
    <tr>
    <td colspan="4"><?php echo $book_row['book_params'] ?></td>
    </tr>
    <?php
    $reply_sql="select * from sushe_books where reply_book_id='$book_id'
order by id desc";// 因为 reply_book_id 的值是回复留言 id 的值，用这个值可以
将回复的留言显示在下面
    $reply_result=mysql_query($reply_sql);
    $hs=mysql_num_rows($reply_result);// 如果 $hs 的值为 0，说明没有回复
的留言
    if($hs)// 如果没有留言回复，这部分就不显示
    while($reply_row=mysql_fetch_array($reply_result)){
    ?>
    <tr>
    <td colspan="4" height="40px"> 留言回复标题:<?php echo $reply_
row['book_title'] ?></td>
    </tr> <tr>
    <td width="345" align="right" bgcolor="#0b6cb8" height="30px"> 留言回
复类别：</td>
    <td width="293" bgcolor="#0b6cb8"><?php echo $reply_row['book_dicr']
?></td>
```

```
<td width="110" align="right" bgcolor="#0b6cb8"> 留言回复人：</td>
<td width="377" bgcolor="#0b6cb8"><?php echo $reply_row['book_editor']
?></td>
</tr>
<tr>
<td colspan="4"><?php echo $reply_row['book_params'] ?></td>
</tr>
<?php }?>


</table>
<?php }?>



</td>
</tr>
<tr>
<td background="images/ejym_04.png"width="1190"
height="66">
<div class="copy"> 版权所有：保山学院 电话:0875-2864668 传
真:0875-2864889
地址:云南省保山市隆阳区远征路 16 号 (678000)|<a href="login/login.
php"><b> 中心后台管理 </b></a></div>
</td>
</tr>
</table>
<!-- End ImageReady Slices -->
</body>
</html>
```

其运行效果如图 7-153 所示。

省文明办对我校"云南省文明校园"创建工作进行复查

发布时间：2020-05-13 14:17:50　　　　　　　作者：　admin

5月13日上午，受省文明办委托，保山市文明办专职副主任段显洪、市委宣传部文明建设科四级主任科员颜伦、市审计局二级主任科员周应鉴、中国移动保山分公司党群管理工作人员兰奇一行四人到我校，对"云南省文明校园"创建工作进行复查和指导。

学校党委书记杨骞光、党委副书记黄鹤平出席复查汇报会，相关部门负责人参会。

保山学院 | 宿舍管理中心
BAOSHAN UNIVERSITY

| 首页 | 宿管概况 | 通知公告 | 最新新闻 | 红黑榜 | 教育教学 | 我要留言 | 学生管理 | 行健科技服务公司 | 学校首页 |

宿舍什么时候开门

留言类别：　宿舍管理　　　　　　　　　　留言人：　admin

宿舍什么时候开门

留言回复标题:回复，宿舍什么时候开门

留言回复类别：　　　　　　　　　　留言回复人：　admin

reply:

很快就开了！

留言回复标题:回复，宿舍什么时候开门

留言回复类别：　宿舍管理　　　　　　　　留言回复人：　admin

reply:

宿舍什么时候开门

5月20日开门

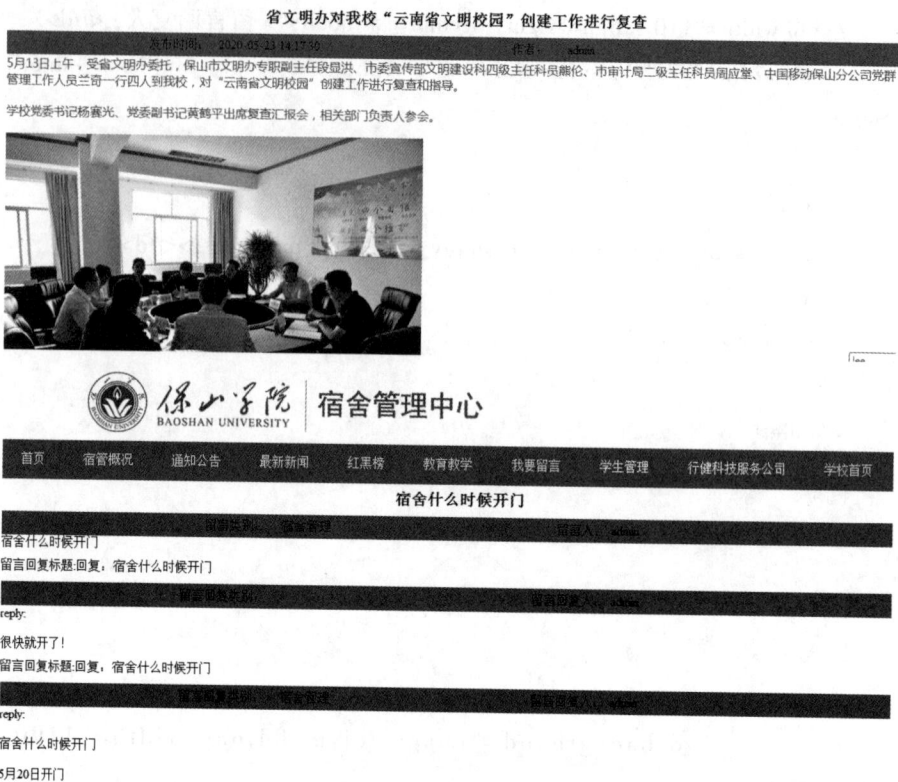

图 7-153　文章和留言整体效果图

在本案例中虽然对部分角色权限进行了详细的实现，但是大家可以参考案例中的应用进行具体规划实现，例如，某些权限只有超级管理员可以使用，我们可以在相应的位置加上

if(权限 ==' 超级管理员 ') 这样的判断语句即可。

虽然该案例设计得比较完整。但是由于篇幅的关系，有部分功能并没有进行实现，请学习本教材的学习者根据以上内容自行进行实现。

参考文献

[1] 李辉 .php+mysql web 应用开发教程 [M]. 北京：机械工业出版社 ,2018.

[2] php 参考手册 [EB/OL]. https://www.w3school.com.cn/php/php_ref.asp.

[3] 张波 .web 前端开发与应用教程 [M]. 北京：机械工业出版社 ,2017.